天骄之殇

吴树　蒋铮　著

人民东方出版传媒
東方出版社

图书在版编目（CIP）数据

天骄之殇 / 吴树，蒋铮 著．—北京：东方出版社，2016.9
ISBN 978-7-5060-9216-6

Ⅰ.①天…　Ⅱ.①吴…　②蒋…　Ⅲ.①高等学校–教育建设–研究–中国
Ⅳ.① G649.2

中国版本图书馆 CIP 数据核字（2016）第 227022 号

天骄之殇
（TIAN JIAO ZHI SHANG）

作　　者： 吴　树　蒋　铮
责任编辑： 黄珊珊
出　　版： 东方出版社
发　　行： 人民东方出版传媒有限公司
地　　址： 北京市东城区东四十条 113 号
邮政编码： 100007
印　　刷： 龙口市新华林文化发展有限公司
版　　次： 2016 年 10 月第 1 版
印　　次： 2019 年 5 月第 2 次印刷
开　　本： 710 毫米 ×960 毫米　1/16
印　　张： 20.75
字　　数： 300 千字
书　　号： ISBN 978-7-5060-9216-6
定　　价： 56.00 元

《天骄之殇》名家推荐

本书中我最看好的是第一章。做任何事情都要总结和反省。而教育实验上的反省则要长线追踪，作者的贡献首先在于做出了这样的尝试，很可能其更大的意义在于：诱发有心的研究者深入追踪种种教育实践的深远结果。

——社会学家、《吾国教育病理》作者郑也夫

以报告文学来表达对教育现状的关切，让我想起曾经风行一时的《神圣忧思录》。相隔三十年，教育依然是中国之痛，牵动着万千国人的良心。它关乎一个古老民族的文明新生，也关乎人类的长远未来。本书可以帮助国人明白中国教育的真实困境，理解其症结之所在，从而找到突围的方向。

——历史学者傅国涌

掩卷而思，这不愧为一部奇书。把一部非小说写得比当下许多小说都更精彩凝练，在一连串鲜活、可信、得之不易的故事中闪烁着灵性的芒辉，从而令读者手不释卷。此书的可读性对于众多关心我国教育问题的人士来说是无可替代的。

——著名作家、中国报告文学学会副会长理由

我喜欢这两本书，更理解作者的良苦用心。因为对于中国教育改革来说，的确需要有这样的忧患意识，需要有担当的全方位反思与审视。

——著名教育家、全国政协常委朱永新

为中国教育问题求解药方的书很多，但这本书却以其独特的作者组合与视角，给读者带来不同的观感——“生于忧患，死于安乐”，明了中国的后顾之忧，才能开启中国教育的新生之路。

——21 世纪教育研究院副院长，知名教育学者熊丙奇

中国梦首先是教育梦，教育不强，国家就没有后劲。

——中科院院士、原英国诺丁汉大学校长杨福家

所有学校都在争一流，国内一流、国际一流，最后都不入流……所以才有了“钱学森之问”。

——中科院院士、清华大学教授潘际銮

中国大学已经偏离原点太远，已经不再是一个学术机构，变成了一个行政机构。中国大学上不去，有深层次的机制问题。

——中科院院士、原中国科技大学校长、南方科技大学校长朱清时

作者采访中科院院士，原复旦大学、英国诺丁汉大学校长杨福家

作者采访中科院院士，原中国科技大学、南方科技大学校长朱清时

作者采访中科院院士、清华大学教授、原南昌大学校长潘际銮

作者采访全国政协常委、中国民主促进会中央委员会副主席朱永新教授

作者采访 21 世纪教育研究院副院长、教育学者熊丙奇教授

作者采访原澳洲墨尔本大学教授、台北清华大学艺术中心主任徐小虎

作者采访奥地利工美设计师，了解欧洲学生课外活动

作者采访台湾师范大学退休副教授林先生

目　录

CONTENTS

序

三十年我们缺失了什么？

掩卷而思，这不愧为一部奇书——中国教育的话题被千千万万的家庭为之焦虑、为之困顿并寄予殷殷厚望，在这同时，又被一大群权威专家所热议、所剖析，并言之凿凿地指明出路，却未见成效；面对多元思辨的无解，在莫衷一是的窘困中，以及说起话来就激烈爆棚的语境下，这本书究竟还有多少文章可做？这着实是一个令人担心的问题。但是本书作者做得非常出色，显然境高一界，艺高一筹。

大面积深入、专注、机智地调查，而且常常锲而不舍地追踪式采访；一旦目标确定之后就随之一个足够的周期，不论是深受应试教育之害的学生，还是看似施害者的教师或家长，抑或是那些“超级考试工厂”的神话，作者都以职业的执著和极大的耐心关注着人物和事件发展的各个节点，呈现出峰回路转、柳暗花明、虎头豹尾的结构。如此竟然把一部非小说写得比当下许多小说都更精彩凝练，在一连串鲜活、可信、得之不易的故事中闪烁出灵性的光辉，从而令读者手不释卷。

书中那些受害者与施害者犹如在同一沸腾的炼狱中，互为因果也互相转换，每一真实的案例都展现一幅“风情万种”却“撕心裂肺”的画卷，合乎情理又出乎意料。书中那个名叫麦麦的失踪少年，还有小小年纪就出国留学的龙凤胎，或是“天上人间”的刘彩霞，读来令人震撼之余，也伴随着一种近似禅宗的彻悟。类似的例子在书中几乎可以信手拈来。于是，我们看到作者代价高昂的、含辛茹苦的、义无反顾的付出，其足迹遍及大江南北直至海外，在调查现场敏锐地应对变化莫测的前沿格局，以期捕捉弥足珍贵的第一手资料。我们也看到，这部书的精髓形于书内而修于书外。

在这个意义上，此书的可读性对于众多关心我国教育问题的人士来说是无可替代的。

《谁输在起跑线上》以基础教育领域为主要题材，《天骄之殇》以高等教育领域为主要题材，话语的环境氛围似乎一张一弛。

在普及教育阶段，孩子们本应享受更多快乐和更加健康的时光，却在书山题海的高压下喘息着。故事的高潮是那些升学率很高的“名校”，一人就读，全家动员；一届高考，千人拜树，万人放灯，夹道送考，弥漫着巫术般的狂迷。人生的目标如此浅近，误把理想当做现实，错把现实等同理想，以致暑期后开学的大学校园，本应是“在明明德，在亲民，在止于至善”（《礼记·大学》）的大好时光，我们看到却是另一派松弛凌乱的景象。

作者并不止于病态现象层面的精致描述，而是抽丝剥茧般地剖解着高等学府的外弛与内张——为项目经费的撕搏，为评职称的剽窃，以及依附于官僚体制的腐败和挥之不去的暴戾之气。通过一个个案例之后的链接、访谈和后记，从而将全书引向思辨的框架，向社会发出一声声叩问，并保持驾驭宏大话题应有的超然。

国人说起教育改革的宏论可谓滔滔不绝。不过，毕竟言者易，行者难。在《天骄之殇》中出现了令人刮目相看的三位践行者——被称作“三剑客”的大学校长。他们一样的襟怀抱负，不一样的机遇，略显差异的性格，天壤之别的成效，在比照的镜像中意趣盎然。作者又在中西教育文化比较的回廊中荡漾了一下，答案清晰明了，结论欲吐还含，构成本书又一组华彩的乐章。

众所周知的“钱学森之问”：“为什么我们的学校总是培养不出杰出人才？”经过三十年河东、三十年河西的变迁，人们应该有了更清晰的观察。其实，任何人都可以一眼看穿，所谓的“钱学森之问”实乃钱学森之盼。

三十年来我们的教育事业拥有很多收获：基础教育取得傲人的成就，即使远在穷乡僻壤也播下知识的种子。高等教育更是辉煌显赫，每年从大学校园里走出令全世界为之眩晕的大批工程师，还有腹藏孔孟老庄又熟知苏格拉底和柏拉图的人文学者。他们身影的背景是亮丽的教学大楼、雄厚的师资和无边际扩展的校区……这一切都可量化为庞大的数字，那数字令人瞠目结舌。

但是，钱学森之盼依然悬浮于空中，可望未可及，现实与先生的希望相距甚远。

三十年来我们显然缺失了什么？让我们重拾理想与现实这个并不新鲜又不可释怀的话题。三十年来，从成人到孩子的芸芸众生，人们的理想在一点点消磨、抽空、褪变，遂把滚滚红尘的功名利禄当做毕生追求的渴望。

什么是理想？它的词义并不深奥，无非是比行尸走肉、沐猴而冠又多了一点精神的意涵，却足可使人回肠荡气、血脉贲张。一个有理想的民族，可以在一无所有的绝境中奋起；一个失却理想的民族，也可以在繁华似锦中枯萎凋零。

中国教育后顾有忧，作者在书中击节长叹，其忧令此书的读者抚卷沉思！

理由

2016 元宵，海南

理由

作者简介：中国著名作家、艺术评论家、中国报告文学学会副会长。1977 年至 1986 年蝉联四届中国优秀报告文学大奖，2009 年获开放改革三十年优秀报告文学奖，建国六十周年优秀报告文学奖。代表作有《扬眉剑出鞘》、《理由小说报告文学选》、《明日酒醒何处》、《倾斜的足球场》、《香港心态录》等。

卷首语

历时三年多，这部书总算脱稿了，我们如释重负之余，深感忐忑不安。

这几年，正是中国教育经历十年复兴、十年停滞、十年沉沦的历史进程后，开始顺应中国改革大潮寻找新出路的裂变期——脱轨、阵痛、迷茫、探寻……这一切，带给本书作者的是一次次补充调查、反复论证、多重思考、更正表述……于是，在超出合同期限一年多后，我们才将书稿交审付梓。

即便如此，我们仍知身在改革大时代，文于思潮多变之秋，要想跟进或驾驭全程只是妄念，唯用诚惶诚恐之拙笔，截取大时代之下的若干凡人故事报告于世，至于其中人物命运的前世今生、是非曲直，且由读者见仁见智、思之评之便罢。感谢东方出版社的同仁们，对我们此种愚顽执著的书生意气给予了理解与支持。

这一千多个昼夜我们做了些什么？明查暗访了国内数十所不同类型、不同规模的大、中、小学。其中有万众仰慕、一“座”难求的重点中小学、“超级高中”、大学名校，也有默默无闻、甚至被人遗忘的普通学校，还有鲜为人知的“状元生产线”、校园“江湖”……我们重点调查了近年来发生在校园里的若干典型案件“第一例”，力图通过对那些悲剧元素的透析，将其净化为可以激发正能量的动力，以期达到阻止悲剧续演的目的。

在百余名受访人士中，有多位中科院院士、著名大学校长、资深教育家，如杨福家、朱清时、潘际銮、刘道玉等。有知名或不知名的各类大学不同学科的教授、学者，也有参与应试教育、功名显赫的“高考神校”领导，有默默无闻的普通学校老师，还有一些欧美国家有“故事”的教育界人士和家长。

特别值得一提的是，在接受我们采访的数十位新老学生中，有恢复高考后曾经万众瞩目、如今行踪难觅的第一代著名“神童”，如宁铂、谢彦波等；有负笈游学海外的低龄留学生，如被移民美国的神秘龙凤胎、留学法国的中国女孩莎拉等；还有“混迹”校园“江湖”、自称“灰太狼一族”的问题少年……读者可以通过我们的多篇独家人物访谈和受访者的奇特经历，一窥我国当代青少年进取之艰辛，堕落之无奈。

感谢所有受访者，对我们的调查给予了充分信任和鼎力配合，不计观点各异，不拒尖刻追问，好事坏事讲真事，好话坏话说真话，喜怒哀乐显真情。尤其难忘的是一些不幸经历失子之痛、心陷莫大悲哀的学生家长，在接受采访时，不惜忍受“剜肉医疮”之苦，以现身说法警世示人，多番让我们泪洒当场……

我们知道，所有这一切，皆因各位受访者与作者有着一个共同的愿望——让深受现行教育制度之累的孩子们早日脱离苦海、重拾童心，让每一所学校早一天净化为莘莘学子们健康成长的保护神。

在梳理案例、廓清思路时，我们也有过许多纠结，比如一些教育学者告诉我们：中国大学死了；但刘道玉、潘际銮校长又告诉我们：中国大学可以不死；杨福家、朱清时校长则告诉我们：中国大学可以活得更好。三种思维、三样说法、三重逻辑，透露出什么？中国教育在反省、在反思、在寻找适合自己的出路。

翻开世界历史，无论哪一次重大变革的出现，都会伴随一场文化理念上的冲突与革命。而这种文化理念的变化，又经常被包裹在某种迷障之下缓慢、痛苦、焦躁地进行着，一直挣扎到旧皮褪尽、新肌发生。我们的国家教育，我们的民族文化，不是正在经历这样一次脱胎换骨的“涅槃”与优化吗？身在其中，进退与共，对此我们没有理由泯灭理想，我们当有足够的信心走向未来。

值本书出版之际，我们向全国政协常委、中国民主促进会中央委员会副主席、“新教育实验”发起人朱永新教授，向中国著名报告文学作家、文学评论家理由先生，表示诚挚的谢意。他们以不同的身份，站在不同的角度，为本书撰写了精彩的序与跋，足以诠释本书的意旨与精神。

吴树　蒋铮

于2016年清明

作者简介：作家、文化学者。代表作：长篇报告文学三部曲《谁在收藏中国》、《谁在拍卖中国》、《谁在忽悠中国》，获《亚洲周刊》十大好书、“中国图书势力榜”十大好书等多项奖励；另著有《阿门》等多部影视作品，曾获多项国内外专业奖。

吴树

作者简介：广东省“十佳女新闻工作者”、《羊城晚报》主任记者，多次获广东省新闻一、二等奖。著有新闻作品集《走进新加坡 走进香港》。

蒋铮

开　篇：有个故事这样开头

有些故事开头很精彩，结局却差强人意。有些故事开头很平淡，结局却异彩纷呈。

一则被西方媒体疯传的中国新闻

对西方人而言，20世纪70年代末，China还是一个古老、神秘的封闭王国。从那块“大红幕”后面窥探到的每一个突发事件，几乎都可以成为西方媒体的舆论焦点。若再加上一点罗曼蒂克式的政治想象与臆断，甚至有可能演变成某些国家的重要情报源。

采访时间：2014年5月。

采访地点：北京桔子水晶酒店。

受访人：林先生，美籍华人、报纸编辑。

采访人：本书作者。

早就听说过那个曾经被西方媒体炒得沸沸扬扬的故事。去年在京城的一次朋友聚会上，巧遇在美国干了三十几年小报编辑的林先生，他向我证实了此新闻事件的来龙去脉。

“您知道的，20世纪70年代末，在绝大多数美国人的眼里，中国还是一个

作者采访林先生

古老封闭的王国。在一块儿能谈谈秦始皇、成吉思汗、毛泽东、红卫兵……就算得上半个‘中国通’了。哦，还有后来的邓小平，对美国人影响也很大。

“1977 年年底，我在纽约一家报纸当编辑。那天值班，总编辑拿了一份电稿过来。‘林，这篇稿子明早出报！’我看了一眼标题，绝对抓眼球——《中国各地遴选童男童女》。大致内容是说‘文革’结束后，红色中国正在发生一件鲜为人知的怪事——一支由大学教授、政府特派员和摄像师组成的队伍，频繁活跃于各地城乡中小学，秘密挑选童男童女，暂时条件不清、目的不明。由于古代中国逢到改朝换代或某项大事时，有挑选童男童女祭献上天的习惯，此举引发西方媒体的高度关注。”

林先生回美国后，践约发来几篇关于此事的报道。

（外媒报道之一）近日，一支据说由中国领导人授意，由大学教授、政府特派员、电视摄像师组成的侦察队，兵分多路，根据其触须发达的情报网络提供的线索，不动声色地在乡村和城市之间游弋。

湖南省长沙市的一家小招待所的顶楼客房，房门紧闭，七八个大人带着自己的孩子在外面轮候。孩子们大的不过十四五岁，小的只有十岁左右，以男孩居多，个个机灵可爱。与孩子们心不在焉的轻松神态对比鲜明的是，家长们表情紧张而期待，许多人还拽着孩子的衣袖，把脑袋凑到孩子耳边、嘀嘀咕咕地交代着什么。

每次只能有一个孩子进入房间、接受神秘的考察。

“刘保红——”工作人员从门缝里探出头来喊道。

“到！”父亲拉着在读初二的儿子应声上前。

“大人不能进！”爸爸被挡在外面。刘保红乌溜溜的眼珠盯着父亲，有点犹豫，被父亲顺手推进房门。在门关上的那一瞬间，父亲看到，房间里摄像机的大灯开着，把儿子的背影拉得老长。

里面人到底对孩子说了些什么？据父亲说，尽是一些莫名其妙的问题，跟平日学校里学习的内容毫无关系。他们要对孩子做什么？那位父亲茫然地连连摇头，只说：“估摸着是好事！”提供线索者多方打听，官方和校方都拒绝回答，仅有一位不愿透露姓名和细节的知情者说，估计谜底要等到明年上半年方可揭晓……

林先生：“神秘中国、儿童、悬疑……集中了多种新闻要素。消息发出后，很快被其他西方媒体疯转。第三天大早，一家英国娱乐报纸接过“第二棒”发表评论员文章——《中国挑选童男童女所为何故？》”

（外媒报道之二）经记者多方打听，这种情况不仅发生在湖南，山东、湖北，远至云南、贵州都有出现。很显然，中国各地同步进行的童男童女遴选活动，很多信息被刻意隐瞒。知情人告诉记者：“各个地方的程序差不多，孩子们一个个被点名进去，又一个个走出来。进去时兴高采烈，出来后多数人满脸沮丧，态度180度大转弯。”

短短半小时，孩子们遭受了什么变故？在湖北，我们的“线人”偷偷问过一个学生家长。他回答说：“是学校老师让带孩子来，说是政治任务，如果能被选上孩子就会被送往北京……”至于入选儿童是不是真的会被送

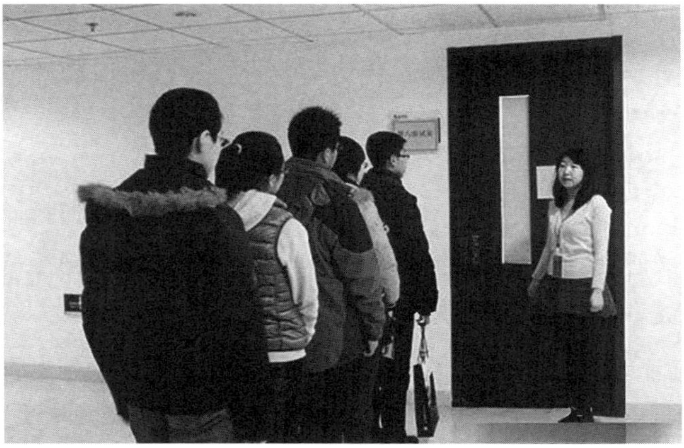

等候面试

去北京？送去干什么？一切只跟着问号。

中国从荒蛮时代就有用神童祭祀的恶俗。每逢国家遭遇大灾大难、或者政局动荡之时，从朝廷到老百姓都相信是上天在发怒，认为只要挑选天资聪慧的童男童女去祭天，就能够国泰民安。仅以“祭河神”为例，为了平息洪灾，被朝廷强征入祭抛入大江大河供河神“享用”的金童玉女不计其数。难道一场前所未有、规模浩大的儿童献祭悲剧，又要在当代中国上演？

林先生：“最富于想象力的要数在各个领域都能保持文化浪漫的法国人，他们对美国人好莱坞式的戏剧构思、英国人的忧患意识全都不屑一顾，转而将这场‘选童’纳入政治权术论。两个月后，一篇有如沙盘推演似的报道出现在法国某家有影响的杂志里——《中国二次革命——‘邓氏神童’走上前台》”。

（外媒报道之三）这是一场典型的中国式“培养革命接班人”运动，当邓小平第三次奇迹般地复出并主政中国后，即着手培养能够担当自己“二次革命”理想的中坚力量。经过严格遴选，1978 年 3 月初，第一批名单已经敲定。由于这批年龄 10 岁—16 岁的少年男女普遍拥有超高的智商或者特异能力，该项行动也被称为“21 世纪中国神童计划”。

文中引用研究中国问题专家威尔士博士的推断：“文革”结束两年来，复出的中国伟人邓小平为了实现自己的政治抱负，自告奋勇担纲教育，通过恢复高考让迷恋政治斗争的红卫兵小将们迅速转移了生活重心，有机会为个人前程奋斗……

林先生：“到了 1978 年底，这条由我们发出的新闻绕着欧洲转了一圈后，又回到美国被重新演绎。华盛顿一家中文报纸发表一条半官方消息——《中国灵童将搭乘‘诺亚方舟’抵达纽约港》”。

（外媒报道之四）本报独家获悉：沸沸扬扬的中国“灵童”计划，原来出自一位美籍华裔科学家的策划。四年前，这位与中国共产党有着良好关系的诺贝尔获奖者访问中国，亲眼目睹文化大革命给中国造成的毁灭性打击，在面见当时在世中国最高领导人毛泽东主席时，向他提出“诺亚方舟计划”——挑选一批有特殊才能的少年儿童，送往西方学习、深造，以避免中国与世界先进文化科技绝缘。可以预见的是，几年后，这些被地方政府当做“政治任务”遴选的神童们，将会搭乘“诺亚方舟”，陆续登陆纽约、伦敦、巴黎等西方港口……

林先生：“几年后，这条文学化的新闻得到印证，中国政府打开国门，派出一批又一批留学生来到西方——当然那是后话。当时根据这条报道，我们迅速作出判断，采访了诺贝尔物理学奖获得者李政道博士。因为当时美国比较出名的华裔科学家，而且与中国共产党保持良好关系的人只有两个——李政道和杨振宁。而在这两个人当中，1974 年去过中国的只有李政道。结果没让我们失望，在李博士那里，我们似乎进一步接近‘中国灵童’之谜的正确答案。”

（外媒报道之五）李政道博士向本报记者透露：“1974 年 5 月，我和夫人第二次回国访问，深刻地看到文化大革命给中国带来了全面危机，其中最大的危机是除去芭蕾舞和乒乓球等极少数领域，人才的培养几乎完全中断。我们觉得这种状况必须立即改正，否则后果不堪设想。

“到北京之后，我就写了一份关于培养基础科学人才的建议书，通过周恩来总理上报毛主席。我的建议主要是针对培养基础科研人才的。我建议，在中国要培养一支‘少而精的基础科学工作队伍’。鉴于当时的政治情势，我的建议不得不先从基础科学人才的培养入手，又不得不从少年人才入手。为了使我的建议能够较容易地被接受，我提出

李政道博士为少年班题词

是否可以参考招收和培训芭蕾舞演员的办法，从全国选拔少数十三四岁左右的、有培养条件的少年，进大学培训。

“我提建议的实际目的是要打破不重视培养基础科学人才以及其他各类人才的状况，使全国各类人才的培养步入正轨。过后，国家领导把我的建议交给中国科技大学去实施。从1974年5月我提出建议，到1978年3月中国科技大学少年班建立，花费了四年时间……”

中国“神童方阵”

一件事情的真相与幻像之间仅仅隔着一层薄薄的纸，哪怕在被捅破的前一分钟，它们还朝着不同的方向各自演绎着本相与荒唐。被西方媒体炒得沸沸扬扬的所谓“中国灵童”事件，原本是一次偶然推进必然的历史桥段，但碍于当时国门初启、信息闭塞，才导致那场西方新闻闹剧的发生。

林先生与他的西方媒体朋友做梦也想不到，所谓“遴选灵童”，仅仅起因于一封普普通通的信件——时间：1977年10月。写信人：时任江西冶金学院教师倪霖。收信人：时任中科院副院长方毅，他当时奉邓小平之命，正在筹备粉碎“四人帮”后的首届全国科学大会。那封信所呈示的主要内容（摘要）如下：

尊敬的方毅付（副）院长：

我要向您推荐一个被公认为“神童”的孩子，这孩子姓宁名铂，1964年出生，2岁半时能够背诵100多首诗词，3岁时能数100个数，4岁学会800多个汉字，5岁上学并开始下围棋，与成年人对弈，6岁开始攻读医书和使用中草药，熟读《十万个为什么》一套十本，熟记书里面的内容，并随便回答大人们的提问。8岁熟读医药书籍，9岁能为妈妈诊断病情开药方，经中医鉴定，认为处方对症下药、准确无误；他兴趣广泛，除开医学还喜欢天文，八九岁能读懂天文学杂志，并能指出肉眼能见到的几十个星座的名称与方位，以及星座在一年四季中的变化规律。

我写这封信得到一些老同事的支持。如需要再说明其他问题，请来信指示。

此致

敬礼

倪霖 敬上

1977 年 10 月 20 日

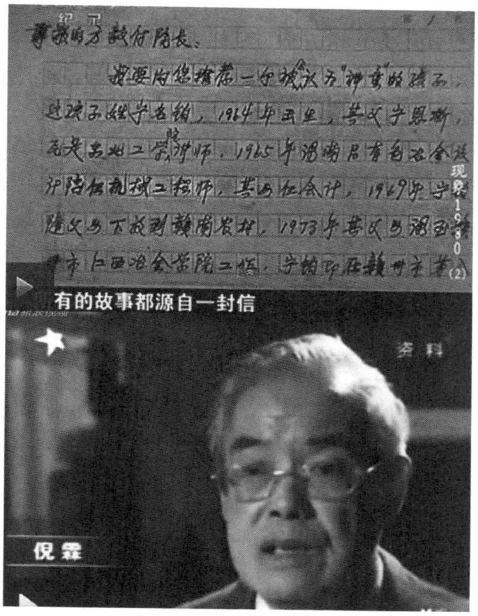

所有少年班的故事源于一封信（视频截图）

这就是所谓中国“遴选灵童”的起因，抖开包袱竟如此简单——“文革”结束后，随着科学春天的到来，一位有担当的大学教师，觉察到即将启动的民族复兴急缺人才，便向主抓科技教育的中央领导推荐了朋友膝下的“天才儿童”。

当事人江西冶金学院教师倪霖接受记者采访时回忆：“当时中央正好有一个通知，要召开全国科学大会，这个确实使我们这些人心里有一种振奋。国家有希望了，我们搞教学工作的都有希望了！在这个情况之下我就想起了宁铂，这个孩子小小年纪懂得那么多，要是能够破格去科技大学专门培养，肯定能够很快成材，为国家所用。所以我就给方毅同志写了一封 10 页纸的长信。”

倪霖的举荐信引起了高层的注意。11 月 3 日，中科院常务副院长方毅将此信批示给下属中国科技大学：“如属实，应破格收入大学学习。”

几天后，中科大的两位老师奉命抵达宁铂所在的江西省赣州市，根据举荐信中的内容进行考察，随行者有地方教育官员，场景与西方媒体的描述基本一致。

由于时间仓促，中科大授权两位老师“跟着感觉”出考题，拟出一份与当时高考水平相当的数学卷子，13岁的宁铂考了67分。老师们认为：课本知识这一关，过了。接下去考察举荐信中提到的医学知识和诗文知识。

一位老师掏出特意带来的一本《赤脚医生手册》，这本书当时发行量很大，仅次于《毛泽东选集》。

主考老师："发烧怎么治？"

宁铂平静地回答："不同情况要施不同的药，风寒、温病、热毒各自不同。"

老师点点头，故意错问："对，麻黄就是治疗热毒的？"

宁铂马上纠正："您说的不对，麻黄是治疗风寒的，治疗热毒要用板蓝根和凤尾草！"两位主导老师相视一笑，医书上正是这样写的。

最后是写诗的环节。老师说："宁铂，你今天来考试，就写一首《报考有感》吧！给你20分钟时间够吗？"

宁铂自信地点点头。

两位老师去院子里走了一圈，不到20分钟，回房间一看，宁铂已经交卷，坐在那里等他们，一首七律摆在桌上：

报考有感

正叹惆怅身无处，
不待今朝闻明昭。
倦时倍觉丹卷美，
喜后更思天路高。
朱日明松笑健伟，
银月暗柳乐菲瑶。
九天傲游指日待，
何见小丑奈何桥。

宁铂

七七年十二月

用词老道、合辙押韵，且直抒情怀。两位主考老师暗暗叫好。

两个月后，国家科委、中科院主办的第九期《信访简报》上，刊登了一则来自中科大的消息："13 岁的宁铂确有非凡的理解力和记忆力，知识比同龄的孩子丰富得多，且好学肯钻，很有培养前途，因此破格录取。"

"宁铂被中科大破格录取"的消息，很快成为 1978 年中国大大小小报纸、电台、电视台的头条新闻，至此，西方媒体所谓"遴选灵童"的种种传言不攻自破。但国内媒体对于宁铂神话的传播却是异军突起、登峰造极。有些媒体干脆把这位中国"第一神童"与当时军中楷模张华、朱伯儒并列为"时代人物"。接着，宁铂的成长"神迹"又溢出媒体，被油印成手抄本流传千家万户，成为家长们的教子攻略。

比宁铂年龄大两岁的北大物理系高材生习路平同学回忆说："当时父亲拿着报纸，对我说，'看看人家宁铂，再看看你！'我立刻觉得，如果宁铂愿意做他儿子的话，父亲一定会把我像垃圾一样丢掉。那种痛苦、伤心的感觉我至今不能忘记。"

就读于安徽省庐江中学的干政后来与人讲起："我 12 岁时看到写宁铂的手抄本，激动得晚上睡不着觉，把那份被翻得烂烂的、边缘都卷起来了的手抄本重新抄了一遍珍藏。我暗暗下定决心，要向宁铂学习，考上中科大。那以后，每到学习累了，就把关于宁铂的手抄本拿出来看看，自勉一下。"

有趣的是，不久，在家长与老师的推荐下，中科大招生老师还真的找到干政面试，他们出的考题是："将一只西瓜横竖各切多少刀，会留下各自多少块西瓜？"数字不断上升，干政始终对答如流，直至考官惊叫："又一个小天才！"结果，干政不但如愿考上中科大，成为偶像宁铂的同学，而且也成为"神童"系列手抄本里的"主角"之一，他入选手抄本的故事标题就叫《干政切瓜》。

另一位受到宁铂影响较大的是原任微软公司全球资深副总裁、现任百度公司总裁的张亚勤。在距离 1978 年夏季高考半年的时候，他还是 11 岁的初三学生，堪称"伯乐"的班主任从《光明日报》看到"第一神童"宁铂的故事，便将报纸送到张亚勤家里，动员张妈妈让儿子提前报考中科大。在母亲犹豫不决的当头，张亚勤好奇地拿起报纸——若干年后，张亚勤回忆起当年那次改变命运的决定时说："宁铂激发了我最大的潜力，那份《光明日报》告诉我目标在哪里、自己将要去做些什么。第二天起床后我对母亲说的第一句话就是，我要像宁铂那样，报考中国科技大学……”

此后，张亚勤仅用短短七个月时间完成高中三年的学业，12 岁时成功进入科大第二期少年班，成为该班年龄最小的学员。

一个个成功的范例，点燃了家有学童的家长和慧眼识珠的老师们举荐“神童”的热情，一时间，全国各地效仿倪霖先生的“神童”推荐信雪片般寄往中科院、中科大，甚至是中南海、“党中央”，有的直邮“方毅副总理收”。面对这种全民举荐“神童”的热情与盛况，中国科技大学对成千上万名推荐对象进行筛选后择出重点，组织教师分头去实地面对面考察、选拔。于是，一场被老百姓直白称作“选拔神童”的行动在全国各地展开，一批少年天才脱颖而出，其中最为脍炙人口的除开宁铂、干政，就要数湖南少年谢彦波了。

谢彦波小学三年级学完初中数学，四年级攻克高中数理化，五年级攻读大学解析几何和微积分，11 岁戴着红领巾直接从小学滚着铁环进入中科大。此后，他 15 岁本科提前毕业，在中科院理论物理研究所师从于渌院士读硕。18 岁师从中科院副院长周光召院士读博，中途转去美国普林斯顿大学师从诺贝尔奖得主菲利普·安德森教授读博。谢彦波一度被学界视作中国最有可能攻克诺贝尔奖的实力派学者。

1978 年 2 月 7 日大年初一，《人民日报》头版正中位置，刊登了一则 1000 多字的头条新闻——《中国科学院破格选人才》。

人民日报
RENMIN RIBAO
邓小平付总理回到北京
欢庆胜利 喜迎新春
发扬拥军优属、拥政爱民的光荣传统
中国科学院破格选人才
纪念“二七”大罢工五十五周年

1978 年 2 月 7 日《人民日报》头版新闻

“中国科学院在群众推荐和外出调查中，发现了一批理解力、记忆力强，好学肯钻，比同龄孩子知识丰富得多的少年。江西省赣州市第八中学十四岁的高中二年级学生宁铂，通过自学掌握了丰富的数理化以及医学、天文、文学等方面的知识，很有培养基础。像他这样的少年，已经发现了十多个。中国科学院决定在中国科技大学为他们开办预科班，先让他们着重基础课的学习和基本功的训练，然后根据各人情况和专长让他们再学习专业知识，进行定向培养。”

1978年3月，14岁的宁铂走进中国科技大学校门，与他先后进校的少年大学生还有20人，平均年龄14岁。数月后，《人民日报》所称的“预科班”正式改名为“少年班”。

中国“神童”横空出世，让李政道博士早在1974年就向毛泽东主席提出“招收少年人才进大学”的建议得以落地。李博士在接受记者采访时对此进行了应证：“从1974年5月我提出建议，到1978年3月中国科技大学少年班建立，花费了四年时间……少年班的成立，是一种教学改革的实验，是作为一种新事物来对待的。在当时人才培养几乎断档的形势下，它的出现无疑会对正规的高等教育的恢复和发展产生很强的推动。”

副总理兵败“第一神童”

在宁铂、谢彦波、干政、张亚勤等21名天才少年组成的“神童方阵”开进校园不久，中国科技大学迎来了建校20周年大庆。带着神话色彩吸引无数眼球的少年班，受到众多来宾的关注。

校庆期间，一个秋高气爽的下午，已升任国务院副总理兼中科院院长的方毅来到中科大，第一项议程就提出要看望少年班的“小萝卜头们”。他刚走进小教室，便被无拘无束的孩子们围起来，“方爷爷方爷爷”地叫个不停。

方毅乐了，在孩子们的簇拥下靠第一排课桌坐下，拉过旁边一位身材矮小、头戴绿军帽、脖系红领巾的小男孩，和蔼地说：“让我猜猜你是谁？应该是谢彦波！对不对？我还知道，你才11岁，是全国唯一一个戴红领巾上大学的小子嘛！”

旁边一位同学揭露：“他还从家里带来铁环在操场上滚！”

一片笑声。方毅笑对谢彦波：“你看你看，鼻涕都没擦干净！”

谢彦波一边腼腆地笑，一边举起手臂，熟练地在鼻子下面蹭。

“逗你玩儿呐！”方毅哈哈大笑，顺手把谢彦波的小军帽往下一扯，引来哄堂大笑。接着他转头询问孩子们的班主任：“孩子们都在长身体，学习任务又重，不知道营养跟得上不？”

“总理请放心！学校已经考虑到这个情况，特批他们在教工食堂吃饭，有专门的饭菜窗口！李剑芒，你说说看，每天吃啥啦？”班主任老师回答。

来自东北的12岁学员李剑芒回答：“报告方爷爷，早上馒头稀饭加咸菜，有时还能有一个鸡蛋；中午晚上两个菜，一荤一素，我最爱吃的就是菜花回锅肉……对了，米饭不限量。您看我现在身高1米81，3月份我刚刚来上学的时候，还是1米69呢，吃了6个月的食堂，蹿了12厘米，暑假回去，把我爹吓了一跳！”

方毅笑得更开心，连声说：“不错，很好、很好！中气那么足，看样子是吃饱了！”他拍了拍李剑芒的肩膀，转头问道：“哪位是宁铂啊？”

“报告方爷爷，我是宁铂！”坐在后排的宁铂站起来。这位来自南方、大名鼎鼎的“第一神童”，身高比李剑芒矮一截，脸儿尖尖，笑起来眼睛只敢看地下。

“很低调嘛，像个女孩子。宁铂，我可记得你！”方毅上上下下打量这位最早扬名立万的少年：“哎，想起来了，那封推荐信上说你围棋水平了得，方爷爷也喜欢下围棋，要不，咱们杀一盘？”

宁铂扶了扶眼镜、挠挠头，有点儿腼腆却并不怯场：“行，请方爷爷指点！”

方毅又问：“小宁铂，你的棋龄多长啊？”

宁铂：“大概6年吧。”

方毅：“我的棋龄可是有30多年喽。不胆怯吧？”

宁铂羞涩地摇摇头。

方毅笑着鼓励他：“不过，下棋讲实力、不讲资历！陈毅老总资历比我长多了，又怎么样？还不是我手下‘常败将军’？小宁铂，你能不能把方爷爷撂倒？”

宁铂略显老成地回答：“方爷爷，我一定把自己的水平尽量发挥出来！”

说说笑笑间，大家转场来到方毅下榻的合肥稻香楼宾馆接待室。那里，临时的棋台已经摆好：白桌布、木棋盘，工作人员往方毅带来的茶杯里续满水，放到他的左手边。

“给宁铂小友也泡杯茶吧，对弈双方大家平等嘛！”方毅很细心地提醒工作人员。接着，两杯水摆平，宁铂年幼执黑先行，方毅执白对弈，厮杀开始。

一位接受我们采访的老记者，复述了当年他亲眼见证过的那一场见诸多家媒体的“著名战役”。

“刚开始，方毅副总理还有些‘轻敌’，面带笑容。小宁铂开局就显出老道，目不视棋罐，拇指、中指往里面一捞，捻起一枚黑子，伸长细手臂，‘啪’地一声，第一个黑子便按在方副总理那边的棋盘右上角位。总理低声咕噜了一句：‘嗯，三三位鬼门，杀气重……’他沉吟了一会儿，白子举起，‘啪’一声落在靠着宁铂的棋盘左上位，言下之意：你杀气腾腾，且看老夫磨刀霍霍！宁铂声色不动，捻起一子，‘啪’一声甩在自己这一边，总理一下子坐直了身子，‘星！’

“见我发愣，旁边一位懂围棋的老师歪过身子小声向我讲解：‘这是吴清源（笔者注：日籍华人棋圣）的下法，‘三三、星、中元’是前三手，不出意外，等会儿宁铂的棋子会放在棋盘正中央。’果不其然，宁铂的第三颗黑子，就放在棋盘正中。

“旁观者大气不出，紧张观战。双方出子越来越快，让人意外的是，主导速度的不是方毅，倒成了宁铂。只要方毅白子一落定，宁铂的黑子马上就逼上，即便是外行也能觉察出，少年的气势压住了总理。

“接下去，宁铂下手越来越狠，出子速度越来越快，在棋盘的正中快速布局，一条黑色‘大龙’张牙舞爪直逼对方。方毅副总理所执白子被逼到边边角角上，首尾难顾。又过了一会儿，局势越来越严峻，‘黑龙’左右逢源，东噬西咬，猛不可当，白子的劣势越来越明显。”

谈话间，那位老同行翻出几张他当年拍的现场照片，其中一张定格在宁铂落子那一刹那。看上去老友方毅似有不爽，支着脑袋、皱起眉头，正在为自己右侧那片亟待“打劫活”的白子犯愁；另一张则是棋盘已经基本布满，老友刚刚落完白子，手还没收回去，小友的黑子已经追杀过来，两人的手都悬空在棋盘上方。显然“战事”是在老友那一边展开。——哈哈，照片显示小宁

宁铂（左）与时任国务院副总理方毅对弈

铂已经把老总理逼得无路可退。

“一个小时不到，第一局棋就结束了，宁铂胜券在握、洋洋得意，方毅副总理意料之外、心有不甘：‘娃娃厉害，爷爷输了！再来一盘？’此时，挂在墙上的时钟指针已经指向右下方30度。哗啦啦一阵收拾后，第二局开始。”老同行讲得眉飞色舞。

“宁铂还是执黑先行，这次他的‘起手式’比较中庸，似有隐忍，用的是‘星定’中的‘小飞挂’。我正怀疑是不是在场的老师嘱咐宁铂手下留情，没料想几手过后，小友的猛劲再次表露无遗，从中盘阶段痛下杀手，打劫屠龙、‘镇神头’。时间不长，方副总理一推棋盘爽快认输：‘后生可畏、后生可畏呀！’

“他接着大笑：‘少年班学员果然不同凡响！唐代诗人李白说得好，‘宣父犹能畏后生，丈夫未可轻年少！’学员们有勇、有谋、有杀气、能隐忍，棋风见学风，读书科研，当如下棋！’听了方毅这番肺腑之言，当场老老少少都哗哗哗地鼓起掌来……”

败棋老友方毅副总理留给少年班同学的印象很奇特，我们在采访少年班的同学时，有人如是评述：“方毅副总理跟我们在一起的时候，学校领导毕恭毕敬，可是在我们少年班同学的眼里，他不像国家领导人，就是一位普普通通的方爷爷，对少年班寄予很大的厚望甚至娇宠。从某种角度讲，第一期少年班同学恃宠任性的性格也许与这位老友不无关系。”

少年班同学李剑芒也曾向记者描述：“方毅跑来和宁铂下了几盘围棋，被宁铂杀得找不着北！我后来问宁铂，方毅大概在哪个水平。他回答：比你差……”话里话外，能让人透过“少年壮志”，感觉出一种未经磨砺的“年少轻狂”，当时的相关社会背景也许真的为那些被神化的孩子们的成长，种下了某种反向干扰素。

就这样，在“科学的春天”里，中科大结束了隆重的校庆活动。出人意料的是，小插曲“第一神童”宁铂大战副总理的新闻和照片，竟抢夺了多半国人眼球，成为校庆期间最大的亮点和最引人关注的话题。乃至此后很长一段时间，少年班的传说、神童的神话，包括宁铂在葡萄架下读书、谢彦波站在凳子上演板的照片，不绝于国民之耳目、不绝于报端视听，甚至不绝于国家领导人之言谈。

1985 年，除中科大之外，全国又有 12 所大学办起了少年班。另据中新网报道：“中国的超常教育效果显著，截至 2003 年，已培育“神童”约 290 万……”

中国超常教育在国际上也引起“超常”关注，不仅少年班理论先驱李政道博士多次来往少年班，杨振宁、丁肇中、吴健雄等华裔科学巨子也纷纷到中科大考察、探视少年班。

从“第一神童”的出现到少年班的创立，仅仅不到一年时间。尽管后来人们把这出喜剧的策划归功于“鉴于当时政治情势，我的建议不得不先从基础科学人才的培养入手，又不得不从少年人才入手”的李政道博士，他自己也没否认，但可以肯定的是，少年班的创立绝非出自李博士的一手策划，完全是“情、势”所然。正如《南方周末》一篇文章所分析的那样：“(那些)少年的出场及其中年时的谢幕都饱含戏剧性，符合中国人的集体心理，符合他们对神化和传奇的永不餍足的需求。他们，在那个特定年代共同参与了神话的缔造和后来的‘伤仲永’……”

后记：为了延续一个伟大民族行将断脉的文明烟火，尽快使国家走上复兴之路，我们需要理性的救治，而科学作为理性思维的最高权威乃至标准，自然而然成了一个时代的拯救者。在新一代共和国领导人的倡导下，一场以教育、科技为先导的国家振兴计划全面推行。虽然，“神童”战略只是其中一个微不足道的布局，但足以显现跨入新时代后的中国对于建设人才的急需与渴求。

第一章　神童无神话

关于神童的故事，有如一个个童话版传奇，当时间将那些激动人心的童话还原成“实话”之后，那些故事里的传奇人物就会在经意或不经意之间变成路人甲或路人乙。这样的结局听起来也许令人扫兴，但回归真实原本就是我们这个世界存在下去的理由。

从“第一神童”的出现到第一个少年班的建立，至今已近四十年光景。当西方媒体早已与我们无障碍同步享用信息源，再也不会重复“遴选神童”之类新闻荒诞剧的时候，“神童”的词汇已几经演绎——“天才儿童”、“超常儿童”、“优才”等等，应是一步步走下神坛的意思了。在此期间，一度集结了中国最高层领导和重磅级国际知名华裔科学家，以及普通民众殷殷厚望的少年班，从中国教育版图上由一个变十三个，后缩减至三个。从“大干快上”少年班到偃旗息鼓悄然撤出，其中不乏鼎鼎大名的清华、北大、复旦、武大、南大等多所中国顶级高校。

尽管有关少年班该不该办、怎么办的争论断断续续从未消停，但“80后”、“90后”们对此早已了无兴趣，他们更不知道宁铂、谢彦波、干政等人是谁，偶然听人谈及，也只当“睃一眼”另类版本踩着风火轮的神童哪吒传奇。然而，对于当年那些被捧上神坛、请进少年班的第一代神童们来说，他们的命运却似乎被那一段历史牢牢绑定，难以自拔，至今还不时被人拿来反复炒作，欲罢不得。

有人说，当年先有他、才有少年班的“第一神童”宁铂自从赢了方毅副总理一局棋后，人生步步维艰、处处败局，最后两次出家，方得以挣脱红尘，至今难觅其踪……

有人说，年龄最小、戴着红领巾滚着铁环进中科大的神童谢彦波，读完少年班后性格越来越孤僻，乃至于一路难以融入社会人群，直至去美国读博，仍然被曾获诺贝尔奖的导师判作异类，不给答辩，导致他一怒之下拔枪对准老教授……

有人说，当年“切瓜”一考惊天下的神童干政，16 岁就以 CUSPEA（笔者注：中美联合招考物理研究生项目）全国第二的成绩考入美国普林斯顿大学读博，后来命同谢彦波，因未能与导师协调好关系而铩羽归国，拒绝了中科大让他回母校继续读博的邀请，居家闲赋数年，后提出回校工作的请求遭到校方拒绝，从此精神失常，与老妈妈隐居合肥，与世隔绝……

从“成神”到“成谜”，首期少年班同学们的命运深深牵动着我们。那些当年智力超常的少年才俊后来究竟走了一条什么样的路？几十年的岁月过去了，他们给社会留下什么印记？自己有何感悟？带着一大串疑问，我们踏上了寻访神童之路。

从象牙塔到佛塔

采访时间：2015 年 10 月。

采访地点：中科大（安徽）、江南某佛学院。

受访人：宁铂和他的同学、老师。

采访人：本书作者。

“第一神童”宁铂重新出现在人们的视野，还是他进入少年班 20 年之后的事了——1998 年 3 月 18 日，他应邀参加央视《实话实说》栏目录制，话题是“评说神童”，主持人是出道不到两年的名嘴崔永元，他请宁铂结合自身经历谈谈“神童”和超常儿童教育问题。

那时候的宁铂，似乎还未曾脱离20年前的少年性情与稚气，说话不见丝毫虚掩，开腔充满火药味：

13 岁的宁铂（左二）与少年班同学一起钻研微积分习题

“我是在一个特殊的环境下成长的，当时所处的环境也不可能再重现了，我觉得再谈论这段事情已经没有什么意义。我们的早期教育，要用严肃、科学的态度去对待，可能有些人对这方面没有多少体会，光凭‘我觉得是这样’，或‘听说是这样’，就把它作为某种方法宣传出去，那会害死人的！因为我们的教育思想、教育导向，直接关系到我们下一代人，影响到几十年内中国人的素质和思维方式。我们面对的是孩子，不是做生意，做生意做赔了没关系，（孩子）不能拿去做实验！”

看上去宁铂很激动，不时打断主张“早期英才教育”的嘉宾发言，以现身说法驳斥对方的观点，言辞犀利，语态激越。为了证明自己的观点，他完整地讲述了一个故事，表达出自己对“神童教育”的看法。

“有俩孩子 7 岁开始学画画，第一位经常得到父母鼓励，‘孩子你画得很好，是小天才！’第二位孩子父母说：‘孩子你画得不错，有些地方不够细致，要改进’；15 岁后，第一位孩子成为有名的少年画家，第二位孩子还是在天天寻找不足、默默作画；到了 30 岁，第一位已经成为海内外闻名的画家，而第二位还只是一位普通画者；50 年过去了，第一位画家的作品渐渐被人遗忘，而第二位画家的价值被人们渐渐发现和喜爱；200 年过去了，第一位画家已经被人们彻底遗忘了，而第二位画家则成为世界艺术史上有名的大师。

“我们对孩子的教育不能只从几年、几十年去着眼。有人认为孩子早学、学好就能够早成才，实践证明还没有很成功的先例。一个人的成功，除了他学习的东西要扎实以外，还有很多很多东西。其中最重要的不在于学习知识的早晚，而是要有足够的实践、冷静的头脑，再就是要有正确的人生观与世界观，很多事情是要用冷静的头脑去观察、思考、体会才能够得到的。这个问题我想过很多年……”

节目播出后，他的表现遭到不少媒体的误读与嘲笑。有一家大报甚至如此讥讽：“节目录制期间，宁铂频繁抢过话筒发言，语速很快，情绪激烈，猛烈抨击‘神童教育’。周围观众不时发出笑声，很多年轻人已经不知道他就是大名鼎鼎的神童宁铂……‘第一神童’的倾诉已经无人倾听，属于他的时代彻底烟消云散了。”

“第一神童”是否成为昨日红花？属于宁铂的那个时代是否“彻底烟消云散”？相比追新猎奇的媒体，也许宁铂的确变化不大，经过20年社会大酱缸的熏染后，他没有变得世故与顺俗，依旧保存了少年时代敢于以2:0对弈打败国务院副总理的较真与执拗。

我再一次感觉到自己所处的那个阵营，从来不会掩饰对成功者的膜拜和对落魄者的精神暴掠。

又是十几年过去了，当我与合作者在敲定本书的采访对象时，首先就将宁铂和首期少年班的“著名神童”们列入了采访名单。

“宁铂2003年就离校了，具体去哪里不清楚。”

“听说他是出家了，究竟为什么、在哪里出家？不清楚……”

可能出于对宁铂隐私的保护，老师们对宁铂的去向含糊其词。其实我们早就知道宁铂离开了中科大，之所以来一趟合肥，除开了解他和谢彦波等人的行踪外，还顺便进行一些外围采访。

“实际上宁铂自从进入中科大后，就明确表述过我们学校没他喜欢的专业。”第一期少年班的辅导员、退休后长期居住海外的王老师曾这样告诉记者。她回忆：“记得当时我还特地向学校打了一份报告，请求按照宁铂本人的兴趣将他转到南京大学去学天文，但是科大将宁铂视为‘荣耀’，当然不愿意放走这个一直处在舆论风口上的少年名人，便挑了一个中国科学界最热门的领域——理论物理，安排他就读。可是宁铂在中学时就不喜欢物理，他说过，如果进校前对他面试的时候不是考数学，而是考物理，那他肯定进不了少年班。可事已至此，他只好勉强就范，就读了自己不喜欢的专业，把更多业余时间转向自己喜欢的星象学、宗教和气功。”

宁铂的同学——一位不愿透露姓名的中科大老师受访时，则对这些年外界对宁铂的不实报道尽其所知，一一予以纠正：“外界对宁铂的传言有诸多不实之处。有人讲他大脑不正常，怎么不正常？进科大之前他精通围棋、熟读中医、背诵《红楼梦》、看天象……那些可都是国学啊！后来他还拿到了心理分析师执照，那可是国家正规部门颁发的证件！说他在少年班学习成绩不算顶尖，没错，人家本来就对物理专业不感兴趣嘛！还有一件事也被媒体反复炒作、传得沸沸扬扬——说他两次放弃考研，是什么‘笼罩在光环底下的不自信’，扯淡！事实并非如此！”

“1982 年，宁铂本科毕业留校任教，当时科大有一个规定，不收考研落榜生，所以本科生留校，稳妥一点必须放弃当年考研，两年之后给你机会在职读学位。宁铂本科毕业后留校在教务处工作，本来学习成绩不差，两年之后当然应该能考上。后来临考了，领导担心他考不上，就知会命题老师辅导他。结果进考场后，宁铂打开考卷看了一眼就愤然退场，不是害怕考不上，而是发现每个考题在接受辅导时他都做过，连小数点之后的几位数都知道，只要动笔保准 15 分钟内做完拿满分。因此他觉得学校这种做法是对自己能力的侮辱，所以罢考了。对这件事，宁铂长时间保持沉默，哪怕别人说他担心考不上研究生跌面子，他也不做任何解释。”

“第二年，单位再一次替宁铂报名考研，可宁铂坚决不干。他说：‘我不读研究生，也照样能做出高水平研究。’尽管如此，学校还是让宁铂晋升了讲师。于是，‘19 岁成为全国最年轻的讲师’，便成为全国媒体对宁铂的最后一次正面新闻炒作。那以后，有关宁铂的报道，多半夹枪带棒，大有落井下石之嫌。宁铂呢非常倔强，尽量回避媒体，摆出一副老死不相往来的架势……”

另一位了解宁铂的学校老师向我们介绍了宁铂步入空门前的点点滴滴：“如果说宁铂一直超脱世俗，不在乎名利，那也不符合事实。其实宁铂非常渴望成功，但他十分明智地判断到只要呆在体制内，命运就不可能被自己掌控，所以他多次尝试过叛离体制。第一次是下海去海南寻找发展机遇失败，不得不回到学校。

“一次偶然机会，宁铂与佛教界人士探讨佛学，对方谈及有一部佛学经典其中一段内容长期令佛学界人士困惑难解。事后，宁铂经过查阅原文，发现所有对那段经文的困惑与争议，竟然是由于从梵文翻译成中文时中间漏了几行字，他便把那几行英文翻译给补上，这样，那部经文就完整了。后来他把这一结果写成文章发表在佛学刊物上，引起轰动。人家对他倍加推崇，相当于多年来中国佛学界的一个重要研究结果，此后只要是佛学界人士，都知道宁铂很牛。

“这一次在佛学界小试牛刀获得成功，使得在物理学研究上成绩平平的宁铂对自己喜爱的佛学研究更有自信，似乎形成某种专业愿景。于是他进行第一次尝试，离开学校上五台山出家。这一次在五台山没待多久，他发现寺院里也有理论脱离实际的现象，存在许多他看不惯的地方，加上学校派员极力劝归，他很快还俗被接回中科大。

“世界上很多不好解释的事情，在佛家看来都是‘缘’。一年后，宁铂突然离婚离家，再一次与中科大不辞而别。为什么？去哪里了？谁都没告诉。学校想派人找他，他太太让别找了，说近两年老听宁铂嘀咕，在研究佛学时，有一帮人拒绝向他提供案例，说‘你是俗家弟子，有些事情我们不能跟你讲，传内不传外是我们的规矩。’至于宁铂是不是出自深入研究佛学精髓的初衷而重返佛门，我们难下定论，但可以肯定的是，这一回他铁了心要离开中科大。”

2003 年，借光当年热炒过“第一神童”的各路媒体，宁铂再一次成为本年度的新闻人物——《“中国第一神童”压力过大出家当和尚》、《“第一神童”出家真相》、《宁铂出家真相大揭秘》……

关于宁铂出家的原因，多数媒体依旧选择了符合“眼球学”特征的说法：“他希望保持神童的辉煌，但成绩平平，业务上毫无建树。想出国深造，考了两次托福都未过关，后来连考研的勇气也没有；有时候他渴望做一个普通人，但不可以，昔日“第一神童”的桂冠他想甩也甩不掉。每每有对少年班的负面报道，他愿不愿意都得被绑上论坛‘陪斗’。再加上家庭矛盾加剧，宁铂最后只好借佛门作为栖身之所，以避开红尘的喧嚣和俗世的烦恼……”。

更有人以“知情者”的身份在网络上发帖：说宁铂在云南西双版纳的一个茅草房里“修道”，曾辟谷二十五天，光喝水不吃饭，用气功洗肠。“茅房里面除开宁铂之外，还住了一对蝎子，一对老鼠，还有一大群蚂蚁，和蝎子老鼠倒相安无事，就是蚂蚁比较烦人，夜里睡觉时老爬到耳朵里去。森林里有好多毒蛇，夜里去厕所大便，一抬头眼镜蛇就挂在眼前……”

对于众家媒体的猜度和网络传奇，不知道宁铂是闭耳塞听还是充耳不闻，未见任何反应。很多记者同行都尝试过联系他，几乎全都无果而终。可尽管如此，只要有需要，众多电视台及网络视频报道，仍旧会选用宁铂在少年班时的照片，配上主观臆断的口播词，整出大段大段貌似“新闻”的传奇报道吸引大众眼球。

结束中科大的外围采访后，我们更加坚信：在众多媒体花样翻新的各种报道之外，肯定深藏着一个仅属于自己的宁铂。可是去哪里找他？特别是怎样让他接受我们的采访，恐怕不是一件容易的事。找了半年，我们终于从一个与宁铂有着多年交往的朋友那里，拿到了他的手机号码，先试着用短信与他沟通。

作者：“宁铂老师您好，我们正在撰写一部有关教育方面的书籍，其中有关您和少年班的内容，已经采访到您的几位同学。为确保内容的真实性以及想听听您对目前国家教育大局的看法，希望您能于百忙之中接受我的访谈。”

10分钟后，宁铂回复：“您好！

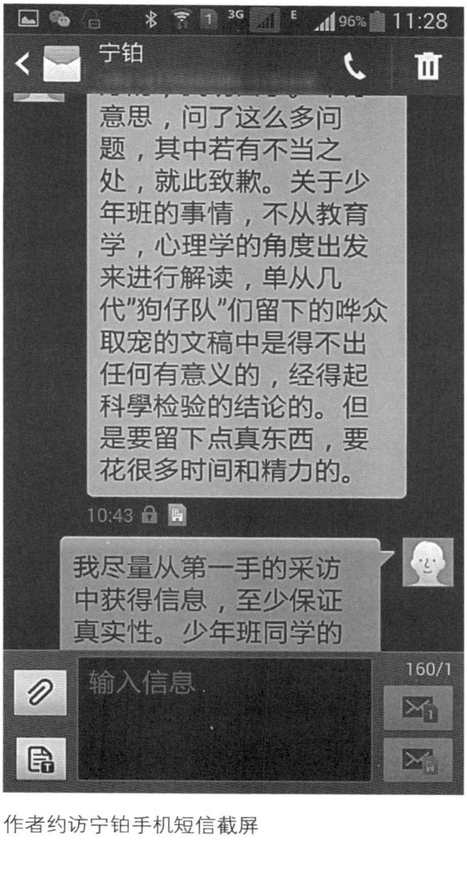

作者约访宁铂手机短信截屏

我可以先提几个问题吗？”

作者：“当然可以”。

宁铂：“一，您为什么要写这些东西？二，您对教育学、心理学、国学这些方面有无涉猎？三，您的专业是什么？从事什么工作？”

作者一一作了回答。

宁铂：“好的。再问几个问题：四，您对儿童教育有何看法？您亲自教孩子吗？五，您对六十年代到九十年代的历史熟悉吗？六，如果您发现要写好这本书需要系统地学习教育学、心理学乃至国学方面的知识，您会把写作放下来，以后再继续写……”

经过一个多小时的短信沟通，宁铂最终还是答应了我的采访请求：“不好意思，问了这么多问题，其中若有不当之处，就此致歉。关于少年班的事情，不从教育学和心理学的角度出发进行解读，单从几代‘狗仔队’们留下的哗众取宠的文稿中得不出任何有意义、经得起科学检验的结论。但是要留下点真东西，要花很多时间和精力的……谢谢您的理解和敬业！我个人的阅历谈起来没有什么意义，但可从教育学和心理学的角度来谈谈……”

2015年元旦过后，我们在某地佛学院对宁铂进行了独家采访。当一位清癯、黑瘦的宁铂师傅突然出现在眼前的时候，我很愕然——当年少年班那个万众敬仰的胖乎乎、白净净的“神童”形象已荡然无存。此后与我对话时从容的语速，也与《实话实说》栏目视频中那个急于表达的宁铂绝然不同，唯一没变化的只剩下挂在嘴角边的一丝腼腆和与人交谈时依旧低垂的眼神。

佛学院讲师宁铂（此前照片）

知道他很忙，也知道他不愿多谈自己的过往，我们的交谈单刀直入——谈教育、谈少年班。

作者：从小学、中学到少年班，

又从中科大到佛学院，您此前走过的路有“三门”——从家门到校门、再到佛门？

宁铂：准确的说，我一生都没有离开过学校，在中科大待了19年，现在到这里（佛学院）也还是教书。

作者：借用佛家的语境描述，这也是一种缘分？

宁铂（笑）：是吧。

作者：谈到我们国家的教育，似乎已经成为当下最受国民诟病、吐槽的一个领域，您认为问题究竟出在哪？

宁铂：出在“利益导向”。

作者：能具体谈谈吗？

宁铂：当整个社会导向趋利时，教育也不可能独善其身，应试教育其实也就是社会利益导向的体现。什么东西容易出政绩、学生分数高，学校就去追求什么。老师教出一个高尚的学生，要等学生盖棺定论才算数，但分数高低，却是马上就见分晓。

比如说奥数班。一个朋友的儿子因为父母比较注意全面发展，不主张儿子参加奥数集训，结果孩子在上高三的时候，数学还不会用复数。我说你怎么可能不懂复数，高一就应该学习了？他说：“这些东西我们没学，只有奥数班才学。”

作者：对普通教材降低要求，无异于给奥数班提供了盈利余地。听说有些学校或老师，为了逼迫孩子上高学费的奥数班，甚至把教材里必要的东西抽出来不学。

宁铂：是。再举个例子，我在华东某市给一个小学五年级男孩作心理辅导，孩子不肯上奥数班，怕难。家长说难什么难，我们来试试，结果一堆大人啃不下小学五年级的奥数题，什么“鸡兔同笼”，初中不定方程一下解决了，你干嘛要提前难为孩子？还有高中的排列组合等也出现在小学生的作业里面，把正常的学习规律给打乱了，故意把学习复杂化，让人觉得孩子成才非得要上奥数班，教育活动变成了利益博弈。

作者：谈到早慧教育，这些年，社会各界对少年班也有不少质疑与争议。从某种意义上讲，先有“第一神童”宁铂，才后有中国少年班。在这方面您应当最有发言权，您怎么看？

宁铂：少年班的智力发展、学习能力都没有问题，但他们上大学的时候，正好处在相当于别人中学的时间段。这个年龄的孩子，处理人际关系和应激能力不够，心理承受力、抗打击能力和社会经验不足，而社会经验不足对孩子成长的影响是非常大的。尽管他们在生活中遇到的问题，与他们在后继的人生中遇到的问题相比较，有如“小巫见大巫”，但对于这个年龄段的孩子们来说却都是“第一次”，适应起来很困难。因此，教育理论不主张这个年龄段的人离开父母，尽管表面上看，他们在家里也会老跟父母唱反调，可实际上还是非常需要父母信任式的、陪伴式的、潜移默化式的影响和支持。实践证明，过早让孩子读大学，是违反教育规律的。

作者：既然如此，从最早你们那一届算起，中科大的少年班也办了几十年了，它的出现和存在的理由是什么？

宁铂：当年出现少年班有它特定的历史背景。1977 年刚刚粉碎“四人帮”，百废待兴，国家提倡“早出人才、快出人才”，科技界也像体育界一样搞“锦标战略”。工科、文科、农科、医科、化学、生物都是实践性学科，不容易快出成果和人才，只有数学、物理能快得起来。加上当时主流媒体对杨振宁、李政道和陈景润等先生的宣传，都被有意无意导向“锦标主义”，所以那时候尖子学生的第一志愿不是数学就是物理。

少年班也一样。李政道博士我个人非常尊敬他，他给中央领导写信的想法很朴素，“孩子们集中到一起发展是不是更好？”但是国家却因此而把少年班列入战略计划。可以这么说，少年班并不符合教育规律，而且“出生就带了病”。

作者：哦？带了什么病？

宁铂：在一段时间里，前苏联儿童心理学家维果茨基提出的“最近发展区”是少年班的主要理论依据，认为孩子只要有潜力就可以用非自然的发展方式培养。我认为“最近发展区”能够被利用的前提，是“达成健康发展的客观条件的满足”。如果缺乏正确的人生观、价值观和生活理念，缺乏对社会和人生的正确认识，“发展方向”就会发生偏移，容易在教育领域导致“大跃进”式的、“瞎指挥”式的左倾机会主义错误。从佛家的角度来看，就叫“不遵循缘起法”。

事实可以说明问题，高峰时全国有 13 所高校都开办了少年班，但绝大多数学校发现问题后无法处理，所以就只能停办。

作者：中科大最早开办少年班，有没有出现过类似其他学校经历的难题?

宁铂：不会没有。少年班从发展到稳定，足足用了20年时间。期间部分少年班成员由于各方面的原因，成绩或心理发生波动，有些人尤其是外校的人幸灾乐祸，如果不是中科大老师们顶住压力，凭着对学生的爱心坚持做了很多工作，就很难把少年班的理念传承下来。

作者：您认为“理想的超常教育框架”，应该是怎样的?

宁铂：德育成长贯穿人的一生，难言超前。智力发展可以超前一点，但到了30岁之后，也会进入缓慢成长的类似于“饱和”的状态。这么多年，我在少年班只看到两个真正智力超常的学生，一个是谢彦波，另一个是00班的女孩苏淑芳，其他人都是靠自己的努力学出来的。学习能力方面，谢彦波特别厉害，那位女学生特别善于用巧劲。尽管他们小时候聪明，但长大后还得要适应成年人的社会才行，否则就会在社会生活中遭受挫折，难以达到理想的高度。

作者：对于少年班的学生，社会上有一种普遍的舆论设定，你上了少年班，就理应成功。

宁铂：这种舆论本来就是错的。少年班的读书时间只有几年，在一个人一生中占多大比例?张亚勤、郭元林等少年班毕业生的成功，与其说是少年班给的，倒不如主要归功于他们在社会上几十年如一日的艰苦打拼。

记者：所以您认为，用少年班的辉煌给每个成员打上终身烙印是不恰当的?

宁铂：当然。少年班只是人生经历的几年而已，但是媒体宣传却总是在纠缠概念。

记者：也有人提出，高校少年班的推出，目的是吸引眼球，抢生源。

宁铂：这个问题我不好回答。但可以肯定的是，搞教育不能太过功利。前面说过，80年代，学生的榜样都是李政道、杨振宁、陈景润那几位先生，其实杨振宁、李政道在获得诺贝尔奖之前、之后做了非常多的工作，但大家的注意力都集中在他们“一举成名天下知”的光环上。当时倡导学习他们的目的，与体育界长期以来用“金牌战略”冲击“全民健身”的道理相似。

接下来，83—86年出国潮，孩子从小就一窝蜂学外语，目标锁定出国；88年之后经济热了，时髦学经济、学会计；95年之后时髦学管理；2000年之后又时髦学金融……整个社会教育的导向很明确，社会上什么吃香、可以实现利益最大化，学校就开什么班，考试就考什么，志愿就填什么……

采访结束了，出于对受访者的尊重，还有很多内容暂且搁置。关于宁铂，我们为他的成长历程梳理一条貌似恰切的线索：

少年时代，由于父母交给宁铂自由发展的空间，他在天文、中医学、文学等方面的天赋与潜能得以充分显现，加上机缘巧合，时势造“神童”，被一封推荐信送进中科大，并作为某种吻合时代的、富有号召力的符号与旗帜，结集了一个特殊年龄的学习群体——少年班。

进入中科大后，宁铂发现自己对所学专业不感兴趣，本来有机会转到南京大学就读自己喜爱的天文专业，但其时“第一神童”的光环已成为多人共享的金字招牌，造就他的“时势”也转化为行政功利主义，中科大以非常正当的理由拒绝了他转校的请求，替他选择了曾经造就过两位杰出华人诺奖获得者的物理专业就读，以期他快出成果，回报中央领导和全国人民的厚望。尽管对于宁铂来说，这个“组织决定”扼杀了他有望攀登其他学科高峰的成才之路。

由于对所学专业毫无兴趣，宁铂渐渐失去学习优势，成绩平平，进少年班时的雄心壮志被消磨。因为不甘心头顶光环的隐退，他试图调整自己的人生定位——闯海南、上五台山，均未获得成功。一个偶然的机遇，他极高的学习、研究天赋在他钟爱的佛学领域得到实践与认定。由此，他离弃尘缘步入丛林，去创造自己的第二人生高度，去体现自我的生命价值。

至于少年班，借用佛家的语式讲，宁铂与之只是命中注定的一段孽缘。在那里，他的荣辱成败、悲欢离合，尽数演绎。诚然，作为在国人心中演绎了几十年的公众人物，自然也有他的烟火人生，好好歹歹供众人评说——

当年给方毅副总理写推荐信得以把宁铂送进少年班的倪霖老先生说：“我对宁铂很内疚。假如我没有写那封推荐信，他可能会在高中毕业后正常参加高考，选择他自己喜欢的专业。那么，他的人生道路就不会是今天这般。”

当年默默无闻的少年班同学、美国北卡大学教授、因国际领先的研究成果而被称为“纳米博士”的秦禄昌说：“那个年代需要一个宁铂去唤醒人们对于教育和科学的重视，这种需要形成巨大的压力，最终却压垮了宁铂。”

同样身在海外的另一位宁铂同窗好友、78级少年班“四朵金花”之一黄慈萍，则发表一篇题为“永久的棋盘——怀念宁铂”的文章，有言：“不用说，宁铂从来都知道，我也知道，他过去是、今天也是整个体制的祭祀品和牺牲品……”

曾任中科大校首的朱清时院士说：“宁铂出家后，批评非常集中。很多人说，你中国科技大学培养到最后，少年班的代表人物宁铂出家了。但我不这么想，我建议把文化放到更广义的范围去思考。李叔同不出家，就没有历史上的弘一法师。弘一法师后来的很多成就，都跟李叔同当年学习的东西有关系。谁能说宁铂以后不会走这么一条路呢？”被誉为少年班“成功者”之一的张亚勤对此高度认同。

在一片悲声中，只有宁铂的父亲仍对儿子有信心：“宁铂还在学习，他还没有完蛋。我相信他有一天会回来的。”

祝愿也好，惋惜也罢，这一切对宁铂来说似乎都不值得在意。有佛学院的学员如此描述宁铂的丛林生活：“下课后，我们一群人围住他问问题，从三点半一直问到吃晚饭。有时外面扫地的阿姨、厨房里烧锅的师傅也进来，问家里的小孩老上网打游戏，怎么去管教？无意间打死蚊子算不算杀生？女儿离婚了情绪低落该如何劝她？太阳一落山就头疼是怎么回事？肾虚胃溃疡偏头痛怎么治……哪怕再忙，宁铂从来没有拒绝过谁，很客气地预定好时间，很耐心地一个个予以解答，很直接，对就是对错就是错，不会像一些江湖‘高人’，给你些模棱两可、莫名其妙的话。一些学员发生争执，面红耳赤要打架了，只要有人提议：‘去找宁铂老师！’大家就都不吱声了。”

后记：无论宁铂的命运是喜是悲，我们都不认同朱清时校长和“功成名就”的少年班学员张亚勤为宁铂所作的假定——成为高僧李叔同那样的“成功者”。因为很显然，那只不过是两位“当事人”有意无意在为自己相关的场景做辩护性铺排。宁铂曾经对人说，“我是时代需求的产物，如果青春可以重来，我绝不会再读少年班！”

“诺贝尔”门前的中国神童

“他们都是神仙，本来就是想要那个结果，有另外的目的在，只不过没告诉我，我却不知道，所以就想不通他们为什么那么做。”

——谢彦波

采访时间：2015 年 5 月

采访地点：合肥等地

受访人：谢彦波，中国科学技术大学 78 级第一期少年班学生。他跳过整个中学阶段，由小学直接进入了少年班。十一岁上科大。十五岁上科学院理论物理所读硕士，跟于渌院士。十八岁读博士，跟中科院副院长周光召院士，被看好有希望在二十岁前获博士学位。中国博士没读完，又去普林斯顿大学，师从诺贝尔奖获得者安德森做固体物理理论研究。后回国任中科大近代物理系教师。

王永，谢彦波同班同学、中科大教授、中科大信息技术学院副院长、博士生导师、教授、安徽省政协委员。

采访人：本书作者。

1978 年，11 岁的谢彦波挂着红领巾、带着一身传说、滚着一只铁环进入中科大。与“第一神童”宁铂齐名，他俩的故事“全国人民都知道”。

传说小彦波 6 岁时还不会用第一人称讲话，饿了说：“彦波要吃饭”。渴了说：“彦波要喝水”，妈妈叫他“榆木疙瘩”。后经有见识的人士点拨，说这是阿斯伯格症患者的特征，牛顿、爱因斯坦、贝多芬、比尔·盖茨等超级天才，儿时都曾具有这种症状，特征是沟通能力奇差，但在某些方面拥有超常能力。

果不其然，小彦波小学三年级时学完初中数学，四年级学完高中数、理、化，五年级开始钻研大学的解析几何和微积分，解答了数以千计的习题。当他端坐在小学教室里上课时，几乎所有熟悉他的老师们都认为，“论实际知识水平这孩子该上大学了！”

1977 年，小学未毕业的谢彦波参加湖南医学院子弟中学高二年级的数学竞赛，获得第二名；参加长沙市高中生数理化竞赛，又获得了好成绩。于是，“神童”之誉不胫而走，引来中科大招生老师的关注。1978 年，11 岁的谢彦波顺利进入中科大少年班。据受访同学回忆，“他小学毕业没学过高中数学，可每次临考试了还拉着别人打乒乓球，一个不去拽另一个，打了几天球，最后却拿全班最高分！”

戴着红领巾上大学的谢彦波站在凳子上演板

奇迹仍在继续。16 岁读完大三，谢彦波提前一年本科毕业，入读中科院研究生，18 岁取得硕士学位，接着又在中科院副院长周光召门下攻读博士学位。半年后，谢彦波改读美国普林斯顿大学，成为诺贝尔物理学奖获得者、曾为美国“神童”的安德森教授的博士生。

由此，谢彦波成为中科大首届少年班中唯一被人们寄望摘取诺贝尔奖的天才学员，就连少年班“第一神童”宁铂也说：“我看遍二十多届少年班成员，谢彦波是最聪明的人！”

在人类普适性生态学原理中，有许多中肯不中听的词汇——诸如“日中则昃”、“月盈则亏”、“物极必反”，等等。其中既有两位曾为“神童”者所涉领域的物理法则，更兼备“先知先觉”的神童们普遍兼备“少知少觉”的事理法则。就在“神童”谢彦波满载国人的厚望，向着科学的天空展翅翱翔之时，一场意料不到的变故，竟令他折翅铩羽。

赴美十年后的某一天，谢彦波结束了他宿命中的所有神话与童话，被组织上接回了中科大。一颗曾被寄予国人厚望的少年“启明星”，为何去到全球科学大本营美国后未及升空就突然陨落？对此，国人少不了议论纷纷。

一是公开报道的“不睦遣返”说——2005年7月21日，《南方周末》刊文透露：首届少年班辅导员汪惠迪回忆，谢彦波原本跟随中科院副院长周光召读博士，但“他没能处理好和导师的关系，博士拿不下来，于是转去美国继续读博，结果美国导师安德森同样无法容忍谢彦波比他本人还要傲气，不让他过关……”

二是流传更广的“枪击教授”之说——“一个月黑风高的夜晚，谢彦波摸到安德森的住宅，安恰好不在家，安夫人开的门，见谢一只手插在好像藏有枪支的口袋里，神色不对头。老太太吓得魂飞天外，一边稳住谢，一边打电话找来谢的推荐人李政道教授，让李教授把谢带走。”

谢彦波的同班同学、中科大信息技术学院副院长兼博导王永教授向我们详细介绍了另一种似乎更接近真相的版本。

“谢彦波一直视安德森为神，去美国也是冲着安德森去的，但是一开始并没能排上安德森的博士生。一位台湾籍女教授收了他，老太太非常喜欢这个小娃娃，当儿子一样宠，谢彦波也非常适应，读得很好。没想到当他博士论文都基本写好了的时候，安德森的入学通知却来了！按道理，谢彦波本应跟着老太太读完博士再走，但他一心想在安德森门下出师，便迫不及待地离开了老太太，带着论文草稿投奔到安德森教授门下。

“刚开始，他在普林斯顿也读得非常好，据说还刷新了该校某个成绩总分的记录，并很快提交了论文。可偏偏就是那篇论文捅篓子了——安德森看看题目、翻翻前言，把文章一扔！

“物理是一门很悲哀的学科，尤其是谢彦波从事的理论物理研究，发展到一定程度就变得不可验证，比如说黑洞，谁见过黑洞？全都是几辈子科学家没法实证的，像玄学一样！正是因为没有检验标准，空想当道、学派林立、靠嘴皮子干仗就成了理论物理的现实情况。而谢彦波的论文，就踩了这个‘雷’。他引用的观点论据，不巧是跟安德森‘干仗’的对立学派，安德森怎么可能自扇耳光、让论文通过？他不好明说，便托辞‘你英文水平太差，我看不懂！

“谢彦波很愣，又非常崇拜安德森，还真的以为自己英文不过关，竟然花了两年时间在普林斯顿文学院读了个文学硕士，然后改好论文又送给安德森。安德森没辙了，只能委托旁人明确转告谢彦波：‘由于学派问题，你不可能靠这篇论文在我的门下拿到学位’。

“谢彦波没法相信这话，他眼里的安德森是多么伟大的科学家，又那么崇尚真理，怎么会有门户之见？你们都骗我！从那时候起，他就开始常常产生‘别人都在骗我’的幻觉。后来安德森拿他没办法，只好屈尊再让一步，托人转告谢彦波，可以介绍他在另外一个导师名下答辩。偏偏谢彦波到这一步还坚决不相信安德森会抛弃他，仍然执着地追随他死不回头。

“足足 9 年，谢彦波与教授的矛盾几乎成为公开的秘密，就他自己感觉不到。在中科大一位副校长访问普林斯顿大学之前，恰巧又发生一起北大赴美留学生杀死教授的惨案，所以其他中国留学生建议到访的科大领导带谢彦波回国。副校长约谢彦波谈话过后，也感觉到有些担心，便直接带他随团回国。因为走得太急，谢彦波在普林斯顿大学宿舍里的所有物品都没来得及带走，还是后来同学帮忙打包邮回来的……”

去中科大之前，我在“贴吧”还读到一篇该校的学生留言：“我们英语老师说谢老师赴美读博时，因为拿枪指着他的教授被取消博士学位，回来得了精神病。学校为了名声以及考虑他的水平，仍然给他教课，但是长期交流，会把学生的心理带进沟里……”

为了弄清真相，我问这位同学怎么找得到谢彦波。他告诉我，谢教授从家里到学校两点一线，很难碰上。但每周三会在某教室上课，这是唯一方便见到他的机会。

5 月，我来到中科大，预先“埋伏”在那位同学所说的教室里。看来这里是开放式教学，我旁边还坐着一位不修边幅的中年男人，上身套着一件脏得看不清本色的老式夹克衫，怀里抱着一只鼓鼓囊囊的红色环保袋，酷似街头拾荒者。见我落座，他挪了一下位置，似熟非熟地朝我笑笑。

我朝他点点头。上课铃响了，我盯着门口，等着谢彦波的出现。一会儿，旁坐的“拾荒者”站起来，径直上了讲台。他从环保袋里掏出一沓作业本，拍在第一排课桌上。然后上前擦干净黑板，用粉笔写下：“§4.6 局域惯性系条件”。天，这位“拾荒者”模样的人就是谢彦波教授？我满脑子闪现的全是若干年前站在木凳上演板的少年谢彦波，很难把两者联系起来。

作者观摩谢彦波上课

他流畅地整板书写着那些复杂的公式，嘴里说着我不懂的中文：“假如用做数学题的方法衡量一个星球的文明……”

站在讲台上的谢老师，与刚才坐在身边的“拾荒者”判若两人，嗓音洪亮自信，思维逻辑缜密。他右手板书时，左手松弛地抄在裤兜里，大方潇洒，偶尔将嘴唇歪成平行四边形，再努力恢复原状，皱着眉头，像是眼睛里进了沙子。每一次擦完黑板后，他必然猛地回头向同学们挤出个没来由的笑脸。

下课后，我在教室门口堵住了他，用“我是您的崇拜者”这种最无聊的借口作为搭讪。他友善地朝我笑笑，似乎对陌生人毫无戒心，很快开始了有问有答的闲聊，甚至还请我在食堂里吃了份快餐。即便后来我提出有些冒昧的问题，他也努力给出答案。采访中，比照旁边匆匆而过的斜视眼神，谢彦波那种纯真和诚恳，不止一次让我心酸。

记者：您还在上《广义相对论》吗？

谢彦波：什么叫“还在上”？是不是学懂了之后就只用教了？是不是教其他东西就可以再学习？学了没意思，对我来说学了没用啊……现在的物理不是做物理，是在做数学题。真正的物理，我觉得是里面有好多效应的，但是他们好像都不讨论这种效应。

记者（有些犯晕）：您在做研究啊？

谢彦波（歪着脑袋想了想，一半对我、一半对自己）：我做研究也没有用，别人会反对、不感兴趣。我觉得生活应该遵守物理的基本道理，但是他们有“特异功能”！做了一些新的假定，又不肯告诉我。所以我就没办法。

记者：我记得好像您在哪儿说过，科学也会有很多谬误？

谢彦波：我是说很多人在应用方面过头了。比如优盘、手机、隐形飞机，都跟物理对不上。

记者：这方面公开发表过论文吗？让大家都知道您的观点或想法。

谢彦波：写过，但是我认为有价值、写得好的论文，一篇都不给发表。我认为一般甚至是很烂的论文，却发表了。国外杂志也一样，他们不是看不懂，就是故意不给发，或者是我没有搞明白其中的规则吧。

记者：好像这里面的门道挺深？

谢彦波：什么意思啊？

记者：比如说您是杂志编审的学生或者熟人，论文就容易上。学术界有挺多搞人际关系的。

谢彦波：有可能吧……

记者：您一周几节课？

谢彦波：三节课，平时没事干。

记者：您还住在学校里面吗？

谢彦波：对，我住北校区，房子比以前大一些。我就不懂，为什么要住大房子？打扫卫生那么麻烦。想住更大的房子，就要搬到郊区，得开车，不是很累吗？住北区走过来吃饭很方便，我一天三餐都在食堂吃。走路正好锻炼身体。

记者：您女儿多大了？

谢彦波：读高中。

记者：您的学生说您很酷，一些您觉得不对的理论上课时就不讲？

谢彦波：嗯。比如黑洞、宇宙学我就不讲，我搞不懂，问别人也不懂，我觉得它是有问题的。比如宇宙，以前说是无限大，现在说是有限大。有个广告，说如果宇宙无限大，那么晚上和白天是一样亮，现在晚上和白天不一样亮，所以宇宙就是有限大的。这个就是乱扯！因为恒星会死亡，而且光会被吸收，吸收了以后又变成新的恒星，是不断演变的。

记者：您不上课的时候在家干嘛？

谢彦波：要不就下围棋，要不就算算题目，算量子化学，用数学办法计算分子反应、能量。

记者：听说您喜欢用心算或者笔算？

谢彦波：我以前用计算机，现在懒得用，没必要，就用笔算。

记者：觉得自己的脑袋比计算机转得快？

谢彦波：计算机用多了，脑子就变傻了。实在没事干，在网上与人下棋。

记者：在少年班的时候您有没有跟宁铂下过围棋？

谢彦波：那时候下不过他，现在不知道了。以前他是科大最厉害的，可能后来有学生比他更厉害吧。

记者：听说有一本被学界广为引用的专业书籍，其中由国际知名实验室做出来的权威光谱数据，被您用手算推翻了？

谢彦波：一开始我用心算就怀疑那个光谱数据不对，后来用手算，证明确实不对，是（铬）Cr3+，Cr是4s平方3d4，去掉两个，现在google最新版本的数据和我的计算结果一致。后来觉得也没意思，说人家不对，搞得别人难受……

（我笃信，这样的话语，若是出自别人之口，只能用虚伪去解释，但此刻的谢彦波却真诚得像一个做了错事的孩子）

记者：从某种角度讲，科学本来就是纠正错误的学问啊！

谢彦波：没法搞啊，有好多东西不对。比如特高压，那么高的高压，一下雨或者有雾气，不就把空气击穿了？老是击穿不是就损失很多能量？我算了一下，没占到便宜，而且很危险，所以就没必要去搞特高压啊。但是现在中国人、外国人都搞。现在的学问都变掉了，一些人就像有特异功能的神仙。以前我不相信，现在信了。他们的确是神仙，有这个本事！

记者：您经常说的神仙，是不是指那些学术权威？

谢彦波：……

记者：听说您以前在美国的时候，发现导师的研究也有漏洞？让导师非常生气？

谢彦波（低下头，有点不好意思地朝地面笑笑）：是啊，我算了半天也验证不出他要的结果。没办法。

记者：一般说来，导师就算是有错也不会承认，被学生证明自己错，多没面子啊！

谢彦波（睁大眼睛瞪着我）：为什么不认？这个很奇怪啊！我导师并不是靠那个课题得诺贝尔奖的，我证明有错的是他后来的理论。

记者：但从形式上看，您毕竟还是挑战了他的权威呀！

谢彦波（似乎无法理解这一点，他絮絮叨叨地说起他的推测，再次陷入自我）：导师可能把这个看得太重。他把我开除了也没什么不对，我也没太怪他，现在回想起来，反正都是有点假，以前我学了半天都白学了。

记者：为什么会是白学了呢？

谢彦波：因为他们都是神仙，本来就是想要那个结果，有另外的目的在，就是让神仙的力量更加摆脱严密逻辑？如果有个人本事特别大，硬是算出来很多东西都不对，那么神仙们就不能为所欲为了，所以就不高兴了。但他们没告诉我，我却不知道，所以还在那为他求证。

记者：所以当时您就找安德森教授理论去？

谢彦波：或许。当时不知道，还以为做学问是件很严肃的事情。我告诉他我的学问是对的，他的结论出错了。

记者：网上有人说您带了枪去找安德森？他没在，他夫人开的门？

谢彦波：啊？这个事情你怎么知道得那么清楚？

记者：海外很多留学生嘛，你太出名了！

谢彦波：我是去找过教授，但没带枪，我也不会打枪，他们是乱说的。他们住在一个山头上，我和他太太在院子里说了几句，后来他出来了，可能发生过争执。

记者：您骂了他？

谢彦波：也没有……（喃喃地）反正就是发神经病。我是学的知识越多就越反动（作者注："文革"时期的流行语），学的知识越多就搞得别人越烦。

记者：怎么会那样呢？

谢彦波：我要是总发现人家不对，把理论物理乃至整个科学都弄崩溃了，那就是我的不对了。

记者：安德森在学术界的势力很大，您得罪了他，所以一直拿不到博士学位？

谢彦波：也许……老外和中国人有点不一样，抱团比较厉害些。得罪了安德森，安德森不会去向别人说，“你们不准发表谁谁谁的论文”，但是别人会自动不给发。

记者：这一点您当时不明白吗？

谢彦波摇摇头：我是回来以后、想了很久乱猜出来的。就像是发论文讨论全球变暖问题又不是帮我什么忙，只是他们本来就是想要让全球变暖，用昂贵的产品把便宜的东西取代掉，他们有另外的目的在，只不过没告诉我，所以我就想不通他们为什么那么做。

记者：阴谋论？您觉得“神仙”们另有目的？

谢彦波：全球变暖是二氧化碳增多的原因。现在基因技术这么发达，照理说应该可以培养一种植物，长得比较快，纯粹吸收二氧化碳，如果担心影响粮食产量可以去沙漠上种，还可以保养水土。怎么就没人搞呢？搞不懂。

记者：您是说“神仙”们有自己的利益诉求？

谢彦波（自说自话地）：这里面肯定有规则说，不准这样搞！搞不懂怎么回事？

记者：不懂里面潜在的规则或逻辑？

谢彦波：理论物理本来是按照数学的框架、逻辑性很强，但是有些规则，可以让“神仙”们的力量摆脱严密的逻辑。如果一个人本事特别大，硬是算出来很多东西都不对了，算得神仙们也不能为所欲为，那么他们就不高兴了。

（可怜的谢彦波，一个只需两分钟就可以得出的结论，他竟然思考了二十年才似懂非懂。此时我更加相信，科学家与凡夫俗子的智商一定被上帝分别置于两个绝然不同的山顶上）

记者：听说后来您还继续跟安德森辩论？

谢彦波：后来我没上门跟他讲理，跟他在教室的黑板上讨论学问，他说不过我，突然接了个电话，说老婆找他，就走了。我现在判断是故意的，甚至有个阴谋，他故意出一个错，知道我会发现……

记者：然后再找个理由把您给送回来？

谢彦波：可能是，也可能不是……

记者：您去之前以为安德森是个真神仙？

谢彦波：是的。

记者：相处一阵子就发现他理论上有漏洞？

谢彦波：有些理论像是编故事。

记者：科学家编故事？

谢彦波：都在编，但没有老老实实按照物理学的东西在编。

记者：听说安德森也是“神童”级别？也出身于少年班？

谢彦波：他们不叫少年班，美国大学生一年级大部分是18岁，他16岁进的大学。

记者：那比您晚多了，您11岁上的少年班……

谢彦波：(突然情绪激动起来)：我本来就不该来这个(少年)班的！

记者：您的意思是说如果重新挑选，您宁可按部就班上完中学再读大学？

谢彦波(觉察到自己情绪失控，努力恢复平静)：应该是这样吧。当时我没有怀疑到这些怪事情、没有想到神仙这个事情。如果当年慢慢读上来，可能就懂了。其实学问做得高，人际关系也很重要。即使是搞研究，也不是生活在真空中。

记者：安德森在这方面比您更成熟？

谢彦波：他很成熟，狡猾得很，人际关系好，待人接物比较练达。

记者：是啊，这些都是您的弱项。开始去的时候处得还好吗？

谢彦波：刚开始没什么不好，我是冲着他去的美国。

记者：吵了一次架之后他就不理您了？

谢彦波：也没有……就是大家做学问没有那么认真，我在科大受的教育，还有以前小学在长沙受的教育，都是说做科学要很认真、一丝不苟的，一是一二是二，事实上学问不是这样的。

记者：我们所受的教育也是那样的呀！

谢彦波(失望地摇摇头)：我以前不相信有神仙，现在信了。早知道学问只能神仙搞，我就不会那么认真。现在我如果在美国，在普林斯顿，根本就不会再去学物理，学数学算了，不管那些东西……

记者：您也学会编故事了？(笑)如果让您回到当年的少年班，您会编一个什么样的故事呢？

谢彦波：可以说天上有很多石头之类的，还有在少年班的时候，宁铂给我编的故事，为什么豹子狮子眼睛长在前面，牛马眼睛长在边上？

记者：为什么？

谢彦波：因为豹子狮子要去吃牛羊，眼睛必须朝前看。而牛羊眼睛长在太前面就什么都看不见，容易被豹子狮子吃掉。

记者：您的眼睛是朝前还是朝两边长？

（谢彦波没回答，却像个孩子似地调整起眼神，一会儿朝前，一会儿向两边……）

后记：毫无疑问，神童谢彦波一生只能生活在他自己的世界里了。他说，过去自己曾经认为科学是神圣的，但最近几年开始怀疑整个科学体系是“神仙”们编造的，他试图查找漏洞，进而证明科学本身就是一个错误……

采访时，谢彦波的同学与同事异口同声说他的精神出了问题，而他的学生们则一致辩称谢教授是属于另类世界的“牛逼顿”（笔者注：网络上对牛顿的谑称）。至于那个他张口闭口念叨的“神仙”究竟是谁？是神童们的命运摆布者还是某种规则、抑或某种逻辑的编程人？我们不得而知，只有他自己清楚。但显而易见的是，尽管“诺贝尔”没向谢彦波敞开大门，但他原本是一个可以与上帝对话的人。

那是宁铂和谢彦波的时代

“1978 年的中国，刚刚走出十年寒冬，冰消雪化，万物复苏。我们的老校长郭沫若以其诗人的敏感，发出这样的呼唤：‘科学的春天就要到了，让我们拥抱这个春天吧！’一群天真烂漫的孩子，经过特殊挑选，从全国 20 多个省份来到中国科学技术大学。当时，那些小小肩膀的主人，只是些未谙世事的孩子，最小的一位还戴着红领巾。他们过早地承受了生命中不可承受之重，带着江东父老给予的光荣，也带着少年绚丽的梦想，幸运地聚集到了一起。

“4年后，我们轻轻地走下神坛，进入平凡的世界。88个“神童”，留下88行曲折的脚印，88条奇妙的轨迹，分布于全球四个大洲。26年后，我们又轻轻地来了，当年的孩子，如今已是为人父母、人到中年。若论原子分子，早已更新代谢，无一存留，但我们的记忆犹在，竟然保存得如此鲜活，仿佛跨越了时空，伴随我们回到葱绿的校园……”

——摘自中科大78级少年班同学博客

2013年7月，纪念毕业三十周年中国科大首届少年班三十多名同学回到母校

上面这段优美抒情的文字，发表于2008年中科大少年班30周年的一次聚会，作者是78级首届少年班88位“神童”中的一员。那是一次有着特殊意义的聚会，走进校园的78级少年班同学有44人，刚巧是原班人马的一半。

“神童返校”的消息一经传出，便吸引了全国大大小小、形形色色的各路媒体，大家纷纷将镜头对准了这一群久违了的不速之客。

他们当中有国际学界杰出人才和知名人士：

来自美国的阿贡国家实验室研究员、发明原子陷阱追踪分析法的芝加哥大学教授卢征天，发现世界上最小纳米碳管的北卡来罗纳大学物理系副教授秦禄昌，劳伦斯·利弗莫尔国家实验室终身物理学家姚进，俄勒冈大学物理系教授、美国物理学会研究员王海林，微软全球副总裁张亚勤，世界上第一位认知学博士、德州大学生物医学信息学院院长张家杰，匹兹堡大学教授王洲，密歇根大学教授管俊林，来自英国的伯明翰大学计算机学院首席教授姚新，少年班第一个出国留学的大学生、来自新加坡的工程院研究员谢旻……

有来自国内各界的精英人士：

中国科学技术大学生物系博导、“有突出贡献的中国学位获得者”周逸峰，清华紫光副总裁郭元林，农业经济研究所副所长周曙东……

在一片闪光灯与相机快门的声色交响中，中科大一反平日里的“低调”，集中向媒体公告了一组组骄人的业绩：“30 年来，中科大少年班共招生 31 期，学生人数共 1220 人，毕业 1027 人，其中 935 人考取研究生，占毕业生总数的 91%。前 16 届毕业生（1983–1998 年）共 590 人，其中 64% 获得博士学位，26.9% 获得硕士学位。据不完全统计，他们中约 20% 选择学术研究作为自己的终身职业，有 93 人拥有国内教授、副教授职称和国外终身教职，许多人已成为国际著名科学家；有超过 70% 的少年班毕业生活跃在海内外经济、IT、金融、制造等领域，其中在世界 500 强企业任职的约 35%……”

辉煌的数字，外加校友们的新光环和老故事，足以构成诸多新闻元素，使得这次本已先声夺人的聚会赚足了眼球。近年来因备受社会质疑而保持低调的中科大少年班，终于有了一次难得的高调公演。

但是，媒体的视点往往会出人意料地打破当事人的精心布局。在群星聚集的来客中，最受媒体追捧的居然是主办者不愿提及、低调处理的 3 个人——出家多年的“第一神童”宁铂、“自我消失”不知所踪的“切瓜”童星干政、被传“神经失常”的少年天才谢彦波。尤其是宁铂和干政的到场，更让平日那些“踏破铁鞋无觅处”的记者们，多出几分“得来全不费工夫”的喜悦感。

尽管当事“神童”躲躲闪闪，不愿接触媒体，但记者们仍不辞劳苦跟踪追击，从各种渠道捕猎自己需要的素材。等到少年班 30 年庆典刚落幕，一场有关神童们的话题，有关少年班的争论随即引爆了国内多家媒体。宁铂、谢彦波、干政这三位首届少年班标志性的“神童”，当年曾是中国家长们的“公仔”、青少年的偶像，今天各自以“有负众望”的方式谢幕，再一次引发国人的舆论骚动。

“那些曾经万里挑一、被寄予国家复兴重任的天之骄子为什么会命途多舛、昙花一现？”

“究竟是宁铂、谢彦波、干政等神童辜负了时代，还是畸形教育毁了神童？”

“少年班是培养人才还是摧残人才？到底还要不要办下去？”

“如此兴师动众地举办少年班，究竟是事半功倍还是事倍功半？”

……

面对民众的质疑，不少社会学者、教育专家纷纷发表自己的观点，归类罗列，大致有三条：

1. 尽管当年创建少年班出于形势需要，但由于建制匆忙，既缺乏外部成功范例的借鉴，又没有及时、科学地总结自身经验教训，因而开班30多年仍未形成必要的理论支撑，导致一度在全国范围内，出现少年班一窝蜂上、一窝蜂下的现象，对本就紧缺的教育资源造成浪费。

全国政协委员，湖南省政协副主席，中南大学教授蔡自兴是著名的少年班“反对派”，在多所大学抢办少年班之初，他连续四次在全国政协会议上提交提案和大会发言，强烈呼吁“尽快叫停少年班！”这一次，他应邀出席科大举行庆祝少年班创办30周年庆典，主办者的用心显而易见。中科大官方博客坦言：此举是“针对质疑少年班的一次集中而高调的答复”。

即便如此，蔡委员照旧直言不讳地继续投下少年班的反对票：“办少年班名为‘快出人才，早出人才’，实为揠苗助长，不利于少年的身心健康成长，给学校和社会造成人力、财力的巨大浪费。”

北大知名学者张教授力挺蔡自兴，他在受访时尖锐地指出：“用少年班培养神童的方法‘快出人才、多出人才’，实质上与20世纪50年代的‘大跃进’、‘放卫星’没多大区别，说到底还是一种违反教育规律的左倾冒进主义！”

有资深教育学者指出：“早在中科大少年班30周年庆典之前，清华、北大，上海复旦、交大、南京大学、华中理工大等中国名校，就纷纷停止了少年班招生，取消了少年班建制，一度风靡全国的二十几处少年班仅剩中科大、西安交大两处。这说明什么问题？实践是检验真理的最好标准！”

究竟是什么原因，使得当年作为中国启动改革之初教育战线“大干快上”的首善之举——少年班，在一夜之间兵败如山倒？我们不妨听听有过办少年班经历者的说法。

上海交通大学招生办一负责人向记者介绍：“15年前交大创办少年班，投入相当大，课程单独设置，安排优秀老师上课，还请院士、专家开课，实际上真正智力超常者并不多，一些中学为让尖子生考上少年班，专为他们开小灶，这违背了少年班对智力超常者进行早期培养的初衷。实践证明，很少有优秀人才出自少年班。”

曾担任过某高校少年班班主任的刘教授在受访时质疑：“少年班开设时间最长的至今也有30多年了，出过一些应用型人才，但迄今为止，还没培养出重大科研领域有影响的领军人物。而学校为了培养这些被称作‘神童’的学生，往往要比培养普通大学生多花10倍以上的人力与物力，从成本核算的角度上讲，投入、产出极不成正比。”

华中科技大学一位教务处负责人说：“对同一个教学计划，少年大学生与那些按部就班经高考选拔的学生相比，并没有明显的优势。学生感觉学习压力大，学习成绩也不比一般同学好。一旦受不了压力而被淘汰的话，对其自信心及未来的生活道路都会产生不良的影响。根据这种情况，所以我们停办了少年班。”

曾料理过北大少年班的一位老师受访时直言：“经过一段时间的办班实践，发现少年班唯一的优势就是学生年龄小。可是10岁、11岁上大学和18岁上大学有多大区别？特殊人才的培养有些国家也搞过，但多半是顺其自然、提供帮助，集中办少年班的现象绝无仅有。再说，这种超常教育总不单纯是超早教育，比考上哪个学校的神童年龄最小吧？我不反对创新，但你得拿出一个令人信服的教学方案，总结出一套成功的经验吧？如果少年班的终极目标，只能满足‘家有神童’、‘校有神童’的虚荣心，不办也罢。”

2. 从入学考试到教学内容、模式，均未脱离应试教育的窠臼，无法实现有针对性的个性化教育。而所谓的天才儿童，大部分都是“偏才”，极少有“全才”，他们的早熟一般仅仅表现在某些领域的某些方面。而为了应付各种标准化考试，神童们不得不付出数倍于其他正常年龄同学的努力，从而导致部分心智发展不全的孩子一旦遇到挫折，很容易受到不同程度的伤害。

在接受本书作者采访时，蔡自兴委员进一步阐明了自己的观点：“少年班的录取标准和教育手段主要看智商和考分，忽略非智力因素的培养。而对于一个人的成功来说，非智力因素比智力因素重要得多。享受‘超前教育’的学生往往存在一些共同弱点，如生活不会自理、不懂交际、比较自负、神经衰弱等。‘神童’不能圈养，过早开发学生的智力，使早慧少年早熟，十分危险。”

著名教育专家、中国青少年研究中心副主任、研究员孙云晓持相同观点：

“神童是心理问题的高危人群……神童没有推广价值。”

学者们的担心并非杞人忧天，这方面的事例很多，除去少年班那几位童星的“陨落”之外，一些因为读书早、跳级多、成绩好、智商高而被名牌大学破格录取，甚至是“抢购”去的低龄大学生，很多人都有过类似遭遇，仅以近几年的几位“神童”为例：

辽宁少年张炘炀，两岁半识汉字1000多个，会读报纸；4岁上小学、6岁升五年级、9岁跳级上高三；10岁考上天津工程师范学院，13岁考上北京工业大学硕士研究生，16岁考上北京航空航天大学博士研究生。他的学历年龄，比正常孩子足足“抢跑”了8年，为此，张炘炀成为多家媒体热炒的“神童”。

2011年，在硕士论文答辩之前，张炘炀突然向父亲提出要在北京买房，否则拒绝参加论文答辩。为了哄儿子完成答辩，张父在北京租了一处房屋，骗儿子说是自己购买的住房。而当时的实际情况是，为供他读书，父母亲连几毛钱公交车都舍不得坐。此事传出后不久，中央电视台《看见》栏目对张炘炀进行了专访，张炘炀在与主持人对话时公言：“我博士出来，连住的地方都没有。博士毕业有用吗，博士后毕业有用吗？”节目播出后引发公众强烈吐槽，多方言论对“神童”的德育缺失表示深深忧虑。

次年，入读博士研究生的张炘炀，在做客网络论坛时再次口无遮拦，公开发表排外言论，提出“白领对北京毫无建设，却破坏严重，蚕食着北京宝贵的资源和就业岗位”。妄称：“有钱不一定有素质，但没钱一定没素质！”

这些言论一出，便遭到无数网友拍砖，“十六岁神童叫嚣搜狐微博”成为多家论坛最火帖子。此后，受到强大舆论攻击的张炘炀一蹶不振，情绪陷入低谷。他的导师受访时说，只希望他的弟子能够吸取教训，正确认识人生，顺利读完博士课程”。

黑龙江农家少年张满意，3岁会帮家里算账，5岁上小学后，跳级就像做“跳房子”游戏。上高中后，他参加全国数理化奥林匹克竞赛，轻轻松松为学校拿回两个一等奖、一个二等奖。为此，14岁参加高考前，他被名校南开大学免试录取“数学基地班”。

上大学后，张满意感觉跟中学完全不一样，“没有老师和家长盯着，小说看个够，游戏可以打通宵”。结果第一学期两门考试不及格，到大二结束，学分丢了很多，大四时被学校劝退。令人意外的是，一年后，张满意又在中学母校报考，并以 661 分的总分名列状元榜。当几所名校向他伸出橄榄枝时，他执意再次选择了南开大学，大有“从哪里跌倒就从哪里爬起来”的气势。三年后，仍因未修满学分，张满意第二次被南开大学劝退，回家不久便背起行囊去广州打工了。

张满意的两次大学经历让很多人疑惑不解，他的老师认为：论他的学习能力读完大学甚至读硕读博一点问题都没有，“大概是年龄小贪玩把握不住自己吧”。可情况并不那么简单，张满意第二次读大学期间，曾参加过一期央视《实话实说》栏目，在与崔永元对话时，他“实话实说”：“有人问我为什么读中学的时候，上课打瞌睡都考得那么好？因为那时候我是在求知，愿意学习，所以学得好。到了大学以后，对所学的课程毫无兴趣，提不起精神，只是为了混张文凭……”

第三位“著名神童”更厉害，名叫魏永康，湖南人。他两岁识汉字 2000 多，并且可以按平仄韵律信口编写打油诗（真真切切，据当地同行说，亲眼看过他的日记），13 岁考入全国重点大学，17 岁被中科院录取为史上年龄最小的硕博连读生。

除此之外，这位神童还另有一系列“吉尼斯世界纪录”：读高三了还由妈妈伺候他洗澡、喂饭；念大学了还要妈妈帮他洗头；硕博连读了还不懂得冷要添衣，更不会自己洗衣……有鉴于此，妈妈一直“陪读”儿子考上研究生上北京才不得不撒手。没想到两年后，中科院以“生活长期无法自理”、“知识结构不适应中科院的研究模式”为由，将魏永康劝退回家。

“从小我就跟他讲，这些事你不用会做，将来如果读博士，读博士后，当了科学家，有钱了，我可以请保姆帮忙给你搞，你搞你的事业就好！”——这番话是魏永康的母亲在接受央视《新闻调查》栏目记者采访时所说。这位瘦小、要强，一生与命运“逗霸”（当地方言，意为对着干或开玩笑）的湖南女人，丈夫常年卧病在床，自己下岗，全家挤住在长年见不到阳光的政府廉租房内，靠救济金过日子，但她笃信，让儿子读出书来是改变全家人命运的唯一出路。她对着电视镜头毫不含糊地亮明观点：“从古到今在皇宫里当官的，地方上当官的，都是读书人，万般皆下品，唯有读书高！”

在那部电视片中我们还心痛地看到，那个陷入绝望的女人，用满是青筋、骨节毕现的手抹着眼泪向记者倾诉："我们夫妻什么都没法给永康。如果需要拿我的命换永康的前途，我都舍得。要我马上死，我也舍得！"

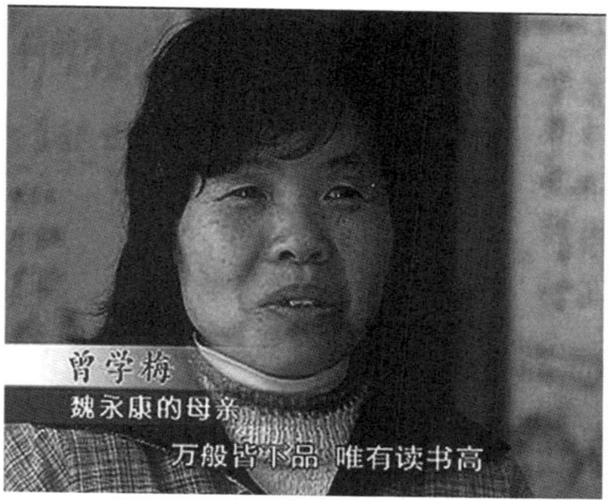

魏永康的母亲曾学梅："万般皆下品，唯有读书高！"（截图）

好在这个故事的结局不算差，在社会热心人的帮助下，退学回家的魏永康快速成熟起来。26 岁那年，他"三喜临门"——结婚、生子、考上北京工业大学生物物理专业的研究生。毕业后定居南京。

上述事例并不鲜见，给我们传导出一个简单的信息是：那些读书早、发育慢、智商高、情商低的低龄大学生，不管读的是本科还是硕士，甚至是博士、博士后，从人格意义上讲，他们都还是个"孩子"。一家研究机构多年来对大学新生进行的心理测试表明，普通大学新生一般都显示出"心态结构平衡"，而少年班的学生往往会出现两个极端：要么"刚愎自用"，要么"缺少主见"。随着年龄增大，有些人还会在"成人感"与"儿童心"之间挣扎，造成人格分裂，导致性格内向，甚至出现偏执。

3. 培养目标过于急功近利，有违教育精神与本质。

少年班培养什么样的人才？培养了多少人才？一直是教育界争论不休的问题。

正方认为，无论从数量还是质量方面，少年班培养的人才远远高过普通大学。

反方则反唇相讥："你们出过钱学森、华罗庚、陈景润了吗？倒是把神童培养成和尚、精神失常者！"

正方更振振有词："谁说宁铂以后不会成为另一个李叔同？谁说谢彦波以后不会成为陈景润第二？"

……如此"斗法"，隔三差五就会在各种媒体表演一番，其间充满了幼稚与无知，纯属小儿科。反过来想想，即便出了钱学森、华罗庚、陈景润，即便有人拿到诺贝尔奖，又能说明什么呢？即便日后宁铂真的成为一代高僧，又关少年班什么事？

记者曾在少年班学院的官方微博中，抄录了一段反映他们办学宗旨和培养目标的文字："中国科大创建少年班，其目的是为探索中国优秀人才培养的规律，培养在科学技术等领域出类拔萃的优秀人物，推动中国教育和经济建设事业的发展。"

在同一篇文稿中，记者还读到另一段文字："截至目前，少年班毕业生中有90%以上考取国内外研究生，培养出一批年轻的国内外著名高等学府的博士和教授。他们在科技事业上崭露头角，初步实现了少年班的办学目标。"

细细品味这两段文字，我们无法不得出这样的结论：在前一段文字中最可取、唯一能够体现少年班的个性和存在价值的是第一句——"探索中国优秀人才培养规律"。可惜至今为止，除开有人出了几本被"神童"们誉为"废话连篇，谎话连篇"的"成才奥秘"之外，很少见到反映科学研究成果的只言片语。接下去纯属官话套话的"培养目标"，则是任何一所大学都讲过的"非新鲜誓词"。至于第二段文字所反映的"成果"，更是不值得拿出来证明什么，也什么都证明不了的苍白数据。

对此，河南大学教育科学学院副院长杨捷曾一针见血地指出："少年班学生毕业后若与常人无异，已经偏离了少年班设立的初衷，恰恰表明了少年班的失败。"

蔡自兴委员接受我们采访时，也对中科大展示教育成果的一系列数据持轻蔑态度，坦言："以多少人考取博士、硕士，多少人当了企业开发人员来说明少年班办得好是缺乏说服力的。那只是因为少年班的生源很好，这和清华、北大毕业生中考取研究生的比例很高是一个道理。至于有一大半人出国，这实际上是少年班的毛病。"

持这种观点的不在少数，不少国人对包括少年班在内的国内诸多名校，动辄炫耀培养了多少出国留学生颇为反感——一个人才匮乏的第三世界国家，以向欧美发达国家输送人才为荣，的确让人有"打肿脸充胖子"的感觉。有人戏称："中科大少年班简直成了外国优秀科研人员的摇篮。在公办学校开办少年班，花费大量人力财力和物力，为西方发达国家输送人才、锦上添花，值得吹嘘吗？”

也许少年班拥戴者可以用“学成归国”等字眼来搪塞，但毕竟很难拿出像输送留学生那样“辉煌”的数字来自圆其说。诚然，留学生学成回国或以别的方式报效祖国也是好事，可惜迄今为止，符合这种情况，国人耳熟能详的却还只有那几位非纳税人花钱培养出来的“老同学”——钱学森、华罗庚、李政道、杨振宁……

当我们仰望夜空，目睹一幕幕绚丽无比的流星雨时，也许会由衷地发出诗一般的赞叹。但是如果置身于那些用生命炫耀幻灭的“陨星”群中，感受到的也许是另外一番风景。

“如果一切重来，你们还会选择少年班吗？”在那次聚会上，有记者私下向首届少年班同学提问，一半同学回答：“不会。”

首期少年班三位代表性人物——宁铂、谢彦波和干政在接受记者采访时，不约而同地流露出对当年被选入少年班的愤懑与懊悔，表示如果当年按部就班上大学，他们会有更多把控自己命运的能力和机会，更懂得怎样去和这个社会和谐相处。

无独有偶，若干年后，《楚天都市报》用同样的问题，在该省数百名少年班大学生中抽样发放问卷调查，结果惊人一致——50% 的受访者回答：“不会！”

为了公平取证，我们必须充分关注到这两次问卷所涉及的另一个 50%——即对读少年班并未表示否定态度的那一部分同学，少年班的特殊经历，在他们内心深处留下了什么深切感受呢？

凡亲身参加过中科大少年班 30 年庆典的朋友，可能都会感动于那 44 位功成名就的同学，在座谈会上对母校的感恩之情，对少年班的赞美之辞。时隔数年，这些留存于中科大历史档案中的优美文字，读起来仍会让后来者感叹不已。可是当我们换一个场景去阅读那些学子们的内心世界时，未免又会被他们另一种真诚所打动。下面几段文字摘自 2008 年中科大少年班博客，作者均为参加首届少年班聚会的同学。

“尽管沧海桑田，世态炎凉，竞争无情，我们成功地生存下来了。但生活的目的到底是什么？人生的意义到底是什么？我们，年过不惑的神童，到底为什么而活着？当高峰（少年班同学，德意志银行中国区董事总经理）突然提出这个问题时，大伙儿突然沉默了。”

“我们真的成功了吗？以世俗的标准衡量，不论说官大还是钱多还是有名，两个 IEEE Fellow（美国电子电气工程师协会院士），一个微软全球副总裁，一个清华紫光副总裁，一大排教授、博导、研究员，还有银行行长、老总、经理、主管、专家、顶尖技术高手，甚至还出了一位高僧……我们不可谓不成功。但如果以我们自身的期许，以我们的天赋，我们达到自己心目中的光荣与梦想了么？”

“我们真的早熟吗？不见得。是的，我们的智力，尤其是逻辑思维，是有一些超前成长。但人是一个整体，所谓人的成熟是指整体的成熟，心智、悟性在其中只占一小部分，而且不是决定性的。其余的大部分，都要在充分的人生经验和阅历之中，在与人世间的大善大恶狭路相逢之后，逐渐体会出来。

“我们聪明吗？是的，聪明。因为经过十分特殊的挑选，78 少年班的孩子们个个聪明。但聪明是什么呢？是智力上的清晰、快速、准确，所谓“耳聪目明”是也。但（我们的）聪明包含明悟、深刻、洞察与创造性吗？不见得……”

“李俊凌说，少年班的确缺乏一种对于生存方法的教育，科大对于这些孩子太过保护，没有给他们机会去看到社会真实的一面……一个大学对孩子的教育，很大程度是为了他将来离开学校的时候，能够拥有一技之长，能够在社会上立足，甚至在未来成为某个领域的领袖。这一点美国的大学可以做到，在中国却成了整个教育系统的软肋，少年班也不能幸免。”

“神童，智力的精英，本来是在对科学短暂而狂热的崇拜中，为知识的象牙塔而收集、培养的，但转瞬之间象牙之塔倒塌了，我们中的大部分被抛向社会。在那里，我们的专业积累几乎一无所用，我们的智力优势反而成为缺陷，当年的声誉变成了过高的期待，在这新赛场上，我们非但没有领先，反而落后了。这里的价值和规则，和我们以前理解的，非但不同，往往还截然相反。”

“被迫成熟——这正是我们中许多人的痛苦所在。‘却道天凉好个秋’——

一种不言而喻的痛苦，往往也是无可言喻的……迫使我们抛弃虚幻的梦想，忘掉张狂的自欺，中止对生命的肆意规划，开始关注生命中更加原初、本真、有价值的东西。”

“周曙东（美国Vmware公司高级工程师）说，科大培养的孩子只会用考虑物理世界的方式去思维，认定一件事要么是对的，要么是错的，没有任何中间态。这一思维方式如果用到了人的世界就会出问题，因为人的思想和意识远比粒子复杂。我说我对现代教育从根本上表示怀疑，尽一切可能挖掘和培养学生的智力才干，这是一种疯狂，非常危险，这种态度是世界上已知的文化中绝无仅有的。智能和知识不是唯一的要素，甚至不是最高的要素。”

“我们古人的教育目标就不是智者，而是君子。‘教’的古义不是传授知识，而是‘祀’，即在共同敬畏的基础上传播一套共有的价值观，是人格的培养。什么叫君子，什么叫小人？司马光在《资治通鉴》里是这样界定的：‘德大于才者谓君子，才大于德着谓小人’，他的着眼点是德才的平衡，非常有道理。如果按照古人的定义，现代教育是一个什么情况呢？它不屑于、也没有能力增进被古人称为‘德’的资源，相反，还在对传统的反对和蔑视中减少了这一资源，与此同时，它竭尽全力提高被教育者的‘才’。这意味着什么？按照古人的观点，这一制度客观上就会变成一条专门生产‘小人’的生产线！”

“少年班不能把自己的使命定义为培养天才，因为天才是不可培养的，如果能够培养的，那不叫天才，只是人才，人工培养的天才应该叫做智力上的人造美女，假的，没有意义。作为少年班，你不能自诩天才荟萃，只能说孩子们聪明异常。这些孩子里可能有，也可能根本没有天才，那么，少年班在这件事上能做什么呢？它无法培养天才，却有可能有利于天才存活。它能够做的是营造这样一个氛围，万一有天才出现，这一氛围能够降低天才的夭折率，使某些天才竟然存活。”

“不用说，宁铂从来都知道，我也知道，他过去是、今天也是整个体制的祭祀品和牺牲品。因为他的牺牲，才有我们的幸存，也才有我对他的格外同情与愤世嫉俗，以至于我的一些朋友都难以接受我个人对那种教育体制的抨击。”

“也许中国不能没有少年班。但如果让我重新选择，我绝不会再去上少年班！”

也许，我们真的无需站在平凡者的位置去仰慕少年班的璀璨星光，因为那只不过是一段被传奇化的故事。也许，我们更不应该站在上帝的位置上，去审视“神童”们的成长，因为他们只是一场实验游戏中的胜利者和失败者。

长期以来，我们习惯于将自己的行为逻辑捆绑在形而上的思维定式上，用僵化的脑袋去固化充满变数的外部世界，导致我们在行进路上误生许多错判与偏移。中国少年班，正是基于上述逻辑方式的一种急就型产物：“文革”结束后，国家复兴急缺知识人才——平反昭雪，重新启用旧有知识分子。恢复高考，培养新一代建设人才——一封推荐神童宁铂的信，引发创办少年班、快出人才的上层构想——教育产业化，少年班优先拔尖、神童破格入学，落俗为大学争夺优生资源的杀手锏。

这些过程，就是迄今为止我们所看到的少年班宿命。可以预见的是，随着中国教育改革的不断深化，终有一天，大学教育会成功去除功利化，成为一切个体生命的庇护者和智慧启迪者。到那时，“纵有千般风情”的少年班神话，将会成为一段曾经的传奇故事。

其实，有关少年班的宿命，其创导者李政道教授早于21世纪初就一语成谶：“应该看到，少年班的建立，是国家在一个特殊的历史时期，为改变当时严重忽视人才教育状况而采取的一种办法。这也是我当年建议的初衷。实践证明，少年班在当时的确起到了推动国家人才培养的历史作用。当然，现在教育制度已经恢复健康的时代，我们不能把少年班说成是高等教育的最好或必需的途径，更不应该把‘少年’和‘天才’宣传强调到不恰当的地步，去贬低一般的大学生，贬低正规的高等教育……”

中国新生代教育批评家对于少年班的讨伐要直截了当得多。出生于20世纪70年代的知名教育学者熊丙奇在接受我们采访时尖锐地指出：“少年班模式是一种畸形的教育生态，是在中国缺乏个性化教育的大前提下产生的错误方案。少年班的学生虽然智力比较发达，但在生活、心智上仍然很幼稚。对此，少年班虽然能提供较好的学科知识教育，但在心理、情商、人格的教育上却显得无能为力，因此容易出问题。如果我们国家存在个性化的发展空间，学校能因材施教，少年班就不存在了。”

后记："所有的孩子都是天才，只是被我们扼杀了他们的才能。创造力和知识在教育上同等重要，我们应该同等对待……是我们的教育让我们丧失了创造力……"

——著名演讲家、教育家，英国华威大学教授肯·罗宾逊

第二章　天骄之殇

一出善意的现代神话肥皂泡般幻灭。我们在为那些或许通过另一些途径可以从容成才的神童们感到惋惜的同时，更见证了大国教育的负重与艰进。当我们离开这个毕竟属于小众的舞台，将目光转向千千万万挤过独木桥、进入大学校园里的“天之骄子”时，更难自慰一颗悬患之心。

21世纪中国高校“第一杀手”

采访时间：2014–2015年。

采访地点：云南、广西等地。

受访人：本案知情人、一线调查记者。

采访人：本书作者。

20世纪90年代中期，谢彦波从美国铩羽而归、宁铂禅心初动拒考研究生、干政隐姓埋名潜水江湖。就在第一代神童们的命运引发国人对大学教育的质疑时，一位被当地乡人称作“文曲星”的孩子，正盘旋在另一个空间、以另一种逻辑方式进入了自己的宿命，并最终成为当代高校象牙塔中的一个符号性人物。

他叫马加爵，出生于广西宾州一户农民家庭。这个若论知名度绝不输给宁铂他们的农家少年，起步与神童们毫无二致——自幼聪明好学，小学毕业后顺利进入市重点初中、省重点高中，获全国奥林匹克物理竞赛银奖，被评为省级“三好学生”。三年后，他以高考总分697的好成绩被全国重点院校云南大学录取（超出当年全国重点院校录取分数线50分，超出云大当年录取分数线272分），在当地成为众家孩童的楷模。

接下来的一段日子，是马加爵生命中最华彩的乐章：

“拿到录取通知书那一刻，马加爵露出难得的笑容，像小孩子一样灿烂无邪。平日里的阴郁和偏执，似乎也随着高考复习资料卖给了废品站！”（马加爵高中老师受访言论）

“我站在大学门口，仰视着毛主席书写的‘云南大学’校牌，心情激动万分，我立志一定继续努力，学好专业课将来找个好工作，改变家庭穷苦的命运，报答父母亲养育之恩！”（马加爵日记）

“刚进大学那会儿，马加爵与同学们相处得很好，人挺热心，刚进校的时候，老远就跟人扬手打招呼，新生搬进来，他还帮人家整理行李。隔壁宿舍的电脑坏了，他就在一旁帮忙。”“马加爵饿肚子攒钱买来的电脑，很大方地借给别人用，同学问他借个优盘什么的，也有求必应。”（马加爵大学同学受访言论）

十年后作者补充采访时，马加爵凶杀现场仍贴着封条

高分、感恩、自信、随和——这是马加爵蜕变前留给社会的印记。

如果时间能任意停留在人生的某一个节点上，也许我们的世界会幸福很多，可是办不到！我们每个人都像一只被上满发条的玩偶，一经启动就义无反顾地走向宿命的终场。从走进校门那一刻算起，马加爵的快乐、自信与辉煌仅仅维持了不到四年，命运便急转直下，一桩

发生在云南大学的惊天血案，将他从生命的顶峰直接打入谷底……

采访纪要。

宿舍管理员潘婕："那是开学报到后的第三天，两名同学找到我，说隔壁317寝室这两天越来越臭没法住人，让去看看。我喊了保安尹俊融一起过去，发现那间寝室里的确散发着一股很难闻的臭味，跟死老鼠味道差不多。我说恐怕是死了一整窝老鼠，便让人去多搞点石灰来除臭。但几个人在床底下、门背后、衣柜旁寻找，却什么都没发现。我顺手拽拽挂了锁的衣柜，一股恶臭扑鼻而来，柜门缝里露出一条人腿……"

保安尹俊融："潘姐尖叫一声吓晕过去，我把衣柜撬开，里面黏糊糊的黑水不断往外淌，一具男性尸体从扯破了的黑色塑料袋里露出来，死者穿着绛红色的夹克衫和裤子，脑袋已经肿烂，学生们辨认出他是隔壁寝室的学生唐学李。我赶紧跑回值班室向公安局电话报案。"

值班刑警："2004年2月23日我当班，接到云南大学保卫处电话报案，说在学生宿舍里发现一具尸体。我们迅速出警赶到317寝室，又从另外三只衣柜里各找出一具尸体，经校方认定，四名死者全都是该校生化学院生物技术专业的学生。经过现场勘察，我们认定这4个同学都是后脑被钝器重击致命。"

保安尹俊融："这时候有同学喊，'马加爵呢？'说这五个人是天天混在一起的铁哥们儿，加爵会不会也死了，被藏尸他处？马加爵睡在靠窗的上铺，被子摊在床上，几件换洗的衣服压在枕头底下，床边还有一袋没吃完的水果糖。大家说近两天没见着马加爵啊，一定也完蛋了。"

值班刑警："接着我们在现场找到一把石工用的铁锤，墙上有大量喷溅状血迹和一枚凶手遗留的血指纹。经仔细辨认，四名被害者的头骨均凹陷并有砸痕，应该是被石工锤打击头部致颅脑损伤死亡。做现场勘察时，有同学说最近曾看到马加爵买了两把石工锤，说是买给家里人用的。毫无疑问，马加爵有重大作案嫌疑！"

保安尹俊融："同学们都认为不可能，几个死者平日里都是马加爵最要好的朋友，前几天还看见他们一起在寝室里打牌。"

公安部 A 级通缉令

次日，云南省公安厅会同广西公安厅同时发出 A 级通缉令，破纪录地开出 18 万元人民币悬赏，捉拿杀人嫌犯马加爵。接着，云南警方迅速成立“2·23”专案组，发出“活要见人、死要见尸”的指令，动员 6 万警力搜捕疑凶。然而，几天过去后，各地群众先后举报十多个疑似“马加爵”，但均为误认。

一周后，案件升级到国家层面，公安部发布 A 级通缉令，在全国范围内通缉马加爵。一夜之间，整个中国的街头巷尾贴满了带马加爵照片和基本特征的通缉令。在紧张的搜捕中，先后又有十几名“假马”落网，经一次次排查，竟歪打正着，顺手抓到三名被公安部网上通缉，两年不获的重大在逃犯。

马加爵不知所踪、生死未卜，一道道通缉令、一路路新闻记者将他的广西老家炸开了锅。

采访纪要。

时任村长：“听说加爵是杀人犯，当时乡亲们都懵了，这个乖细佬（笔者注：广西话，小孩）从小学习用功，不顽皮、不打架，怎么可能干出那种丧尽天良的事情呢？不可能！”

马加爵的初中班主任王桂升老师：“看到通缉令，我们简直不敢相信。加爵是个安静内向、老实、刻苦读书的好学生啊！会不会弄错了？”

赴现场记者 A：“在马加爵被捕前后，差不多有四五十家媒体记者到过他家，全家的生活乱了套。马加爵的母亲很虚弱，关起房门避开来访记者，他父亲马建夫被记者们堵在家里无处藏身，一夜白头。面对五花八门的问话，他只是反复将仅有的一张小儿子两寸黑白照出示给大家看——照片上的马加爵戴着红领巾，张着厚厚的嘴唇，黑黑亮亮的眼睛对着镜头拘谨地笑——‘你们看，我儿子哪里像杀人犯？’

马父告诉记者：“儿子打小学习成绩好孝顺父母。”

“尽管如此，马建夫还是哭丧着脸面对摄像机镜头，配合政府‘劝降’：‘儿啊，你平时都说长大了要报答父母恩，从你失踪后，我们每天都放声大哭，你母亲已经病得很重了，她是多么想看见你啊……儿啊，你从小就是一个孝敬父母的好孩子，我们相信，你不会让我们永远去承受这种痛苦的。’”

赴现场记者B：“当时，马加爵的大姐马青泉喊着，‘你们一定是搞错了！’她请求警方早些找到弟弟，‘一问就明白了，一定不是我弟弟杀的人！’姐姐痛苦地对我说，希望警方在某个地方找到弟弟的尸体，‘哪怕是死了，至少能证明他也是受害者，不是凶手！’

“然而几天后，事实让马加爵的父老乡亲、恩师们都深陷失望与苦痛。2004年3月15日晚7时30分左右，杀人嫌犯马加爵在海南省三亚市河西区现身……”

海南省三亚市公安局河西派出所民警胡崇军：“那天晚上所里我当班，7点多，有群众来派出所举报，说看到一个很像马加爵的外地人，坐在河边吃东西。为了不贻误战机，我没开车，穿好警服带了一副手铐，坐在举报人的摩托车后面马上赶往现场，一路上不停地催促举报人：‘开快点、开快点！’

“我走近那人，见他坐在地上，手里拿着一个破馒头在啃，又从垃圾中捡起一块红薯饼慢慢啃了一口，放进塑料袋里包起来，然后装进了上衣口袋。当时他抬头看了我一眼，又低下头继续吃东西。走近了，我看见他穿着一身藏青色的衣服，脸上黑乎乎、脏兮兮，蓬头垢面，像个流浪的疯子。

“我离他不到一米，盯着他观察了十几、二十秒，他又一次抬头看我。我问他：‘你是哪里人？’他‘咿咿呀呀’、含含糊糊地回答了一句什么，我听不明白，于是就让他出示身份证。他还是没有太多反应，拿起帆布袋想走。这时，我初步判断他不是个疯子，便上前按住他的右肩膀，限制他行动。这时候同事们赶到了，对他进行搜身。一开始他还想蒙混过关，什么都不说，当从他身上搜出 2400 多元钱和复读机时，他一下子垮了。

“我们再次追问：‘你是谁？’他承认自己就是马加爵。”

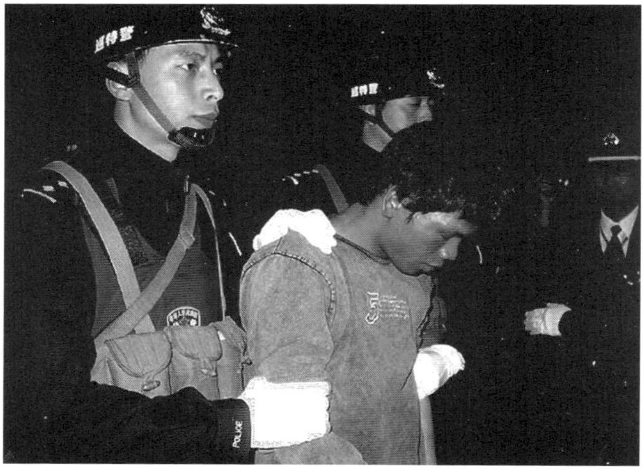

3 月 17 日凌晨，马加爵被押解回云南指认杀人现场

2004 年 3 月 16 日上午，经过指纹、笔迹以及 DNA 鉴定，公安部 A 级通缉嫌疑犯马加爵的身份得到最终认定。下午 2 点 30 分，新闻发布会在三亚市公安局举行，来自三亚市公安局的统计显示，到场媒体超过 20 家。新闻发言人宣布：公安部 A 级通缉犯马加爵在三亚落网。

3 月 26 日深夜，马加爵被警方秘密带回云南大学，在 317 寝室逐一还原杀人经过，过后又向警方交代了杀人动机。

◆供词摘抄

马加爵：“这个寒假我没回家，快毕业了，打算留在学校找工作。邵瑞杰和唐学李他们过完春节提前返校，他们几个平常跟我都是好朋友，没事就在寝室里打牌。那天开始没什么，邵瑞杰怀疑我出牌作弊，两人发生了争执。邵瑞杰说，‘没想到连打牌你都玩假，你为人太差了，难怪龚博过生日都不请你……’杨开红也跟着说我人品不好，说我古怪，爱看A片。我很痛苦，我们那么多年住在一间寝室里，我把他们当作朋友，真心朋友也不多，想不到他们这样说我。

“吵完架散伙后，我一个人躺在床上，没人发现我情绪不好，我找不到人说话……我很绝望，我在云南大学一个朋友也没有了。我在学校那么落魄，都是他们几个在同学面前说我坏话。我在云大这么失败，都是他们造成的。我恨他们！

“一连几天，我每天都在恨，必须要做这些事才能泄恨。我知道（杀人要偿命），已经准备付出这个代价……”

采访纪要。

马加爵的同学A:“那次打牌引起的矛盾只是马加爵起意杀人的导火索。他进云大不久，就显得孤僻、不合群，真正谈得上做朋友的，还真只有那几个被他杀了的同学，大家都是农村来的，可能更有共同语言。为了排遣孤独，大二的时候，他借钱买了一台二手电脑，经常上网看些暴力、色情、恐怖网站。”

同学B:“他（马加爵）心里总会有些莫名其妙的恨，一下子告诉我，在寝室里看碟子别人没笑他笑了，被挖苦‘没见过世面、笑点低’。一下子又说衣服穿旧穿破了别人笑他‘装穷’。像这些小事他都记在心里。那年寒假回家，他买了个‘忍’字挂在床头，下面还贴了张小字条:‘宽宏大度忍为高，遇事三思乃英豪；流言蜚语由他去，忍气饶人祸自消！’”

同学C:“最让马加爵痛恨的，还是那帮并不比他境遇好多少的‘农友们’（农村来的同学），也跟着揭他的伤疤。有一次他多喝了几口酒，亲口对我发牢骚说，‘凭什么他们可以去校外开房泡妞自己不检点，反倒说我看黄碟、‘猥琐’？”

同学A:“有一次，他最铁的哥们儿邵瑞杰当着几个同学的面奚落他，说他偷偷到陋巷里找暗娼、叫‘鸡’，还笑话他找的是10元一炮的‘毛线鸡’，说他是伪君子！”

办案人员:“马加爵非常在乎别人怎么看他、说他，他在交代杀人动机时多次抱怨，‘我把他们当朋友，他们几个老在背后说我坏话，把我的一些生活习

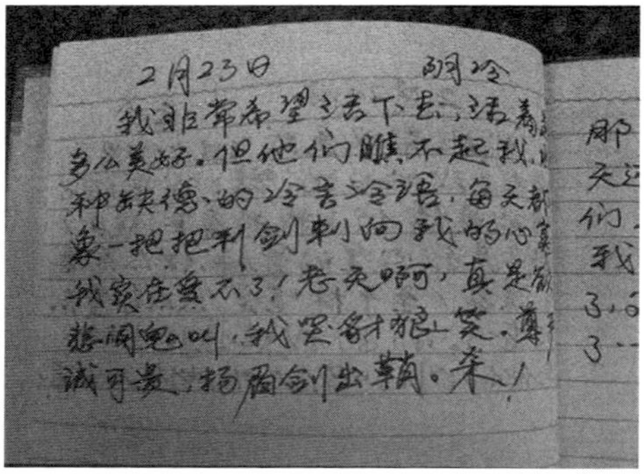

马加爵日记：“扬眉剑出鞘！”

惯、生活方式，甚至是一些隐私都说给别人听，跟别人一起嘲笑我。’”

同学C：“他就是小心眼，云大上万号人，谁在乎谁说过谁的什么坏话？相反，几位被害者倒更像他的难兄难弟，都来自农村，家里经济条件不好，性格内向。刚入学时他们住一个寝室，后来分开了，还是常凑一起打扑克，或者是神吹胡侃、吃烧烤啥的。半斤八两，谁会歧视谁……”

案件审理阶段，为了减轻马加爵的罪过，他的律师曾将本案起因定性为“激情杀人”。如果在那场引起纠纷的牌局上，马加爵受辱后失去理智当场疯狂出手，倒有几分在理，但从行凶者的缜密布局看，说他是“蓄意杀人”的确不过分。

◆档案摘要

马加爵杀机已定，为了实施他的杀人计划，在网上查阅了很多资料，最后确定用杀人后流血相对较少的铁锤作为作案工具。他到一个旧货市场上买了一把石工锤，为了使用顺手，请店主把过长的木柄锯短，悄悄把锤带回，藏于宿舍楼的厕所里，但次日被人偷走。他再次回那家商店重新买了一把，锯短后带回宿舍。其间他还购买了用于捆扎尸体的黑色塑料袋和胶带纸，并花钱请人制作了假身份证，以备出逃时用。

唐学李（死者之一）原本不住校，一直在校外租民房住，但那几天由于还在假期，宿舍床位普遍空着，他就暂住在马加爵和邵瑞杰同住的317宿舍，无意中成为马加爵杀邵瑞杰的最大障碍。2月13日晚，马加爵趁唐学李不备，用石工锤砸向唐学李的头部，将其砸死。

14日晚，邵瑞杰（死者之一，马加爵最要好的朋友）上网后回到317室，就在他打水泡脚时，冷不防被马加爵从身后用石工锤砸死。

15 日中午，马加爵正在宿舍里处理头夜杀死邵瑞杰时留下的血迹，杨开红（死者之一）进来找他打牌，马加爵做贼心虚，一不做二不休，用同样手段取了杨开红的性命。当晚，他将最后一名报复对象龚博（死者之一）约到宿舍打牌，用同样的手段将其杀害。每次杀人完毕，马加爵都用黑色塑料袋扎住死者头部，防止血流出来，然后用报纸裹住身体，用胶带纸封好，塞进衣柜，用锁锁好。

后经警方查明，马加爵在实施犯罪前，对各个环节都做好周密策划。2 月 8 日至 15 日他上互联网查询江西省赣州市、湖南邵东县和广州市等地的地理、交通、就业等情况，并浏览了有关身份证的制作、核查等有关规定，访问过“公安部”、“广西壮族自治区公安厅”等网站，上网时间集中在晚上 11 时至次日 7 时。15 日上午，马加爵曾在云南省工商银行汇通支行学府路储蓄所分两次提取了 350 元和 100 元人民币现金。

17 日上午，马加爵实施完他所有的犯罪计划，还与其他几位同学打完此生最后一局牌。据在场的同学描述：“回想起来，当时可能由于接连几天睡眠不好，马加爵显得有些面容憔悴，出牌也不如平时那样严密，输了好几把。”

当晚，马加爵锁好宿舍门，踏上了逃亡之路。在昆明火车站乘车时，他使用的假身份证曾被铁路警方识破，但由于当时藏在 317 宿舍内的 4 具尸体还未被发现，所以他编了些谎言骗过铁路警方，最终登上去往广州的火车，然后又流窜至海南，直至一个月后在三亚被抓捕。

2004 年 4 月 22 日，昆明中院公开审理了马加爵涉嫌故意杀人、附带民事诉讼一案，并于 4 月 24 日作出刑事附带民事判决，认定马加爵犯故意杀人罪，判处死刑，剥夺政治权利终身。马加爵当庭服罪：“我不想逃避责任，希望法院尽快判处我极刑”。过后，他还阻止了他的律师上诉，明确表示：“不上诉，这个事情了结得越快越好。”

不上诉对于马加爵来说的确是个明智的选择。自从被抓回昆明后，他只有一个愿望——但求速死。很显然，无论时间长短，活着对他来说都是一种折磨。

档案资料：马加爵两封家书（摘抄）

“夜已经很深，面对这高墙铁网我无法入眠，思绪像灰。几年的大学生活仿佛就在眼前，但我此刻却是在这样一个地方。表面上看我很平静，但到了这种境地，试问谁又能做到心如止水呢？

“两个月前我的身份是一名重点大学的学生，一名即将进入社会展示自己才能的毕业生，家人和国家都对我寄予厚望，而我本人又何尝不是满腔热血地想为祖国的现代化建设作出一份贡献，实现自己的人生价值。我的母校在整个云南省当中是名气最高、实力最强的高校，就业前景很看好，这些我都打听得很清楚了，所以很多报纸上所渲染的大学生就业压力我是从来没有感受到的。

“写到这里我真的很痛苦。可以说这‘天之骄子’的身份是国家给予的，也可以说是我个人经过十二年努力奋斗而得来的，但我当初怎么就轻易地毁了这一切呢？那四名被害者也和我一样，家里都有父亲母亲，兄弟姐妹，也和我一样经历了多少年的寒窗苦读，也和我一样对未来充满期待。但我当初怎么就那么轻易地毁了他们呢？

“就因为一次打牌吵架，我决定走上这条路。现在我以一个旁观者的身份看，这是多么荒谬，多么无知啊！难道生命就这么脆弱？难道这世界上就没有什么值得留恋的吗？不是的！但是那几天我的心里只有苦恼、只有恨，诸多后果都未曾设想，很多事情来不及思考，就这样发生了。事后才知道造成的影响是多么大，才知道给亲人造成了多么大的伤害，也才明白伤心难过的远远不止我的亲人朋友。后悔啊，但木已成舟，我是无力挽回的了。我想对整个社会说声对不起，想对那四名同学的亲人朋友说对不起，但

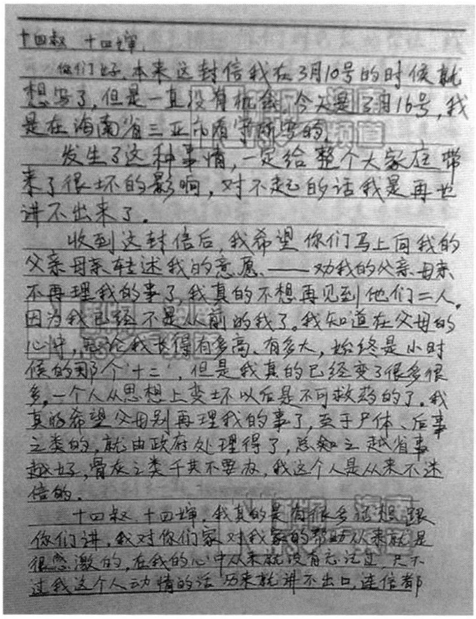
十四叔 十四婶，

你们好，本来这封信我在3月10号的时候就想写了，但是一直没有机会，今天是3月16号，我是在海南省三亚市看守所写的。

发生了这种事情，一定给整个大家庭带来了很坏的影响，对不起的话我是再也讲不出来了。

收到这封信后，我希望你们马上向我的父亲母亲转述我的意愿——劝我的父亲、母亲不再理我的事了，我真的不想再见到他们二人，因为我已经不是从前的我了。我知道在父母的心中，无论我长得有多高、有多大，始终是小时候的那个‘十二’，但是我真的已经变了很多很多，一个人从思想上变坏以后是不可救药的了。我真的希望父母别再理我的事了，至于尸体、后事之类的，就由政府处理得了，总知之越省事越好，骨灰之类千其不要放，我这个人是从来不迷信的。

十四叔、十四婶，我真的是有很多话想跟你们讲，我对你们家对我家的帮助从来就是很感激的，在我的心中从来就没有忘记过，只不过我这个人动情的话历来就讲不出口，连信都

马加爵遗书

对于这么一个恶魔，你们会接受么？

“其实，我最想对亲人们说声对不起。父母对我从小疼爱有加、寄予厚望，希望我出人头地，希望我为家乡争光。他们为我含辛茹苦了几十年，而我在即将成功的时候，却犯下了不可饶恕的罪行，这对他们的打击是多么沉重啊！可怜天下父母心，对不起……”

“十四叔、十四婶，收到这封信后我希望你们立即向我的父亲母亲转达我的意愿——劝他们不要再理我的事了，我真的不想再见到他们二人。因为我已经不是从前的我了，我知道在父母的心中，无论我长得有多高、有多大，我始终是小时候的‘十二’。但是我真的变了很多很多，一个人从思想上变坏是不可救药的了。我真的希望父母不要再理我的事了，至于尸体、后事之类的，就由政府处理得了。总之，越省事越好，骨灰之类千万不要办，我这个人是从来不迷信的。”

不管这些忏悔的文字是出自马加爵内心，还是仅仅为了博取法官的同情侥幸免死，或两种可能一半一半，但有一点可以肯定的是，马加爵只知道父母亲会有丧子之痛，却至死不知道，也不明白他善良的父母亲还有一层他无法理解的深痛——“我儿子怎么会干出这种事情？造这种孽？”

马加爵到死也没机会回答父亲的问题。对于一生忍辱负重、宽厚待人的农民马建夫来说，相信他到死也给不了自己一个答案。“一次牌局能输几个钱？被人恶言损几句能少长几两肉？”他反复问家里的人，问采访他的记者……

得不到合理的解释，为了减轻儿子的罪孽，马建夫带领一家人——老婆、女儿、长子，搀扶着年近八旬的老母亲，踏上了赎罪之旅。

3 月 9 日，马家一行五人前往梧州，向死者邵瑞杰的父母谢罪。到达村庄时，天下瓢泼大雨，马家老少长跪于邵家人门前，双方都失声痛哭，无法自已。因雨中难以登山，马家人只能放响鞭炮，面向山中邵瑞杰的墓地遥拜。

随后，他们又先后赶往云南开远、怒江两地，祭奠死者杨开红和唐学李，分别向两人的父母亲跪地谢罪。

4 月 8 日，马家人赶赴陕西汉中勉县向死者龚博父母道歉谢罪，却数次被龚家人拒绝。因为善良的龚家人认为儿子的死与马加爵父母亲无关……

回乡后，马建夫白发盖首。

2004年6月17日上午9时，云南省高级人民法院裁定核准了昆明市中级人民法院以故意杀人罪判处马加爵死刑、剥夺政治权利终身的刑事判决。宣判结束，马加爵即被押赴刑场。

出审判大厅前，马加爵面无表情地朝现场扫视一周，目光于一个角落打住几秒钟——那里坐着从广西老家赶来为他送行的亲人——鬓发染霜的父亲，悲痛欲绝的妈妈，还有被大姐和哥哥同时架住才勉强支身的奶奶。他果断地撇过头去，仿佛视而未见，随后被两个刑警挟持着离开审判大厅。

儿子的最后一瞥，断了马建夫所有念想。他在开庭前两天就赶到昆明，很想当面将那个日夜折磨自己的难题——“你为什么干出这种造孽的事情？”——问问儿子，但始终未获得法院批准见面。随着一声枪响，他终于明白自己再也得不到准确答案了。他不信儿子杀人的理由真如法官所宣读的那么简单，也不相信如同记者们在报纸上写的那么复杂。他怜惜小儿子怎么这么短命？他恨小儿子就这么不明不白地让自己和家人背上终身骂名。

马加爵尸体火化后，法院曾多次通知马家人领取骨灰，被马建夫断然拒绝。他也阻止儿女去昆明：“骨灰不要了，就当我没这个儿子，日子该怎么过就怎么过吧……”从此，家里人谁也没敢再提骨灰的事。

提及马加爵的骨灰不能归家，村主任向记者作过这样的理解：“马建夫一家老实本分，善良处世，但马加爵这个事天下皆知，让全家背上恶名，再把骨灰弄回来，他们怕被人戳脊梁骨啊！”

随着这件事的新闻效应逐渐减弱，马家人的日子似乎逐渐恢复平静，小辈该娶的娶，该嫁的嫁。唯有马建夫壮年现老，更加沉默寡言，几次因心绞痛送医院抢救。

让马家人做梦也想不到的是，他们不愿认领回家的儿子马加爵，死后竟继续充当“网络红人”，成为许多网站论坛的热议话题。不少青少年网友公开尊称他为“爵爷”，将那几位与马加爵一样来自农村、无任何优越社会背景的无辜惨死者，假以“富二代”、“城里人”的身份，狂喊“‘爵爷’没有错，那四个人就该死！”还有些大中学校的学生，联名发帖为马加爵请求免死。在马加爵被执行死刑后，他们又为他被执行枪决而不是“注射处死”提出强烈抗议，发帖称：“爵爷一路走好，天堂有你的笑脸”、“你是用生命捍卫自己的尊严！”

在一些学生论坛上，甚至有人发帖凭空捏造出马加爵的多种版本遗书，营造“爵爷”“英勇就义”的悲壮气氛，为这个本来清晰无疑的刑事案件贴上符合自己想象的标签。最典型的莫过于一首标题为《长恨歌》的长诗，潇潇洒洒二百多行字，从马加爵的艰难家世，到寒门子弟的十年寒窗，从对父母亲人的深切怀念到对富家子弟的血泪控诉，模拟马加爵临死前的口气写就。诗中写道（节选）：

“春城的春天下着雨 / 有着一丝凄寒的风 / 我望着生锈的铁窗 / 我想起了我可怜的父母……我在穷苦中长大 / 从小体味到家庭的艰辛 / 心疼父母的辛苦 / 只想通过小手减轻父母一点点负担 / 我不曾被艰辛贫苦生活打败 / 可是当我的人格尊严被人糟蹋得不成样子的时候 / 当我过去的伤痛被人再次拿出来嘲讽的时候 / 我的泪悄悄落下 / 我的心在滴血 / 是他们的残忍不给我活路 / 我决定玉石俱毁 / 给那些蔑视穷苦人的人一个教训……”

类似“煽情体”文字不止在网络空间大量存在，而且还以“反思”、“探秘”等方式出现在文艺作品里公演。在山东某高校，一名大四学生用打工挣的几万元钱，自编、自导、自演、自制了 DV 电视剧《马加爵》，剧情揭示：“是同学们的歧视和漠不关心，‘造就’了马加爵……”有新闻报道：“此剧在该校播放时，剧中马加爵生活的窘迫和被室友欺负的情景，让不少同学潸然泪下……”

青岛大学生自导自演自拍马加爵 DV 电视剧

一篇篇貌似深刻、实则主观片面的报道与评论，加上极端情绪化的网络舆情，使得本来真实清晰的罪人——马加爵的面孔变得模糊起来。这一血案本应承载的社会警示却迟迟得不到全面、有说服力的彰显。更意外的是，马加爵事件被某种负能量孵化成一种精神毒株，在中国各地高校甚至部分中学不断复制、蔓延。直至今时今日，“马加爵第二”、“河南马加爵”、“山东马加爵”、“天津马加爵”、“深圳马加爵”、“女马加爵”、“中学校园里的马加爵”、“15岁的马加爵”等称谓不绝于耳。这些人作案手法之残忍，杀人动机之随意，大多与马加爵如出一辙。

◆案例链接

2004年5月16日，马加爵被公判后不到一月，江西医学院（现南昌大学医学院）本科学生薛荣华，在学校旁边的网吧里突然挥刀刺死2人、重伤3人。该生“家境贫困，从小懂事、节俭、自尊心很强，是公认不善言辞的好孩子、好同学、好学生”，各方面都酷似马加爵，且犯案时间也紧随马加爵案，因而被多家媒体称作“马加爵第二”。据同学们说，犯罪前几天，薛荣华还表露过对马加爵的同情和仰慕。他自己交代的杀人动机也与马加爵相近——“因为自己的肩膀不够宽，室友们经常嘲笑我长得像女人！”

2006年8月8日，河南省南阳市新野县的一个小村庄里，放暑假的大学生李征拎着镢头在20分钟里连伤8位村民、其中7人死亡，被媒体称为“河南马加爵”。死者除去李培敬家与李征家有些小恩怨外，其他4位遇害者与他及家人无任何过节。而那个所谓的“小恩怨”，仅仅是两年前李征的父母怀疑李培敬拿了他家一袋麦子，价值60多元。而在朋友们的眼里，李征“诚实善良、温和隐忍，不斤斤计较”。

2009年11月14日，吉林农业大学信息技术学院大三学生郭力维，因同寝室同学赵某睡觉打呼噜发生矛盾，用尖刀将赵刺死

2007年12月19日，马加爵的

校友——云南大学旅游文化学院 19 岁大二女生张超，伙同男友将包养她的当地大款木鸿章捆绑，先动私刑将牙签扎进木的手指甲缝里，逼迫他说出银行卡密码。达到目的后，又将木杀死，并残忍地分尸 260 余块，且用 DV 全程拍摄了作案全过程。案发后，张超被媒体称为“云南大学女马加爵”。

2010 年 3 月 30 日晚，曾经的县高考状元、四川大学本科生曾世杰突然杀死素不相识的同届女生彭某后，又将男生张某、唐某（男）砍伤。事后曾世杰向公诉人阐述，案发当晚，室友在客厅里看小品时捧腹大笑，“我觉得他们是在笑我，我当时就想杀人……平常他们就一直笑我丑，我觉得活着没什么意思，我觉得我跟马加爵的经历很像”。

2011 年 6 月 16 日凌晨 3 点 40 分，贵州兴义学院大二学生龙仕绪用一把西瓜刀，精准地割断同室一名同学的喉咙后，又向第二名同学的喉咙下手，由于动静大，该同学受重伤逃脱。据龙仕绪归案后交代，其杀人动机与马加爵一样，仅因为与被杀的同学言语不和，因而被媒体称作“贵州马加爵”。有媒体报道：“就连出逃路线也与当年的马加爵相同，海南成为了龙仕绪逃亡生涯的最后一站”。

2014 年 11 月 20 日 16 时许，天津城建大学地质与测绘学院学生翟清松持刀将同宿舍的何某杀死，随后又将相邻宿舍的杜某捅伤，并将自己反锁在 612 宿舍内自残。受访的同学告诉记者：该生平日里学习刻苦，很少与同学发生矛盾，对此事件大家都表示无法理解……

是的，从象牙塔里的“天子骄子”到被判死刑的杀人凶犯，几乎所有同类案件都让人无法用正常的逻辑去理解。可即便是当那些事件从另一条途径被正确解读后，或多或少应当为那些当事人的悲剧承担责任的社会背景，又有谁愿意挺身而出担当一星半点呢？正因为如此，我们身边的这些悲惨的“单本剧”才会演变成没完没了的“连续剧”。

我们不妨试着切入首开中国高校杀人案先河的第一杀手马加爵的短暂一生，解开其中诸多“偶然”与“必然”的症结吧。

1. 进入大学之前，在家庭、学校、父母、老师的正面引导下，少年马加爵较早形成了健康、明晰的人生目标。上小学时他在给姐姐的一封信里写道：“做父母的实在太悲惨，妈妈日夜继续地干，有时干通宵，多么可怜，换来的几个钱又像被迫、又像情愿被我们夺去（指上学费用）。心里总留着愧疚，从不消失，但又能怎样呢？只能用他们梦寐以求的成绩来报答了……"

这段14岁小孩早熟的忧郁文字，是少年马加爵对父母亲的郑重承诺，也是他为自己制定的第一个人生目标。我们采访的资料表明，他诚实、坚定地实践了自己的诺言——从小学到初中、高中，马加爵一直都是老师眼里的高材生、乡亲们言语里的文曲星、父母亲心里的骄傲，直至以高分考上重点大学，达到了自己人生第一高度。至于最终那个出人意料的结局，我们暂且理解为一种实现承诺后的宿命。至于那种宿命发生何时？起因何处？我们不妨循着他的足迹往下寻找。

2. 初进大学校园时，马加爵曾经为自己制定过新的奋斗目标——"满腔热血地想为祖国的现代化建设作出一份贡献，实现自己的人生价值"（马加爵日记）。客观而言，尽管这种新目标只是马加爵抄袭了一句公众口号，但他那颗淳朴、善良的少年之心却是真诚的。倘若四年的大学教育，有人能够教给他"祖国"的人性化含义，有人能够鼓励他不断修正、实践自己的人生规划，倘若有人能及时化解他的心结……

当然，这一切只是我们这些局外人的感叹与遗憾，据说全都"与大学教育无关"。

3. 过了大一学生的兴奋期，马加爵的第二人生目标渐渐在孤独的迷茫中变得虚无，"祖国"被"自我"剥离，"理想"被"现实"异化，他的使命感被挫败，自动复位回到从前——"学好专业课将来找个好工作，改变家庭穷苦的命运，报答父母亲养育之恩"（马加爵日记）。而对于马加爵来说，要实现这个目标已经不是什么难事了。"我的母校在整个云南省当中是名气最高、实力最强的高校，就业前景是很看好的，这些我都从师兄师妹（老乡）和老师那里打听得很清楚了，所以很多报纸上所渲染的大学生就业压力我是从来没有感受到的"（马加爵遗书）。

4. 精神上失去了更高目标，行动上势必松懈下来，马加爵开始融入身边时尚的"大学生活"，打牌、喝酒，甚至嫖娼。为了看黄色网站，他打工挣钱去购买专用电脑。那段时间的心情，马加爵曾在家书中倾诉："姐姐我和你说一句心里话，我最大的疑惑就是人活着究竟是为了什么。”再往后走，他开始因为家境贫寒而“觉得自卑”，因为是“农村人”而“觉得低人一等”（马加爵日记）。因而，别人当着女同学的面说了有损他自尊的话，他记恨，甚至别人过生日忘了请他，他也记仇，直至酿成大祸。

马加爵伏法至今十年有余，从我们查阅的大量与之相关的资料里，以及在我们近两年的走访中，两位云大教授对此案的反思让我们深感欣慰。

一位教授受访时说：“马加爵死后我一直在想，我们的教育目标究竟是什么？一个健康自由的清道夫比一个乖戾自私的天才更符合教育的目标！”

另一位人文学院的教授还为此写了一首诗：“你给了我们 / 一个痛彻心脾的反省 / 当我们离开讲堂 / 是不是肩上还有更多的责任？”

后记：当我们面对一起起发生在大学校园里的血案，只会满脑子“公安思维”去寻求案件本身的细枝末节，或抓住一些表面现象死缠烂打，或了无情趣地借机宣泄主观情绪、浪费文字表情时，马加爵生前所在学校两位教授发表了警语——“我们的教育目标是什么？”“教师是不是应该承担更多的责任？”但愿，我们的大学能够“陷入沉思”，不要让那些杀人和被杀的孩子们白白死去。

“钢琴手”与“刽子手”

采访时间：2015 年 6 月。

采访地点：西安。

受访人：案件知情人、一线调查记者。

采访人：本书作者。

国外有实验认为，人的梦境再长，实际上就只是几秒钟的事。有些人及时醒过来，擦擦汗，解脱了，有些人醒不过来，便长时间挣扎在恐怖的梦魇里。2010 年 10 月 20 日那个月朗星稀的夜晚，21 岁的钢琴王子药家鑫做了一个无法苏醒的恶梦。

约莫23点左右，他结束了两处钢琴家教，驾上新买的红色“雪佛兰”回家。赶上农历十三，月将满，银光如瀑，在几无行人的郊区公路上尽兴飞车，对于一个刚拿驾照不满四个月的新司机，自是妙不可言的快事。他左手操控方向盘，右手将一张滨崎步演唱会的碟子塞进车载DVD放机，然后一面飞车，一面欣赏那位日本歌星的热辣舞姿，并用汉语拼音拼出来的日语跟着伴唱。

正听得入迷，忽然传来一声闷响，他先以为卡碟了，可仔细看，滨崎步还在流畅地甩动她青春的头颅与胸脯劲歌热舞。他下意识踩了刹车，从副驾驶座位上拿了一只包下车查看。

办案人员：“包里装的什么？”

药家鑫：“装了钱包、证件什么的，父母叮嘱我，贵重物品要随身携带。”

办案人员：“还有什么？”

药家鑫：“还有一把刀。”

办案人员：“带刀干什么？”

药家鑫：“因为最近给学生上钢琴课，得上到晚上十点十一点，买了一把水果刀防身用。”

办案人员：“下车后看见什么？”

药家鑫：“看到一个女的，躺在地上，哎哟哟地叫疼。”

办案人员：“你对她做了什么？”

药家鑫：“我见她的脸冲着被灯光照亮的车牌，认为她在记车牌号，一念之差想也没想就拿出刀，往她身上乱刺。开始她伸胳膊挡了一下，没挡住，就大声喊救命。我非常害怕，继续冲她胸前一通乱刺，直到她没声响、没动静……”

办案人员：“你为什么一定要置她于死地？”

药家鑫：“因为我发现她在看车牌，农村人难缠，怕她记住了车牌号，以后没完没了找我父母要钱……”

办案人员：“接着往下讲。”

药家鑫：“刺完以后，我马上开车离开了，很紧张、很害怕，打了几次火车子才开动。我把刀子扔在副驾驶座，不敢看。开车的那一瞬间，好像所有的路灯全灭了……经过郭杜南村村口时，又发生了第二起车祸，从背后撞倒了路边行走的一男一女。我又想跑，被围观的人拦住了，我趁人不注意，把刀扔进了路边草丛里。后来就被他们拉下车，揍我。一会儿交警就来了……”

（摘自药家鑫案审讯记录）

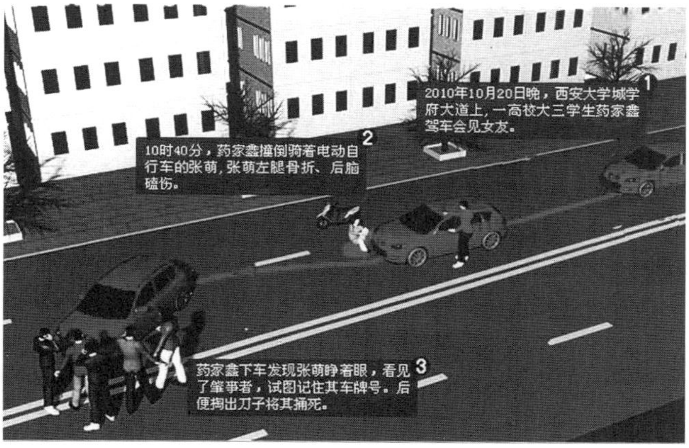

肇事现场示意图

“我们接到的是车祸报警，现场受害人是个年轻女子，倒在距离人行道约一米多的马路边上，我们赶到时已经气绝身亡，身边有机动车刹车的痕迹，身下一滩血，不远处还倒着一辆被撞坏的电动自行车。”受访的当值民警向我们复述当时的案情。

“经过进一步勘察，我们发现这不是一起普通的交通事故，死者先被车撞伤，伤势并不严重，仅仅腿骨骨折，外加颅脑部轻度损伤。造成死亡的原因是身上6处刀伤，其中有两刀刺破主动脉、上腔静脉血管，导致大出血。如果没有那致命的两刀，受害人就不会死亡，很容易治愈。

“死者的身份当晚就得到认定——张妙，女，26岁，长安区兴隆街办宫子村人，社会关系简单，生前未和任何人结怨，出事前她从打工单位下夜班骑车路过此地……这边还没撤离现场，我们又接到另一起报警电话，只好兵分两路。

“我抵达第二个现场时，见地上躺着个女的，旁边蹲着个男的，自称是被路边停着的一辆红色雪佛兰小轿车撞伤。交警判断这里出事时间与刚才的第一现场相隔不到20分钟。肇事司机已经被当地群众抓住，推推搡搡，脸上、脖子上还留下一些被围观者‘修理’过的痕迹，衣服也被扯得乱七八糟，正狼狈不堪地打电话向什么人求助。

“一围观群众向我们描述，‘我们赶到时，女娃晕了，男娃伤了，这小子还想逃！我从车窗外拽住他胸口，一手抢方向盘，拽了几个回合他才老实！’我们扣了肇事者驾照，并要他出示相关证件——姓名药家鑫，年龄21岁，西安音乐学院大三学生。他让我们查看了自己脖子上被村民们‘修理’的伤痕。

“后来肇事者的母亲赶到现场，赔了伤者几千块钱。当时人太多，我们便让她把儿子先领回去，并且暂扣了肇事车辆。天亮后，我们对肇事车辆进行仔细勘查，车头右前方明显有半个篮球大的凹陷进去的坑，而村口受伤的一男一女的伤势却并不重，那就意味着肇事车辆可能在此前已经撞击过其他物品。这时候，我们自然而然联想到第一现场那辆被撞的电动车。我们迅速对两个现场车祸痕迹进行了对比，推测肇事车辆同为这辆红色雪佛兰轿车，便马上又对车主药家鑫实施扣留。经过几个小时讯问后，药家鑫自始至终矢口否认自己到过第一现场。由于证据不足，下午先放他回去了。

“车祸后第四天上午十点左右，药家鑫在父母陪同下又来到交警队，承认第一现场的人是他撞死的，要自首。肇事者的父亲药××说，‘儿子一晚上都没睡，大清早叫醒他妈妈，说在撞倒那一男一女之前，自己还可能撞死一个人。他妈妈一下子觉得事情严重了，就哭着给我打电话。我打车回到家，站在门口，鞋也没换，叫他们娘俩赶快走，去自首。药家鑫哭着说，我想再吃一顿妈妈做的饭。我说，别吃了，再不自首就来不及了……’”

法庭出示证据

后来，药××告诉记者，“送儿子去自首时，我们并不知道他杀了人，以为只是一次车祸。直到几天后才从电视新闻里看到儿子承认犯了故意杀人罪……”他太太则哭着说：“他为什么这么做？车子是买了全险的呀！”

一起非常简单的交通肇事杀人案，调查取证很快结束。可就在进入庭审阶段前，一场出乎所有办案人员意料之外的舆论风暴突然而至，而且迅速发酵，波及全国。

有人爆料：“药家鑫的父亲是部队高干转业到地方当官，药家鑫之所以这样胆大妄为，就是自恃有“军二代”加“官二代”的身份。”

另有人说，药家鑫同时还是“富二代”，读小学时家里给他买了钢琴，大学没毕业家里就给他买了豪车……

必须承认，我们生活在一个高度敏感的转型时代，贫富不均，权力寻租，使得多数人的神经变得极度脆弱，很容易受伤。药家鑫被人同时贴上“官二代”、“军二代”、“富二代”三张最热门的负面标签，毫无疑问地触碰到近年来最敏感的几根神经，当事人想不成为舆论焦点已非易事。

有人形容，药家鑫一案引发了新中国成立以来参与人数最多的一次法律大讨论。这话不算夸张，网络、报纸、电视、专刊等媒体一哄而上，两种舆论、两个阵营的人，除去平民阶层之外，囊括律师、新闻、教育等界别，观点对立：一面是谴责药家鑫杀人手段极其残忍，明确希望判处他死刑；另一面是从药家鑫的成长经历、犯罪心理为其免死寻找法律支持。喊杀者的声音主要来自网络论坛和一些偏大众化的纸媒，免死派的声音则主要出现于主流媒体和比较专业的法律论坛上。仅取几例：

CCTV、凤凰卫视、《南方周末》，这几家平时经常发生观点碰撞的主流媒体，在本案的舆论战中似乎不约而同地选择了免死派阵营，借机宣扬对死刑犯慎杀、少杀，逐渐与废除死刑的国际化原则接轨的主张。他们尽管没有明确亮出免死牌，却指出了药家鑫杀人案里几点可供免死的要素——临时起意、自首、初犯、积极赔偿等。

对于网络论坛里的“大多数”而言，此时此刻主流媒体关于死刑废存的理论探讨，无疑被视作对大众强烈要求处死药家鑫的舆情的蔑视，更增加了人们对药家社会背景的种种猜疑。“看，不简单吧，连中央电视台都在替药家鑫说话！”尤其是其中两个人的言论，进一步将民怨推向沸腾。

第一种说法来自公安大学犯罪心理学教授李玫瑾。她在接受央视记者访谈时，对药家鑫杀人手法进行心理学分析，认为药家鑫下意识杀人与他从小练钢琴的手部“习惯动作”有关，之后又公开回应大众质疑：“观众想听的是药家鑫的罪行，‘不杀不足以平民愤！’作为专家，我不能这样讲，不能搞民意审判！”李教授这段专业话语立马遭到网友们的口诛笔伐，有人大骂：“什么教授、大专家？分明是个犯罪漂白家！”

不仅是普通民众，清华大学教授肖鹰也针对这段话发文——“三问李玫瑾，驳‘药家鑫弹琴强迫杀人说’”；北大知名教授孔庆东也针锋相对地在视频访谈中愤言：“（药家鑫）不杀不足平民愤！”

第二种言论来自药家鑫的辩护律师，他在法庭辩论和接受媒体采访时，均应用了一个从英语翻译过来的法律名词——“激情杀人”。强调在西方国家，“激情杀人”属于二类犯罪，一般不判死刑。可对于普通民众而言，“激情犯罪”本来就是一个生涩的法律名词（若译成“应激杀人”也许更容易理解），再加上李教授所言“练习钢琴的习惯动作”，“组合起来不就是把药家鑫的杀人手段美化为艺术行为吗？难道那些‘官富二代’为满足他们的‘艺术激情’就可以草菅人命吗？”人们纷纷质问。

这边话音未落，一位自称是药家鑫同门师妹的女生在个人微博上公开发表“快言快语”：“谁让她（死者）要记车牌号？不要脸！我要是药家鑫，也会捅她！”这种火上浇油的残暴论调，外加“央视”、“专家”、“官富二代”等撩拨国人情绪的“G点”，民意被激怒到顶点，要求判药家鑫死刑成为多数网络言论者的共识。

此时，有些法律工作者非常担心沸腾的网络舆情会影响到法院的公正判决。著名法学家、北大法学院教授贺卫方在接受媒体采访时说：“不能以群众狂欢的方式处死一个人。”

紧接着，西安几所高校的五名教授也择机在媒体上公开发表《联名呼吁书——刀下留人》，主要观点是：

“药家鑫犯下不可饶恕的罪恶，但是我们一定要他一命偿一命吗？因为他弄死人我们就一定要弄死他吗？这种以牙还牙的方式是否是最文明的方式？”

“毫无疑问，药家鑫必须受到法律的严惩，但是法院毕竟认定了他的自首情节，他父母也愿意对受害人家属进行赔偿，最重要的，药家鑫并不是平时作恶多端的恶人，他具有被改造好的可能……”

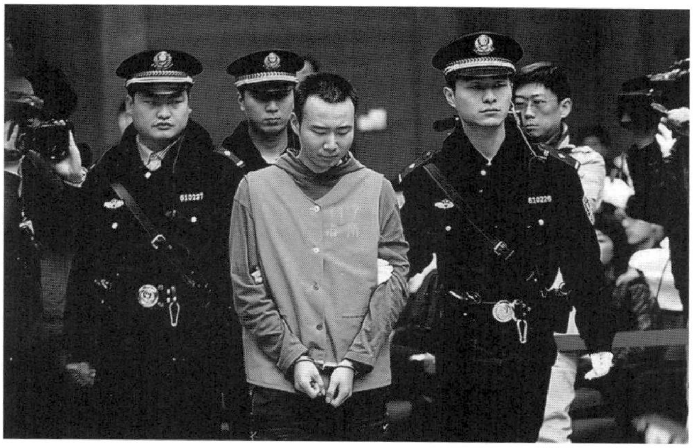

公审

作为知名法学家的二级警督李玫瑾教授，赶在药案开庭前最后发声：“我站在这个位置上能看到前面有一个悬崖，但是你们不一定能看到。当你们走到悬崖边上的时候，我喊你，你会骂我，但是我还得喊。这就是我的职业操守，我必须把险境告诉大家……”

专家学者们的微弱声音很快被波涛汹涌的网络舆潮所淹没，人们在一边倒的喊杀声中等待一个几乎可以预料的判决结果。

2011 年 1 月 11 日，西安市检察院以故意杀人罪对药家鑫提起公诉。

同年 4 月 22 日，药家鑫杀人案在西安市中级人民法院一审判决：“该犯犯罪动机极其卑劣，手段特别残忍，情节特别恶劣，后果特别严重，依法判处死刑，剥夺政治权利终身……”

2011 年 5 月 20 日，陕西省高级人民法院对药家鑫案开庭二审，维持一审死刑判决。执行之前，药 ×× 被批准去狱中见儿子最后一面。药家鑫嘱咐父亲：“不要怨任何人，一切都是我的错，我有罪，愿意赎罪。”为此，他几次提出死后要捐出眼角膜，但都遭到被舆论激怒的父亲坚决反对。药 ×× 回答儿子：“你的身体每一部分都是爸妈给的，你完整带来，完整给我带走……”

2011 年 6 月 7 日上午，一年一度的高考开始了。当千万莘莘学子走进考场的时候，年仅 22 岁的西安音乐学院大三学生药家鑫却正走向生命的尽头——履行一个死刑犯告别世界的“仪式”：被验明正身，接受审判长向他宣读最高人民法院死刑执行令。

依照程序，审判长讯问药家鑫有无遗言和信札。一一回答后，药家鑫问："遗体可以捐赠吗？"

审判长回答："可以，办手续。"

站在旁边的市中级法院领导给药家鑫递了支烟，法警立即掏出打火机帮他点燃。抽完烟后，药家鑫换上一身深灰色崭新西服，穿一双与西装不对称的白底黑帮新布鞋。这些都是家人提前送来的，按照老家的规矩，上路的人得穿布鞋，投胎跑路脚不痛。

动身前，药家鑫拜托一名此前采访过他的记者："请帮我转告张妙的家人，对不起！"接着，审判长递给他执行死刑回执，法警帮他折叠几下塞进西服表袋里。

药家鑫苦笑道："这个我还需要保存吗？"

法警说："当然要！"

药家鑫笑出声来："哈哈！对，去那边也是要通行证的！"

10点40分，药家鑫被押出审讯室，转送至一辆用于注射行刑的封闭车辆上。一位负责行刑的法医完成任务后在日志中写道：

"从远处传来了汽车的马达声，我们各就各位，紧张地等待着。忽然隐约听到外面有人说：'叔叔，让我再看看蓝天好吗？'我知道，他（药家鑫）已经到达车外了。没有人再说话，大约过了三分钟，我感觉到车身抖动一下，知道他已上了车。

"××（护士）立刻用甜美的声音对他（药家鑫）说，'来，躺下，没事的。'我（在监控室）看不见他的表情，只听到心位仪连接的声音。

"××又说，'来，把手伸过去，没事的，放松……'

"一只手伸到我面前，手指很细很长。我没多想，马上用皮筋管勒住了他的肱肌，很容易找到血管，马上用针刺进去，同时打开注射泵的开关，第一剂（药）进去了。

"那边××若无其事地问他，'小伙子你叫什么名字？多大了？在哪里长大的？家里都有什么人啊？在哪里上的大学？'他开始还回答得很清楚，后来声音越来越轻微……

“第二、第三剂药推下去……大约又过了三十秒，外面的心位仪已经由嘟嘟声变为嘟……这时我看到他那修长的手指还在痉挛，我知道很快这种最后的挣扎就没有了，便取出针头，×× 把他的手抽回去……一会儿车子又抖了一下，他被抬下去……我和 ×× 下了车，望着湛蓝的天空，长出了口气。他一切都结束了……”

法医的结论是基于生物学的生命体征作出的。药家鑫死了，第一波基于感性的舆论风暴渐渐平息了许多，但由他引起的一场更深层次的思考却刚刚开始。

有“央视才女”之称的新闻主播柴静看过药家鑫被执行死刑的新闻后，当晚在笔记里写道：“为什么人声称追索公正，要求（判决）死亡，但死亡来到这一刻，你感到的不是满足，也不是为它的残酷而惊骇，而是一种空茫？它让你意识到剥夺生命是什么意思？就是一切的发展，一切的可能都结束了。张妙死了，药家鑫死了，但如果只是死，结束了就过去了，那就是白白死了……”

不知道是为了完成工作任务，还是为了死者不“白白死”，柴静启程去了西安，对药家鑫案进行新一轮调查、采访、追索，并于专题片播出后，将自己对此案的思考编进其著作《看见》一书。其实，药家鑫死后对此案进行深度思考的远远不止柴静，真正有社会责任感的舆论参与者，都不会与死去的药家鑫一道陷入沉默，都会思谋寻找一些法律判决之外的内容：一名20岁刚出头，生性懦弱、品学兼优的大学生，怎么会犯下如此冷血残暴、令人发指的罪案？

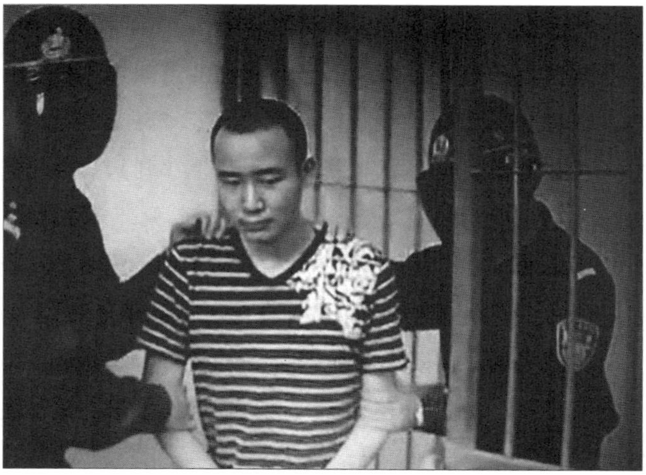
在听取最高人民法院裁定后，药家鑫被押赴刑车注射执行死刑

大部分人将药家鑫的罪因归咎于失败的家庭教育。真是这样吗？我们不妨先还原被网络广传为“官、富、军二代”的药家鑫的真实家庭背景。

药家鑫的父亲药 × ×，祖籍山西农村，早年毕业于石家庄军械技术学院，曾任解放军总后勤部西安军事代表局驻华山机械有限公司的军代表，正团级军衔，2003 年转业后去西安一家效益很差的军工厂工作。药家鑫的母亲也在这家工厂当仓库保管员，夫妻俩一年收入五六万元人民币。

药 × × 受访时告诉记者：“我们的工资收入主要开销儿子的学费，还有他学钢琴也很花钱，家里没太多积蓄。儿子从大二起带了很多家教，城东城西坐公交车太慢，到家经常就半夜了，他妈妈心疼儿子，借了些钱凑合着给他买了这辆车。开始说好只买四万块钱以下的，后来亲戚朋友都说太差了不合适。”

虽然单从职业而言，药 × × 曾是部队的团职军官，但仅凭那样的身份给药家鑫带上“官富军二代”的帽子，似乎也言过其实。而且，经过我们调查，药家鑫犯案前的所作所为，也鲜见“二代”们的“骄、奢、豪”气。

药家鑫的邻居告诉记者：“他从小就是乖孩子，听话、有礼貌，见到邻居先问候。”

药家鑫的小学老师告诉记者：“他从小就是好学生，习钢琴，接受肖邦、莫扎特等艺术巨匠的熏陶，知书、爱乐、达理。”

药家鑫的大学同学告诉记者：“他平常很低调、内向、随和，成绩也不错。他喜欢悠扬的曲目，如法国名曲《水的嬉戏》，难度很高，弹得比我们熟练规范，基本功很扎实！”

药家鑫家教时的学生家长告诉记者：“开始听说药老师杀人了，打死我也不相信。小药为人师表，给孩子上课几年，从不迟到。进门微笑着跟所有人打招呼，然后洗净手、关闭手机专心授课。有时候孩子比较顽皮，他不急不恼、一遍遍地教。后来因为要考研他辞了家教，孩子还特别不舍得！”

正因为如此，药家鑫被囚后，很多同学、邻居纷纷签名递交请愿书，称药家鑫从小学、中学到出事前，成长道路没污点，学习优秀、得过各种奖励，堪称品学兼优的好学生，恳请法院网开一面从轻判决。

上述调查可见，药家鑫的确并非“我爸是李刚”之类纨绔子弟。相反不少人认为，军人出身的父亲对儿子管教过于严厉，导致药家鑫缺乏单独应对事变的能力，才在车祸现场犯下不符合正常思维逻辑的错误。关于这一点，我们还可以从药家鑫接受庭审时的自述中，找出他人格被扭曲的原因。

“我从四岁开始学钢琴，之后成长中的生活模子，都是父母为我设计好了的。学校、家庭、家教地点，中间由车辆连成三点一线的单调生活。”

“（小时候）因为记不住谱子或弹琴的手势、姿势不正确，不知道挨了多少打。妈妈甚至拿皮带抽我。为了不让我以学习压力作业多为借口，回到家先（让我）弹琴，弹完琴才能写作业。我害怕作业写不完，小学课间除了上厕所，都不会离开座位，一直赶着写家庭作业。”

“小时候被一个高大的男生欺负、要我背他，要不就得给他一元钱。学校让家长来处理这事，我爸看看我，又看看那个大孩子，扔下五个字：‘那你背他吧！’拿起军帽就走了。后来我被那个大男孩一直欺负到毕业。每次我稍加反抗，那孩子就说：‘你爹都不救你，你找谁救命去？’被欺负狠了，也只能躲在被窝里哭，还不敢让爸爸看见，越哭越挨揍，他说：‘男人流血不流泪’。”

“上了初中，学习下降了，成绩不好，爸爸很着急，他学我的数理化，然后给我辅导。有一段时间爸爸看我的成绩不好，把我关在地下室里，只有吃饭时间才能上楼。地下室很小，没有窗户，只挂着一盏灯，关上灯四面漆黑，（我）当时特别害怕，孤独、恐惧，几次想过自杀，却始终没有勇气。”

“我爸从来没夸过我，哪怕是我得了奖状回去，他也就冷笑一声，把东西往桌上一撂，‘天下之大，比你强的人多了去了，翘什么尾巴？我不敲打你，你就骨头发酥’……那么多努力，被他三言两语就打发了。但他是一家之主，哪有我说话的地儿？在他面前，我咋都不对……考西安音乐学院时，我专业课是片区第一，文化课也超出了分数线，可当我拿到入学通知书时，并没有太多的兴奋，只想大哭一场……”

从药家鑫成长的心路历程，我们不难看出：从小到大，父亲已然纠结成他的心魔，是个只会对他说“NO”的人。尽管在法庭陈述中，药家鑫曾表示“父亲的严厉是为了自己好”，但那仅仅是一个乖乖儿的概念而已。在现实生活中，他已经习惯于无论父亲在不在场，遇事都得先考虑父亲的感受，这也是造成他车祸后拔刀行凶的直接原因。如他在法庭上多次陈述杀人动机时所述：“害怕乡下人难缠，没完没了找父母亲要钱。”

有人对此感叹：“一个在音乐殿堂里学习生活了十多年的孩子，能有多邪恶，多么想故意杀人？真的不敢相信。可他为什么干出万劫不复的罪恶事情呢？因为怕撞伤人被父亲责骂而选择了杀人。难道被父亲责骂，比杀人还要恐怖？”

是啊，不可思议，但这却是事实。

药父在接受媒体采访时曾说：“我觉得自己教育比较失败，可是我也找不到我哪里做得不对。我对他要求很严格，可我觉得对儿子就应该那样。不要求严格，以后怎么生存？现在不管就业也好，升学也好，不都是按照成绩来的吗？所有的父母都这样啊！现在哪个少年的生活不是压抑的呢？有句话，‘有童年就不可能有未来’，这是体制造成的。”

又是“体制”，万能的成因与罪因！字里行间，我们一方面能读出一位有责任心的父亲，多么想于“浊世”之中复制一个与自己有相同情怀的儿子。另一方面，我们也读出一个完美主义者的过度自我，这一点在柴静的采访中也有显现。

“药家鑫说了好几次（死后捐献眼角膜），每次他（药××）都立刻顶回去，因为网络上一些人说他是军队高层，干预司法，叫他‘药狗’、‘药渣’，他内心不平，越说越激愤，两眼圆睁：‘我对药家鑫说：你捐了以后，人家用上你器官，再有什么事，我没有连带责任我都受够了。希望你把你的罪恶都带走，不要再连累别人。’”

柴静继续写道：“他说到这儿，突然停了下来。药家鑫已死，之前所有关于他和父亲的关系都只是旁述，是推测，是揣想。但听到这句话，看到他脸上的表情，这个细节，像把刀，扎透了这件事……当时药家鑫没有解释，也没争辩，（对父亲）说：‘好，我听你的。’这是他最后一次违背自己的意愿，听他爸的话……”

我们为死去的“罪儿”们深感悲哀。对于他们生前犯下的罪孽，无人愿意替他们分担一分一毫。从马加爵的父亲不给儿子收尸，到药家鑫的父亲“把你的罪恶都带走，不要再连累别人”。还有学校里那些斥之“咎由自取”的“终身为父”者，都无情地将沉重的十字架压向不幸的“死魂灵”。

药家鑫一审被判死刑后，我们在西安音乐学院官网上看到过这样一份官方声明：“对药家鑫案件，我们一是义愤，二是痛心。义愤的是药家鑫交通肇事行凶杀人，丧尽天良，犯下不可饶恕的罪行……痛心的是药家鑫一案发生在我们身边，给学校造成了严重负面影响……作为教育工作者，我们应该认真反思，亡羊补牢……全院学生应该把主要精力放在学习上，在完成好学业的同时，不断提升自身思想和道德素养。对网上传播的此类言论不要跟帖回复，不要随意发表议论，防止被别有用心的人利用炒作。”

这份《声明》说了什么？潜台词只有一句话——“与学校无关”。对此，网上网下一片嘘声。

一位知名学者读了《声明》后怒言：“他们为什么迫不及待地表态？无非是要撇清关系，划清界限，堵住舆论的嘴巴，以免这个‘杀人犯’玷污了他们的‘美誉’和‘盛名’。”

另一位大学教授在自己的博客上写道：“他们（西安音乐学院）该做的，首先就是道歉。养不教，父之过。教不严，师之惰。他们教出这样的学生，难道不该向社会、向公众、向被害人及其亲属深刻检讨，沉痛忏悔？”

学生是学校的一面镜子。学生出了成就，往往都会成为母校的骄傲与荣耀，学生出了问题，学校见风使舵、一推二五，我们的大学是不是忒不仗义？更何况，你想撇清就撇清得了吗？“冰冻三尺非一日之寒”，从马加爵所在大学的学生赌博、嫖妓，到药家鑫所在大学的“校门八字开，有才无钱莫进来”、纵容学生到社会上陪歌伴舞，等等。这一切，真实地透露出那些“罪生”们生存环境之恶劣。大学，你一纸声明就撇清得了吗？

2011年末，药家鑫杀人案被网民评选为本年度中国“十大法治事件”之首，社会影响超过同年直接导致国家铁道部部长刘志军倒台的“温州动车特大事故”案。

不幸的是，药家鑫尸骨未寒，又一起大学生杀人案接踵而至，再次震动全国。2013年4月1日，复旦大学上海医学院研究生、学生会副主席林森浩，向室友黄洋的饮水机里投下剧毒化学品，导致黄洋肝部恶性病变，经抢救无效而惨死医院。林森浩在法庭上供认投毒杀人的动因时，让所有在场者目瞪口呆——“当时我在对面寝室玩游戏，黄洋过来了，笑嘻嘻地拍着我身边的同学说，愚人节要到了，要不要整人？很得意的样子。我当时看着很不顺眼，就想着整整他。第二天我去实验室，那里正好有这种化学品，就想到拿这个去整黄洋。”

林森浩案发被捕后，他父亲两换律师为儿子作无罪辩护，因为他坚信从小到大品学兼优的儿子不可能犯下如此弥天大罪。一直到最后，儿子承认自己杀人了，被判死刑了，绝望的林爸爸仍旧向法官、向媒体追问：“他没必要杀人，他（杀人）能得到什么？”

从马加爵因一次牌局连杀四位同窗，到药家鑫因怕父亲责怪而砍死被自己撞伤的受害者，再到林森浩的愚人节杀人游戏，还有多起发生在不同地区、起因大致相同的类似惨案，我们发现那些犯罪的“天之骄子”，有着诸多相同之处：他们都是父母心中听话的儿子，他们都是老师眼里的优秀学生，他们都犯下令人发指的罪恶，他们都落到最悲惨的结局，为什么？

中国有句古话，叫“知子莫如父”。可令人扼腕的是，前述案例中的三位高材生，若泉下有灵，至今还听得到无论从学历、阅历、思维判断力都与他们有着天壤之别的三位父亲，仍在不停地向社会重复一句貌似简单的“天问”：“我儿子为什么杀人？”这种不寻常的细节究竟是偶然还是必然？

林森浩在法庭上阐述：“当我还在自由世界里的时候，我在思想上无家可归……”

对此，马加爵没有回答，药家鑫没有回答，只有林森浩在法庭陈述时作过回答：“当我还在自由世界里的时候，我在思想上无家可归。没有价值观，没有原则，无所坚守，无所拒绝……某日，我在某电视节目里听到一句话：成功的人都善于制定规则，顿时在我心里引起强烈共鸣……”当然，他所指的“制定规则”也包括有权决定别人的生死。

林爸爸一遍遍向法官、向媒体追问：“他没必要杀人，他能得到什么？”

直到林森浩被执行死刑后，做父亲的对儿子这番供词始终无法理解，因为他不知道儿子这套“歪理邪说”从哪学来的。家长没教过，相信学校老师更没教过……那么，在我们这个尚未被宗教渗透、上帝可以免责的国度，除去马加爵、药家鑫、林森浩等人以生命的代价为自己的罪恶买单之外，还有谁该为这些迷途的羔羊分担些什么？

在一次又一次类似惨案发生过后，我们经常可以读到大量所谓“追责”、“反思”的文章，基本套路有三：一是大家在“杀”与“不杀”之间混战一场；二是对杀人者是否“官军富二代”人肉搜索一番；三是找出如出一辙的罪因——家长过分溺爱、学校忽视“素质教育”、教育体制落后。

三条“罪因”，家长溺爱也好、苛刻严厉也罢，孩子出事了，自家愿不愿意都得承担“子不教，父之过”的责任。而要归罪学校、归罪教育体制，似乎人家就不服气了——曾几何时，我们的教育方针开宗明义：“使受教育者在德育、智育、体育几方面都得到发展，成为有社会主义觉悟的、有文化的劳动者。”在这里，德育培养可是首当其冲。而且，从小学到中学、大学，都开设了分量不轻的思想政治课。课程内容更是洋洋大观，从“三爱”教育到遵纪守法、道不拾遗，无所不包，若是受教育者都能身体力行，不成圣人也可为贤士。

只可惜实际情况并没有那么乐观，那些近乎完美的教条在世俗的比照下，最终未免沦为虚无缥缈的“天方夜谭”，应付完考试，便被束之高阁，现实生活才是学生们最直观、最生动、最强大的教科书。这些年，只要翻开这部教科书，他们能读到的只有胜利者的逻辑与伦理——“胜者王侯败者寇”。正义与公理被权力与金钱矮化，弱者的生命与生存权被漠视，尊严被践踏，人们在追求自身利益最大化的格斗中无视“王法”、不择手段……这一切，无时无刻、无处不在地让心智不成熟的青少年耳濡目染。

后记：从“东南西北马加爵”到钢琴王子药家鑫、学生会副主席林森浩，他们近乎变态的残暴行为，他们对人性与人类道德底线的罔顾与不屑，哪一样能让我们的社会心安理得？而要挽救颓局，仅凭学校教育只怕也是无力回天。

“天上人间”的美女大学生

采访时间：2013 年 4 月 –2015 年 1 月。
采访地点：广东某地、西南某省。
采访人：刘彩霞、陆晓薰、陈子墨、郭校长（均为化名）。
采访人：某报记者（本书作者）。

北京等地警方查封“天上人间”（视频截图）

“出发！”

一声令下，三辆警车瞬间就位。凌晨1时许，代号“春雷”的扫黄打非执法开始。十分钟后，近百名公安干警包围了本市最大夜总会——“天上人间”。

“差佬（广东话，公安）来啦！”

门口的“妈妈桑”见大队人马杀将进来，拉响了高音警报。顿时，整个场子被捅了马蜂窝一般。在五光十色的镭射灯下，白胸脯小亵衣、黑网袜细大腿的“兔女郎”们“狼奔豕突”，屁股上的白绒兔子尾巴在昏暗的灯光下划出道道弧线。

我随着第一行动组冲上二楼，直取已经踩过点的“888”号包厢。领头的郑队长“嘭”一脚踹开“土豪金”皮门，一阵刺鼻的香烟烈酒和着香粉味儿扑面而来。

“全部靠墙、手扶后脑，蹲下！”随着干警们大声指令，豪包里二十多位正在纵情声色的男男女女瞬间被包了“饺子”。男客们上身赤裸，满嘴酒气，十来位陪侍的“公主”个个浓妆艳抹、身着镂空深“V”、高叉紧身的薄料旗袍，两侧腰线上的大片黑色蕾丝，透露出洁白的肌肤和胸罩。

角落里，一位身着紫裙的“公主”死命往上拽着已滑落的内衣肩带，胸前沟壑赫然插着几张百元大钞。她身边的男客则在干警涌进来的一瞬间，狼狈地揪住松垮的裤带。

“有偿陪侍，带走！”郑队长一声怒吼，那两人被作为涉黄人员当场铐住。我们出门时，见另外几辆大车上已经装满了此类人员。

开车了，一警员低声骂了句粗口：“妈的又有不少学生妹！脑子怎么长的？不好好读书跑来做鸡，家里人还不知道她们有多出息呢！”

“郑队，哪些是女大学生？”我问。

“多随我们跑几趟，你自己就会看了！”

那位骂骂咧咧的警员告诉我：“年龄差不多，都穿工装，甄别有难度，看多了一眼就认得出来。首先，学生妹不敢染头发，染了回学校难交代；其次是矫情，问她为什么要干这活儿，一式托辞——‘家里困难’，倒不如那些没文化的姑娘爽快——‘来钱快！’”

“女大学生出来‘做’的多吗？”下车后我问郑队。

他边走边答：“应该不少，究竟占多大比例没做过统计。我们依法办事，只查身份证、不查学生证。就算追究出来又有啥意思，难不成让学校开了她们？指不定家里供她们读书还欠了一屁股债。真要把事情亮了，弄到寻死觅活的，我们不就没事找事儿了？”

警察对涉案人员进行登记

“那你们一般怎么处理？”

“还能怎样？有偿陪侍毕竟不是卖淫，教育教育，罚点款放人呗……该工作了，带一个进来！”进审讯室刚落坐，郑队就嘱咐手下。

“花名、正名、身份证号……”旁听他们审讯，真有点看警匪片的感觉，节奏很快，一会儿来去了第三位“公主”。

“Yuki，姓名‘陆晓薰’，身份证44070319950324××××。”

“第几次？”

“头一次。”这位陆小姐，动态斯文、语调偏凉。

“都一样，抓到一次承认一次！”郑队长打了个哈欠。

“是她？！”我突然认出眼前这位冷艳“公主”了——某学院英语专业大四学生，校模特队领队，系里推荐的优秀学生，上周还接受过本报关于大学生就业问题的采访。

尽管我尽量低着头，她还是认出了我，眼神慌乱起来。为避开她进一步识辨，我起身离开审讯室。郑队说的没错，不要把人往绝路上逼。

第二天下午，我终于没憋住，去学生公寓堵住刚下课的陆晓薰。

“来了？”尽管不无尴尬，她仍装作若无其事地给我打招呼。此刻她穿着kitty萌猫松身T恤，长发束拢，脸上粉黛不施，绝对人见人爱的清纯女生。

“可以聊聊吗？”我随她进入宿舍。

“可以不聊吗！”陆晓薰突然抬起头，毫无惧色地盯着我。冷场片刻，她说：“否则你就要去学校告发？”

“只是想像个朋友那样聊聊，如果你愿意。”

“聊什么？要我给你爆料挣稿费？不就是勤工俭学嘛？在学校模特队外出走

T 台，不一样被观众用眼神猥亵？有些老师还介绍我们走‘野台’炒更呢，每个人头能收入两百元中介费！”

“走台和坐台，还是不同。”我倒像是做了错事的主儿，尽量低声柔语。

“哈！我每月生活费至少三千，爹妈一个月只给一千，这两千块钱差价靠走台挣得齐？你去校园转转，香奈儿、LV，一个包包上万块，有几个女生是‘富二代’？还不是从‘男票’、‘蜀黍’（叔叔）、‘干爹’那薅来的！一到周末，学校门口一溜儿豪车停在那，知道干嘛来的？接‘美眉’去 happy 的！”

门开了，两个漂亮女孩并肩走进寝室。一个英伦摇滚“范儿”，烟熏妆、钉鼻环，上身英国麦克奎恩的骷髅头 T 恤，下身意大利阿玛尼牛仔热裤；另一个截然相反：上身白衬衫旧得发黄，整饬得清清爽爽。长直发扎根橡皮筋，直眉素面，外加一双忧郁的大眼睛，整个儿悲情脸相。

“出门聊。”陆晓薰显然不想惊动室友，把我带往楼下，边走边嘟囔：“别看她们一个像‘富二’，一个像村姑，也都是‘捞女’。同寝室结伴返工的事多了去……”没说上几句，那位“英伦范儿”就在楼上喊陆晓薰，像是给她解围。

“你说的‘英伦范儿’女生叫陈子墨，本地人，父亲是一个家族企业的董事长。朴素些的女生叫刘彩霞，来自西南偏远山区，家境贫困，大一申请过助学贷款，不过大三就还清了。生活简朴，性格内向。至于陆晓薰，上次已经推荐你做过采访，就不用再介绍了。哦，她家庭经济情况一般，父母是工薪族。总而言之，这三位都是很优秀的女生。”我以调查大学生“勤工俭学”的选题找到班主任关老师时，他向我介绍。

当我问起三位女生有没有在校外兼职时，关老师像是觉察出什么，淡语不淡味地：“都是成年人了，兼职啊，勤工俭学啊，具体干什么工作学校就不便过问了，干家教的多点吧……”

两个月后，我又去那所学校公干，顺便向关老师打听那三位女生的近况。他告诉我：刘彩霞主动放弃保研，也没留在城里找工作，直接回老家支教当小学老师去了，其他两位都已离校就业。”

“回农村支教？”我有些吃惊。上次就听说那姑娘家境特差，去夜总会完全是为了挣学费。这好不容易熬到毕业了，为什么又要回去呢？更何况她老家又是上了榜的全国著名贫困县。

“其实系里很多老师都特别看好刘彩霞，真正品学兼优的女生啊！”班主任感叹道。我向他要了刘彩霞所在学校的详细地址。

“回乡支教正能量啊，这种典型你们报纸是应该大力宣传！”班主任很年轻，言语油滑，满脸的玩世不恭。

没想到中国还有这么贫困的地方——公交车只通到镇上，距离小学所在村庄有几十里地，除开徒步，就得转搭隔天一班的私营面包车。

次日大早，我搭上一辆烂得快散架的面包车，满车土布头巾和只会说苗语的老阿嫲，一地鸡毛鸭屎。真不明白刘彩霞哪根神经长反了，放着研究生不读，非要回到这种鸟不生蛋的地儿?

大约在“光灰”的山路上颠簸了两个多小时，到了目的地——山坡上瘫着几间用碎石垒堆依山而建的“半边”屋，泥糊的外墙斑斑驳驳，上面隐约可辨笔划不全的标语口号——“批林批孔”。校长说，那是“文革”期间留下的标语，校舍也是那时候搭建的。现在别说破烂不堪成危房，单数量上也严重不足，六个年级只能半日制轮流上课。这里总共只有三个老师，彩霞和另一位本地女老师，加上他。

趁着刘彩霞在上课，这位胡姓校长向我介绍起她小时候的状况：“彩霞打小就是个苦娃，我是她小学班主任。从一年级开始，每个礼拜得走十多里地来这里上学。一袋米、一罐咸菜吃一个月。可孩子乐观向上，读书非常刻苦，小学毕业后一下考上了县里重点中学，年年也是三好学生，后来又一下考上了大学。

“我们都以为这只‘凤凰’飞了，再也不会回来，没想到她大学毕业后放弃保送研究生的名额，主动跑到我们这里来支教。建校几十年了，咱们这里考上大学的娃儿也有十几个，像这种情况她是头一个……哦，我得敲钟下课了！”胡校长跑了几步，敲响挂在屋檐上的一块废钢片。

不一会儿，刘彩霞搂着一摞作业本走出教室。可能是随乡入俗吧，她把飘飘长发铰短了，穿着当地女人自产自用的土布大脚裤，身形显得更加单薄。

“是你?”她记性真好，一眼认出了我。我告诉她，手头上做一篇大学生支教的报道，听说她在这里，就找上门来。

"那你就找错人了，我可没什么远大志向。父母亲年老多病没人照顾，加上我的母校一位老师辞职去广东打工了，找不到人顶替，我就回来待两年，一举两得而已。"她平静地说。她对我的来访并不欢迎，任我紧聊慢聊，她都是一副拒人千里之外的表情。

下午，刘彩霞去上课了，我找另一位女老师闲聊。她说："彩霞老师真是个善人哪，放暑假学校就要重盖，基建经费一大半是她捐的款。"见我有些吃惊，那位女老师伸出一只手比划："听说拿出五十万哪！啧啧，她爹娘一辈子种着几亩石头田，穷得叮当响，治完病饭都吃不饱，女儿读了几年书就变成了富婆！难怪那么多有文化没文化的人都往你们广东跑！"

傍晚，我想再找彩霞聊聊，没见人影。她的女同事用手指指村口："去那里找找，彩霞老师每天晚上都会一个人去那边散散神。"

我寻过去，果真见刘彩霞独自坐在水塘旁边一棵大树下抽烟，瘦弱的身影在冷飕飕的秋风里显得特别孤单。见我靠近，她起身礼貌性地打了个招呼："对不起，我得回去改作业了。"说完自顾朝学校走去，地上扔了两个空烟盒子、一堆烟头和十几个用树枝划的英文字母——"bitter（苦）"……

晚上，我向刘彩霞求证捐款的事，她坚决予以否认。我又向胡校长打听，他也说不知道这事。我只好作罢，看来这一次选题，拿刘彩霞做不了文章。

次日清晨我离开学校时，操场上正在举行升国旗仪式，百来号小学生佩戴红领巾齐刷刷站在操场上，在《义勇军进行曲》的旋律中跟唱、行注目礼。

曙光初现，刘彩霞身着白毛衣、黑裤子，站在学生队伍的前面，一头乌发和长长的眉睫被初升的太阳染成金黄……好美啊！我止步看着她，突然觉得她很像一个人，某部外国电影里的一位女主角。尽管想来想去就是没记起那个人究竟是谁，但在潜意识中我突然对眼前这个女生心生怜爱，向她投去一缕祝福的目光。

回城路上，我以为自此与刘彩霞天各一方，不会再有任何交集，但没想到半年之后，我突然接到一个电话："蒋记者，我是 ×× 小学的老胡啊，还记得我吗？求你一桩事，彩霞老师前几天突然不辞而别离开学校，然后电话关机打不通，连她家人也不知道她上哪去了，几个班没人上课，你有没有办法帮我联系上她？"

我问他怎么回事，胡校长犹豫了片刻，说：“您看到的，校舍都快塌了，从我10年前当校长开始，就年年打报告请政府拨款建校舍，各路菩萨求了个遍，好不容易去年镇上批了8万元，也就够修个屋顶……彩霞老师知道这个情况后，二话不说拿出全部积蓄五十万块钱，她本来不想让人知道，可下个月新楼就要奠基了，学校决定立一块碑，刻上所有捐款人的名字。报到镇政府，彩霞的名字被划掉了，原因是镇长的小舅子想追彩霞被拒绝，便到处放风，说彩霞的钱不干净，是读大学时卖身挣的。这一下村里炸了锅，还有的老百姓提出要把彩霞赶走，免得带坏了他们的子弟……”

离开校长，我马上拨通陆晓薰的电话，她毕业后在一家翻译公司当口语翻译。听完我的转述，她吃惊地喊道：“五十万？她傻X呀！钱那么好赚？不舍得吃不舍得花，就落这一下场啊！她好久没给我电话了，我问问子墨……”

不一会儿，陈子墨给我发来一条微信，上面写了一个地址，应该就在刘彩霞老家的县城里。

这是一家破破烂烂的小医院。楼下门诊，楼上病房，水泥地斑驳不平，白灰墙上尽是污渍和游医小广告。我直奔肿瘤科，病房里摆着4张床，一个瘦高姑娘陪坐在唯一有人的病床边上。

陈子墨回过头，向我做了个噤声止步的手势，把我堵在门外，然后过来递给我一只口罩。“她抵抗力很差，容易感染……”

“什么病？”

“宫颈癌II期……”

得仔细辨认才能认出病床上的刘彩霞。经过几番化疗，原本清瘦的脸庞更塌陷下去，吊针的手腕上血管外凸，几乎只剩下一张皮。

“刚用过安眠药且醒不了，去外面说吧。”陈子墨喊来护士换吊瓶，并交代她代看一下，然后把我带到走廊外面。

“她在大学期间就一直月经不调，省钱、不肯检查……前几个月为了捐款的事精神受到刺激，开始全身疼痛，后来就落红不止、流鼻血，实在扛不住才上医院，查出来就这样了……”

“她的家人呢？这么重的病怎么能在这样的小医院治疗？”我问。

“她父母连县城都没到过，而且俩人都有病在身，让他们知道也只会瞎着急、添乱……去大医院得花大钱，彩霞的公办教师还没批到编，所以没有公费医疗，还好自己办了张保险，好歹可以报销一点，可加上一个月工资千把块钱，做一次化疗都不够。这还是我先给她垫了十五万医疗费。”

“要不我跟镇里去说说？她之前捐的五十万建校钱能不能挪点回来？”

“我也这么跟彩霞说，可她死活拦着不让我去。她说钱是为山区孩子捐的，她不会再拿回来一分一厘。自己的事全凭老天爷做主去，先赎罪，再解脱。”

我心情复杂地看着陈子墨。

“现在让你知道也无所谓了。昨天彩霞知道你要来，让我谢谢你，没在学校拆穿她……外面的传言没错，我们仨都做过‘捞女’……你上大学时也打过工吧？家教、市场调查、还是在麦当劳卖汉堡？一个小时十几元工钱的那种，对不对？”

我点点头。

“现在那种辛苦钱只有男生才会去干了。我挣外快的主业是伴游，一天服务费一千，小费不封顶。彩霞和晓薰在夜总会干，一晚八百，出台小费两千。我们三人当中只有彩霞是贫困生，一年学杂费生活费加起来两万多，她全家一年不吃不喝也凑不够四千块钱。况且父亲重病，弟弟妹妹读书还要钱。怎么办？大一的时候，她同时打几份工，一个月也就挣千把多块钱，还要寄回家贴补家用，自己累得像瘦猴。劝她跟着我们干，不愿意。后来，她谈了两年多的男朋友被一个比我们先出道的‘捞女’买断，丢下一句话：‘现实点吧，爱情不能当饭吃，我想少奋斗二十年！’彩霞发疯一样整整哭了一礼拜，然后就跟着晓薰去了夜总会……”

“我知道你家境不错，为什么也去干那个？”我问。

“爽呗！跟着各种各样的土豪坐头等舱去度假胜地，住五星级酒店吃喝玩乐，一天还进账三千多，何乐而不为？人活着就为吃苦受累？值当吗？那些个客户，别看他们人前人模人样、大富大贵的，在我们面前乖得像只宠物狗！”

“赚了钱怎么花？”我问，又犯了职业毛病。

她今天倒是不在乎：“血拼、请客，剩下的做慈善。”说到这瞟我一眼——我对她说的的确有些意外。

“我与十个贫困地区的孩子建立了‘一对一’帮扶，每年捐款三五万。平常走路见到乞讨的孩子和老人残障人什么的，也会每人给五十一百……”

“为什么这么做？”

“乐意！你以为我们这些人天生都是些挥霍青春的冷血动物吧？彩霞看到孩子们的教室摇摇欲坠，一激动就拿出五十万，你办得到吗？有几个正人君子肯拿出钱？就他们镇上的领导，宁可用公款吃喝玩乐、请客送礼，也不去管小学生的死活。不是吗？至于钱怎么挣的，重要吗？当今社会谁不是拿自己的资源去换别人的资源？你们记者卖脑子，贩夫走卒卖力气，我们出卖颜值，不都是利用自己的身体资源挣钱吗？”

关于“资源交换”的理论过去我在采访、编稿时没少见过，可今天用在此处还真让我无语。

“上次在学校你们谁都不愿意接受采访，今天为什么要告诉我这么多？是因为拿完毕业证了无所顾忌，还是别的什么原因？”我问陈子墨。

“我也不知道……大概因为你这么不辞劳累赶过来看彩霞吧，也想让你知道我们这些世俗眼里的异类是谁孵化的恐龙蛋！在学校你找我们是你的工作，关我们什么事？”她回答得够坦率。

“你们干‘兼职’学校知道吗？”

“怎么会不知道？我们当中就有人在夜总会碰上过某位系领导。如今大学只在乎你准时缴学费，老师忙着找项目赚钱，鬼才管你是谁下的蛋……”

“44 号床的病人醒了……”护士过来通知陈子墨。

“蒋姐姐，你来了……”我走进病房，刘彩霞勉强将头移离枕头，算是对我的欢迎，看我的眼神充满了和善，半年前在村小与我对视时的防卫与敌意，已荡然无存。

“彩霞你好……”我凑近她的耳边。

“对不起，去年在我们村小……”

“没事的，我理解你，你是一个好姑娘。”

她有些意外，盯着我看了一会儿，费劲地摇摇头，眼泪脱眶而出：“……是校长给你打的电话？”

“是的，胡校长很着急。”

“你千万，别告诉他我在这里，就说，我去南方当老师，不回去了……等我死后，麻烦你，把真相，告诉校长。说我辜负了他的希望……”

“彩霞，你谁都没有辜负，即便校长知道了真相，你仍旧是最值得他骄傲的学生。我敢保证！”

“谢谢。蒋姐姐，还有子墨……我有个，不情之请……”

“瞧你跟我还客气什么？先喝点水，慢慢讲。”陈子墨兑了一杯水，喂她喝下。

“我最放心不下的，是我的家人，父母那边，子墨去告诉他们一声，就说我去国外读书了……爸爸治病，前年我给他买了两份保险，弟弟妹妹读书的事，我想，请蒋姐姐帮他们，找家慈善单位，让他们读完中学……”

“彩霞你放心吧，弟弟妹妹上学的钱包在我身上。现在你什么都别多想，配合医生治好病才是最重要的。”我刚说完，值班大夫过来建议我们让病人休息，避免情绪波动。

刘彩霞睡着后，我和陈子墨商定，由我着手发一篇“支教女大学生捐款建校，自己身患绝症无钱治疗”的报道，引起社会关注与同情，陈子墨和陆晓薰负责在校友微信圈为彩霞募捐。

那天晚上，我让连日照顾病人已经疲惫不堪的陈子墨在空床上早睡，自己在病床边陪护昏睡的刘彩霞。半夜，我正靠着床头打瞌睡，刘彩霞醒过来喊疼，护士给注射了一支吗啡。疼痛止住后，她显得有些兴奋：“蒋姐姐，你说世上有多少人的命运，掌握在自己手里？”

“只有一个人。”我说。

“上帝？”黑暗中我感觉到刘彩霞笑了。她说：“最近躺在医院里老做同一个梦，爬呀爬、爬呀爬，爬上山顶，被一阵风吹落悬崖……我又重新爬呀爬、爬呀爬，又掉下悬崖……然后就想啊想、想啊想，我是怎么掉下去的？”

作为一名调查记者，受访人话说到这份上是获取真相的最佳切入点，可那个晚上我真的没想到要找什么真相，只想当好病人的陪护。可在吗啡的副作用刺激下，刘彩霞像是收不住话匣。

“到大二了，我还没掉下去。有时候，刷了一天盘子，手泡得肿胀，挣回一张皱巴巴的‘老人头’，回宿舍后晓薰说，‘跟我去吧，钱来得更快’。有时候，挨了大半天冷眼，只完成几份市场调查，回宿舍，子墨说，随她出国陪游，一天挣一万块。开始，我连心思都没动一下。她们笑话我，是‘恐龙时代的贞操观’。后来……去了夜总会，第一次，人家给了我八千块钱‘开苞费’。事后，我躲在浴室里，一面哭，一面把水龙头开到最大，洗澡液打了一遍又一遍，玩命地擦啊、洗呀，直到下面擦破皮……”

“彩霞，一切都过去了，许多事各有各的难处、各有各的活法。该放下的就放下，更何况你现在这种情况。”我极力阻止刘彩霞的恶性记忆。上帝证明，那个晚上我没说过一句职业性假话。

“放不下的，蒋姐姐。我努力过……当初回农村支教，为的是放下。后来捐出全部赃款重建校舍，也是为了放下。没用、没用的……一失足成千古恨……”

“什么千古恨、万古恨的，你呀就是个傻子！”不知道陈子墨什么时候醒过来的，恼恨恨地说。“什么叫干净钱？那些有权有势的人，有几个敢说他们怀里揣的是干净钱？让中纪委‘打虎办’去查查看？你捐什么捐？傻呀！教室倒了关你屁事？国家每年下拨的教育经费哪里去了？不都被他们花天酒地盖洋楼了！都这个时候了，你犯得上在这里自虐、忏悔吗？谁都没资格做你的上帝和神父！”

病房顿时陷入沉默。我轻轻为刘彩霞抚摸被针头扎肿了的手背，在黑暗里独自咀嚼着她快要流干了的眼泪……

一周后，我那篇关于刘彩霞的报道还未发稿，就接到陈子墨的电话，告诉我刘彩霞晚上用破药瓶子割断动脉自杀了。

“流得真干净啊，一滴血都没剩下……”陈子墨哭着说。

2015 年春夏之交，受胡校长的邀请，我和刘彩霞的两位女友一同去参加他们的新校舍落成典礼。

平日里闭陋冷清的山村小学今日锣鼓喧天、彩旗飘扬，县教育局、镇政府、村委会等各路首脑的轿车一字摆开停在坡下，学生们在操场上载歌载舞喊口号：“欢迎欢迎、热烈欢迎……”胡校长站在坡上，陪着镇长接待来宾。

看到我们三个上来，胡校长脸上的笑容陡然收敛，磕磕巴巴地向镇长介绍：

“这是彩霞老师的三个好朋友……”镇长轻轻地“噢”了一声，向我们投过异样的眼光。

胡校长见状赶忙单独介绍我的身份：“这是广东省报记者！”

镇长一听赶忙堆起笑容，上前一步握住我的手：“哦，对不起、对不起，人太多照顾不周，请记者同志多多原谅！”

我简单跟镇长寒暄几句，便领着陆晓薰、陈子墨去看刘彩霞工作过的地方。身后，听见镇长训斥胡校长：“你干嘛老苦着脸，媳妇被人拐跑了似的！”

穿过孩子们的腰鼓队，看着一排崭新的教室，我的眼睛潮润了。听陆晓薰向陈子墨嘀咕了一句：“彩霞的一条命，就值这些烂房子？”

陈子墨低声回答：“可别这么说，彩霞听到会生气的。”

“各位领导、各位来宾、各位朋友们，感谢大家不辞辛苦来参加我们这所山村小学的新校舍落成典礼……”镇长率先发言完毕，由胡校长宣布捐款人名单。最高的捐款两万元，听旁边人说是镇长的小舅子，乡镇企业家，余下都是当地老百姓的自发捐款，从几十元到几百元不等。

我们一直听到最后，都没有听到刘彩霞的名字。此时，陆晓薰忍不住大声提问：“请问校长，为什么没有刘彩霞的名字？听说她捐了五十万？”

观礼、看热闹的群众闻声“啊”的一声喧闹开了。一个不知道缘由的小伙子大声说：“彩霞老师捐了那么多，凭什么没她的名字？”

胡校长看看镇长。镇长装着没听见，自顾与县里来的客人交谈。冷不防陈子墨过来大声嚷嚷：“镇长，假如你们怀疑刘彩霞的钱不干净，请将五十万退回给她的父母，他们家里的困难众所周知，也省得我们为她弟弟妹妹的学杂费到处求人捐款！”

人群中炸开了锅，一些去外地打工回乡的年轻人纷纷要求校长讲清楚到底怎么回事。

胡校长再次用眼神征询镇长的意思，镇长还是不表态，借故上厕所绕开现场。胡校长回头看了我们一眼，上前颤颤巍巍从口袋里掏出一张纸：“我给大家读一封信，是刘彩霞老师的遗书……”又是一阵喧哗。

“胡校长，当您收到这封信的时候，我已经上路去了另一个世界。有几件事想委托您：1. 请不要向外宣传我捐款建校的事情，但我的五十万捐款永远有效，今后不管谁有质疑，有什么样的质疑，都不会改变；2. 我的弟弟妹妹都在读中学，我的朋友们虽有爱心却山高水远，希望您有空多过问一下他们的学习，日后考大学填志愿请您为他们做主；3. 我的父母亲常年生病，我给他们都买过保险，有关报销事宜他们不知道怎么办手续，劳您费心帮忙……我不能亲眼看到新教室落成了，在启用的第一个升旗日，请校长代我与同学们一道向国旗行礼，并且转告孩子们，彩霞老师天天在天堂上看他们升旗，一直到他们考上大学……”

校长读不下去了，老泪纵横：“同学们，请把刘彩霞老师的名字，刻在你们心上！”

孩子们的哭声一片，和着我们仨无声的泪水。

升旗仪式开始，上次刘彩霞站立的位置上换了另一位年轻女教师。《义勇军进行曲》响起，我突然想到半年前那个秋日里被朝阳浸染的彩霞姑娘像谁——苔丝！英国作家托马斯·哈代笔下的《德伯家的苔丝》——一个普普通通的农家少女，因生活所迫、世俗的诱骗而失去清白之身后，为表达自己对爱情的忠贞，杀死了那个奸污她的富家子弟。在一个阳光灿烂的清晨，苔丝迎着朝阳，微笑着走上绞刑架……

当天晚上，我在自己的微博上发了一段莎士比亚诗句纪念刘彩霞：

“把我的胸口做你的眠床，
养息到完全平复你的创伤。
让我用起死回生的一吻，
吻在你受伤的胸口之上……”

后记：那天晚上，陆晓薰心里难过，喝醉了。她说：“从小学到高中，心里有个目标，考高分、上大学。真上了大学，发现什么都空了——没了过去，也看不清未来，只有当下。当下好啊，没人管你、没人逼你，想怎么过就怎么过！挣钱、开心、及时行乐……刘彩霞，你何苦啊？人，就是个会享受的动物……”

第三章 “象牙塔”里的“浮世绘”

将大学喻作“象牙塔”，原本就是误读，之所以一再将错就错，可见人们对教书育人的圣地的厚望与寄托。“五四”前后，鲁迅等先贤号召青年学者“走出象牙塔”，融入大众社会，应是担心那高洁之地曲高和寡，一旦学子们染上洁癖，毕业后无处容身。如今“象牙塔”已然蜕变成“浮世绘”，倘若先贤还在，进退之间，不知又该有何说法？

轰动中国的“万言帖”

2005年，中国科学巨匠钱学森在医院接受时任国务院总理温家宝探视时，曾轻声发出一问：“为什么我们的大学总是培养不出杰出人才？”这一貌似简单的“世纪之问”，上，难倒国务院总理，下，难倒中国教育界官员和学者。期间纵有不少应答者写下洋洋万言，最终难免落入“官样文章”之俗套。

直至2010年，钱老带着他无人能解的“天问”怅惘离世后，网络上突然流传一篇被网友赞言“可回答‘世纪之问’”的“万言帖”。这篇近似公开信的帖子，虽然作者匿名，地址不详，但于数月之内，竟被疯狂转发、转载近百万次，跟评数十万条，时至今日，仍不断被各色媒体应用于各自论坛之中。

究竟是何许人之何许“妖帖”，竟有如此能量？此帖转载至今已有版本多种，记者从茫茫网海帖林之中，选取一篇自己认可的原帖与读者分享（因内容太长，有所删减）。

◆一名大学毕业生的反思

五年以前，我进入全国重点名牌大学——武汉大学，抱着最理想的热情，以为从此走上了一条报效祖国、报效父母的人生坦途，以为我的人生即将大展宏图！

海量万言帖转载

三年以前，抱着对“我的大学”最大的疑惑和不解，我辞去了分团委副书记的职务，开始认真大量阅读和思考我的人生、我的大学、我的未来，最终放弃了通过“从政”为国家民族做贡献的“远大理想”。

一年半以前，我自以为看清了中国大学的本质，不愿意再继续自欺欺人地“学”下去，主动放弃了学校保研名额，终止了用青春热血换取一纸文凭的游戏，退出虚伪可笑的“精英学历社会”。决心进入企业，踏踏实实地从事“实业”，站到中国经济第一线，为国家和社会以及自己作真实的努力和贡献。

今天，在毕业工作一年后，在我的工作和能力已经得到老板和同事的肯定，马上就要出国任职的时候，我却辞职了，去远在大山中的一所规模很小、志在探索中国新教育模式的私立学堂任教，试图通过投身中国最缺乏、最需要的教育，来实现我人生最大的价值。

周围人都认为我疯了，鬼迷心窍了。在这里，我把自己对家人和朋友质疑的回答写出来，你们也可以评析：到底是我疯了，还是这个社会疯了？

一、我的梦想——“为中华之崛起而读书”

我一直非常喜欢读书，所以在应试教育的环境里一帆风顺。高中毕业，我幸运地考上了全国重点大学——武汉大学。带着父辈对自己的期望，也带着自己心中那个朦胧的“做总理”的伟大梦想，开始了自己的大学生活。

开学时，爸爸写来第一封信：“你已经完成了我们家三代想上大学而不能的梦想，在大学校园里，将会有更多优秀的老师和同学，同时也会碰到很多困难。孟子曰：‘夫天将降大任于斯人也，必先苦其心志、劳其筋骨、饿其体肤、空乏其身，行拂乱其所为，所以动心忍性，曾益其所不能。’你要珍惜这来之不易的机会，发奋努力，好好读书。”

我内心感动于父亲的良苦用心，在书桌前郑重贴上“为中华之崛起而读书”的字幅，以勉励自己珍惜大学时光，不负家人期望和自己的理想。

走在武大美丽的校园里，路过那古朴典雅的民国建筑，我感受到这所百年名校深厚的人文和历史底蕴，一种说不出的感觉涌上心头。我想，在这所美丽的大学里，必定会有知识渊博的教授和意气风发的青年学子，思想碰撞，砥砺智慧，探讨人生理想，我一定会度过充实而难忘的大学岁月，走上一条报效祖国、报效父母的人生坦途。

然而，从大一开始我就困惑不断。

二、你认识这样的大学么

当我从那古朴典雅的建筑旁走过，便发现这个地方与我之前在书中读到的宁静的大学校园不同。各色人等纷纷扰扰，大小汽车进进出出，随处可见各式各样的商业海报或者广告，而我从小就习惯了的琅琅书声在这里很少听得到。大学生们都不读书么？我很困惑。

正式开学之后，我见识了大学里的异样“风景”——

早晨上课铃响了之后，很多人穿着拖鞋，边吃早点边慢悠悠地晃进教室。吃完早点后看看上面的老师，讲得没意思，便趴在桌上补睡一觉。

晚上十一点后，应该是夜深人静、正值休息的时候，此时的男生寝室，同学们的夜生活才刚刚开始。打游戏、玩麻将，或者看武侠小说，好不热闹。还有些同学干脆去网吧包夜玩通宵。鲜见有人一起读书、共同讨论人生智慧的场景，大家日常交流沟通的内容就是怎么联手游戏。在这种大环境下，很多想读点书的同学为了和同寝室的哥们“打成一片”，也不得不“发奋学习”打游戏。

当我第一次走进高我一级的学长寝室楼，看到凌乱的宿舍、闻到满屋子异味，一抬头就会看到一个头发蓬松的脑袋，空洞迷离的眼神，昭示着灵魂的无知和内心的空虚。我的灵魂被震撼！我真不敢相信，这些人都是武汉大学的学生？这些人就是“为中华之崛起”而努力学习的新一代？我内心里有一个强烈的声音：绝对不要成为这个样子！

我的一个同学，从大一到大四，除了考试在教室里露个面，其他时间全部在寝室打游戏或者看武侠，反正这种现象在大学里面没人管。后来因为挂科太多，被学院劝退，家长来向校方求情延缓时间，还是于事无补，家长刚走，游戏照打不误，直到大四无法毕业。

另一个同学也是因为打游戏挂科太多被劝退，他母亲跪在学院领导面前说：“我自己在家里吃剩菜叶供他读书，求你们给他一次机会吧！”我很为那位母亲难过，即便下跪求情博得校方豁免，只不过是给儿子延长一段继续游戏的时间。

都说可怜父母心，我想起自己在家乡辛勤劳作的父母，想起千百万把孩子送进大学的天下父母，他们都以为自己的子女在大学里“努力学习”，殊不知如今大学校园里，有多少人在认真读书而不在游戏人生？打游戏、看电视、逃课、看武侠小说，这是许多大学男生的全部生活。而女生呢？主要学习内容就是看韩剧或其他各种感情剧，夜以继日，一部接一部。

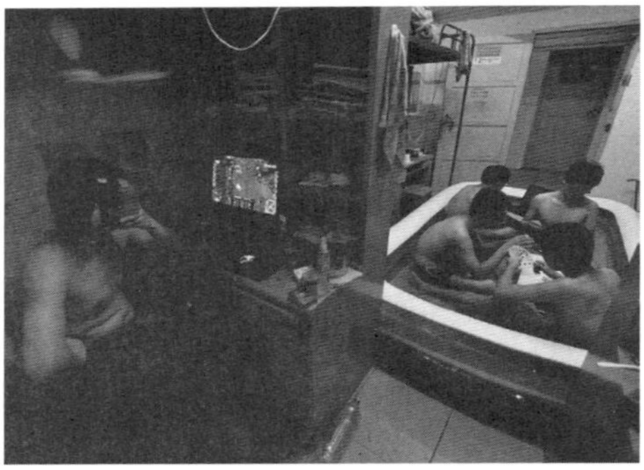

男大学生宿舍

你能想象这就是“我的大学”么？很不幸，这一切都真实地发生在武大这样的重点大学里。这些人考上大学的时候都是家里的骄傲，很多同学眼中的羡慕对象。

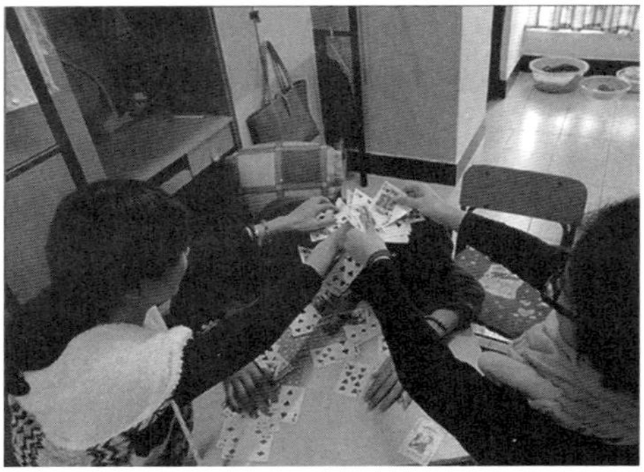

女大学生宿舍

当然，并不是所有的学生都这样混日子，还是有很多人在用功学习，但动力主要是“恐惧”和压力——怕考不上研究生，怕以后找不到好工作，因此不敢“放纵”自己。还有多少同学是在为追求智慧、追求真理，为国为民而发奋学习？这部分同学虽然没有“游戏人生”，却长期生活在沉重的压抑心理状态下，思维慢慢变得呆滞，被同学们嘲笑为“越学越傻”的“傻博士”。实际上，每年大学里自杀的大学生，往往不是“不用功”的“坏学生”，而是这种在超负荷心理压力下读书的“好学生”。

我们千辛万苦拼高考、读大学到底为的是什么？为什么这么多同学走进大学就迷失了方向？

首先是除开专业课学习之外，大学生们长年积累的心理问题无人疏导。很多老师一个学期也跟学生见不了几次面，连上课都差遣跟读研究生来应付，自己一心去忙项目、忙课题。就连大学选用的教材，也成为老师们谋取个人利益的项目。比如高等数学，明明有很好的全国通用教材，却偏偏要选用自己学校编的艰难晦涩的教材，连选用的习题都是历年研究生考试的内容。

后来我才知道，学校选用这种“自编教材”的原因，是因为老师们“评职称”需要“科研成果”，就东拼西凑编出一些放到书店里根本没有人会买的垃圾教材，利用自己的教学权力，发给我们上课用。据说老师们也很可怜，每年都要完成所谓的“科研成果”，要写论文，出书来完成任务，否则就可能降职。有些老师没办法，就自己花钱在外面找刊物发表文章，这种可以不花钱出教材，让学生买单的事情也就很容易理解了。在这种状态下，有谁来指导大学生人生发展与定位，让大学生明白自己为什么学、为什么活？

其次是榜样的困惑。大一的时候，系里邀请了高年级的优秀学长来给我们介绍经验，他们都是甲等奖学金的获得者，老师眼中的佼佼者。每个人讲的重点，都是怎样考好试，怎样通过英语四六级，怎样为计算机过级做准备。还有要多参加社团活动可以得奖学金，为以后的保研和就业增加砝码。

当时我也天真地以为这就是自己努力的方向。然而在刻苦学习之余，内心却越来越空虚，不确定自己的方向是什么。保研、找到好工作的确是不错的结果，可是为了追求什么去读研、去工作？那些优秀的学长们怎么都没有谈过自己的理想呢？后来才知道，其实很多学长平时读书并没那么下功夫，做习题抄抄书，到了学期末死记硬背一通，再看看上届的试卷就可以考过了。

思想挣扎的痛苦，会逼迫一个人去另找出路。我开始尝试了解自己的兴趣，不再局限于专业课学习。如去听各种人文类讲座，为自己的内心答疑解惑。去读更多与专业毫不相干的书籍，参加各种各样的活动，让思维跳出专业束缚，寻找属于自己的天空。当我坐在教三001听着李敬一老师眉飞色舞的激情演绎、李工真老师精辟又不偏激的批判，当我与台下许多同学一起开怀大笑、一起深思的时候，似乎明白了梅贻琦老先生的那句话："大学者，非有大楼而谓大，因有大师而谓大矣。"

听到一些激动内心的声音，也似乎抓住了一些东西，但我却依旧彷徨：为什么在讲座之外，老师们更像在打工混日子？讲课内容空洞、了无情趣，讲完就走人，从不与学生一起探讨些思想、学术问题？为什么那么多同学对此司空见惯、熟视无睹？

三、辞去分团委副书记职务

大一时我担任过学生会新闻部部长，与一群志趣相投的朋友激扬文字，度过一段难忘的时光。大二下学期时，又成功通过竞选担纲分团委副书记兼学生会主席团成员。那时我有一样朦胧的梦想：如果我的"地位"更高一些，"权力"更大一些，可以领导团委和学生会，是不是就能够去做一些真正有意义、有价值的事情？听说有很多学生干部就是这样一步步走上从政之路的。然而半年后，我就毅然辞去这些个光鲜的职务。你可能会很惊讶，为什么？这可是毕业后走上"官员之路"的捷径呀！

从我进学生会开始，就抱着相机操持各种各样的活动，班团会、运动会、文艺比赛等等，开始很兴奋、很充实。但慢慢地我发现这些活动组织了、举办了、精彩了过后，似乎只留下一个"政绩"记录，没有更多实际意义，那些游戏大学的人仍继续游戏，死读书的人仍在继续死读书。这时我才发现自己太天真。在学校，"官儿"做得再大，我们也只能按照"上面老师"布置的既定程式和内容去走，一切只为达到一个目的——活动要精彩，形式要多样。至于开展那些活动有什么实际意义，没人理会，自己反倒因参加许多无聊的会议、组织许多无意义的活动，浪费大量的思考和学习时间。

更有甚者，与其他学院一些学生干部打交道后，我发现大学学生会干部中间，有不少人也是"游戏大学"的优等生，很多人凭借"烟搭桥，酒开路"，与辅导员老师搞好关系，当上学生干部，帮助老师"管理学生"。这样的学生干部个个自诩“精英团体”的成员，自我感觉良好，然而，他们能够引领学生走向哪里？

面对这样的现状，我内心又陷入挣扎：都已经做到这个地步，自己可以选择若无其事，尽最大努力继续往前走，反正熬一两年就可以凭借各种荣誉获得保研的机会，然后再通过这个平台一步步走上从政之路。但是，当学生干部的实践却告诉我，无论自己将来的“地位”有多高，“权力”有多大，似乎都无法实现自己的理想，因为要实现那个理想，我就必须单枪匹马与一个庞大的、堕落的、只关心物质利益和为自己捞取好处的集团体系作对，迟早会被那个体制踢开。

半年后，我毅然申请辞去分团委和学生会的职务。当时学院老师很惊讶我的举动，在明确我执意“辞官”后，非常好心地建议我可以只挂名不做事，这样在大四时候就可以获得保研的机会。我告诉老师，不愿意占这个便宜，因为自己内心不喜欢这样的生活。

我努力重新定位自己的理想，从政似乎不适合自己。剩下来的选择还有两条路，一条是大家都很热衷的，也是很传统的“实业救国”之路，同时可以让自己成为一个“经济英雄”，做“李百万”。另外一条就是坐冷板凳的“学术之路”，考研、攻博、留校，成为一名学者。到底哪条路更有意义和价值呢？我力图通过分析各种线索去做最后决定。

四、放弃读研

要走学术之路，考研就是第一选择。看看这些年在读研究生的学长，他们是怎样从事“学术研究”的呢？

头一年，给导师出差跑项目，第二年拿个研究生文凭找工作，被称作“出差型研究生”；另有人读研期间的主要任务就是给导师翻译国外的英文文献，被称作“翻译型研究生”；还有人读研期间给导师的项目打工，美其名曰项目锻炼，可有多少导师的项目是为学生量身打造的？都是导师拿到什么项目就做什么项目，这也就是为什么中国一些硕导、博导摇身一变成为“老板”的原因。这类研究生即为“打工型研究生”。读两年研究生，研究个啥？天知道。而研究生年复一年的大量扩招，只是学校敛财的手段而已。

到毕业总得发表论文吧？也很简单，只要给什么核心刊物交上多少钱，就给你发表文章，我所知有一家刊物，仅此项年收入超过十亿元。

五、读懂大学

即便读完硕博，就可以成为名副其实的“学术研究者”吗？通过深入观察思考，我对于大学的认识越来越清晰，这个曾经的“象牙塔”、学术王国，这些年早被商业逐利的气息所浸淫。学术与商业挂钩，使得越来越多的老师脱离教学实践和真正的学术研究，忙于拼凑论文、找关系拿项目，通过这些评高级职称，变通金钱、房子、车子，骗取学术荣誉。要想真正走学术之路，与“从政”之路相差无几。

一名大学毕业生的反思：最露骨的大学生活

来源：人人网许彦宇

推荐人：@数据化管理研究

编者按：中国从来不缺乏对教育倾注无限热情的人，大师、学者、作家，不一而足，而学生作为教育最直接的产品，却往往失去了话语权。近日，一篇万言长帖《一名大学毕业生的反思》备受中国人关注。一时间对于教育质量的讨论再次达到了一个高度。帖子如此之长恐怕会花费你的一些时间，但可以保证，真正将该帖完整读完，你一定会为作者所写的最真实，最露骨的大学所揪心不已。你也可以保存，或推荐给其他朋友。

五年多以前，我进入了全国重点名牌大学：武汉大学读书。我抱着最理想的热情，以为从此走上了一条报效祖国，报效父母的人生坦途，以为我的人生即将要大展宏图！

三年以前，抱着对“我的大学”最大的疑惑和不解，我辞去了分团委副书记的职务，开始认真地大量阅读和思考我的人生，我的大学，我的未来。试图找到对周围一切我无法理解问题的解决方案。这一次的决定，也意味着我放弃了原来一直抱有的，通过“从政”来为国家民族做贡献的“远大理想”。

万言帖

是老师们全都不愿意做学问吗？也不是。他们其实也是“弱势群体”，被一群根本不懂教育的教育官员们“管理”着，迫于生存压力，为了职称，为了提级，为了饭碗等等，不得不向畸形的评定机制屈服。能够独立思考和具有独立人格的老师，可能根本就不见容于这个教育官僚体制。

许多大学领导从不关心学问，也不关心学科设计是不是科学，合不合社会要求，他们只关心“如何保住位置”，“如何捞取好处”，为此不惜“买卖文凭”，与社会上的官员们做交易。

知情老师告诉我，学校授予很多“特聘教授”头衔和“博士学位”给掌控实权的各级官员，帮助他们捞取“学术资本”，这些已成公开的秘密。大家都知道前几个月武汉大学的两个校领导被抓，其中一个还是享有“国家荣誉”的“杰出领导”，此事只不过是大学腐败的冰山一角。据说出事以后，很多有实权的“大学领导”们都惶惶不安，生怕有一天查到自己头上来。我相信这不是武汉大学一家的事情，可能其他大学更腐败。

政治腐败外加学术腐败，大学与“官场”和“商场”又有什么不同呢？真正的不同，就是这里更虚伪，贴了一张“教育”的皮，所以更害人。既然如此，我想自己没有必要再去自欺欺人混个研究生的文凭，继续去做“学者”之梦。于是，我和同寝室的两个好友放弃了保研的机会，选择直接参加工作，走“实业救国”之路，去为社会、也为自己和家庭创造一些真正有意义的价值。

就这样，大学毕业后我进入了一个网络通讯企业，从事营销工作。我梦想着能够积累从事实业的经验，踏踏实实地做点事情，既然不能从政去实现自己的理想，也不能去做学问探索真理和智慧，那就走一条“实业报国”之路吧。

六、重新选择梦想

从去年六月毕业到今年九月，我在深圳一家公司做外销，工作表现取得同事和老板的一致认可，十月份将被委以重任远赴某国，负责公司最大的一个海外市场。然而此时，我毅然放弃了这个“钱途远大”的机会，决计去一家位处山区的私立学堂从事教育工作。老板执意挽留，要我慎重考虑自己的事业前途，朋友劝我别一时心血来潮，家人说你怎么能从一个工资高的地方跳槽去一个工资低的学堂教书，变傻了？我真鬼迷心窍了吗？

1. 我缺钱么？我们的社会缺钱么？我的人生需要去做一件没人需要的事情么？

深圳是个被金钱驱动的快节奏城市，每天坐公交车上班下班，看着窗内窗外很多人脸上都写着焦虑和疲惫，这种为金钱奔波的日子，他们有快乐吗？会不会有一天，我也变成他们当中的一分子？我追求的幸福到底是什么？是无止境地追求物质财富吗？不是。我想幸福于我而言，是有一个健康的身体，有一份能保障自己物质生活又能为社会创造价值的工作，有一个幸福美满的家庭。那么，我现在所做的一切、我所谓的“实业梦”，能实现这些吗？

改革开放三十年了，我们国家诞生了很多大型企业，创造了很高的GDP，人们也积累了很多物质财富，但同时也不得不面对越来越多的社会问题：工业发展带来的环境污染，都市白领的生理和心理健康每况愈下，越来越多的高校毕业生找不到工作。都市人在物质富足的表象下精神匮乏，不得不借助酒吧、网络游戏、聚餐等活动打发时间，青少年儿童以及高校大学生自杀比率升高，流行文化越来越庸俗甚至恶俗化。一句话，钱多了，自由少了、爱少了。而这些问题，实实在在关乎我们每个人的幸福指数，关乎我们社会的整体幸福指数，能单凭金钱去解决吗？如果金钱可以解决，我当然会留在深圳赚钱，可惜的是，我要的一切，钱都买不来。

2. 中国缺乏真正的教育。

为什么一定要去做教育？我的答案是：只有教育才能从根本上改变一个国家的素质，而我们目前的中国缺乏真正的教育，为什么这么说？看看教育和社会的现状以及我们传统文化的断层现象就可以明白。

我们的小学、中学乃至大学教育都在教学生不断地考试，关注考分，然而，做了那么多的试卷，经历那么多考试，好不容易走进大学，却失去了青年人本应该有的朝气和活力，在被动的学习和无聊的游戏中打发最宝贵的年华，就算最终拿了学士、硕士、博士文凭，他们真能达到人生高度，获得真正的幸福吗？

我们最终都要走上社会，我们最终都要独立面对生活和生存，我们最终都要为人父母，并且赡养双亲。而我们怎样去强壮体魄？怎样规划人生？怎样经营婚姻？怎样教养孩子？这些在学校里有人教过我们吗？没有！我们的教育只是在学校里培养一群考试机器，走向社会后成为一个个挣钱的机器，老了再变成一个个等死的废物。

什么是真正的教育？两百年前的德国教育宣言如是说："教育的目的，不是培养人们适应传统的世界，不是着眼于实用性的知识和技能，而要去唤醒学生的力量，培养他们自我学习的主动性，抽象的归纳力和理解力，以便使他们在目前无法预料的种种未来局势中，自我做出有意义的选择。教育是以人为最高的目的，接受教育是人的最高价值的体现。"

亲爱的朋友们，中国目前的小学、中学乃至大学校园里，有这样的教育么？没有，中国太缺乏真正的教育、缺乏真正的大学了！

有人说："一个国家破亡而文化存在的民族，一定可以恢复国家（如以色列），但一个文化破亡了的民族，无一例外地彻底从历史舞台上消失（如古巴比伦）。"正是由于学校缺乏真正的教育，才导致各种社会问题层出不穷，传统文化精髓遗失，后面两者又反过来影响着学校的教育，如此恶性循环将会把我们带向哪里？我们的后代将会生存在一个怎样的社会里？

3. 为中华之崛起做教育。

有鉴于此，我对于自己"实业报国梦"产生了深深的质疑。一百多年前，梁启超先生曾写下《少年中国说》，一百多年后的今天，我们仍然面临着同样的问题，而且更加严重。只有从教育上入手，培养优秀和有良知的公民及社会领袖，我们才有希望去改变我们社会中丑恶的一面，才能传承我们的文化。我们的子孙后代才会健康、幸福地生存在这块土地上，才能自豪地说："我是一个中国人！"

为此，我走进大山，去一所私立学校当一名普通老师，学习中国博大精深的传统文化，习武修身，传播智慧。为我热爱的这个国家，为中国的孩子和未来，也为自己，去探索、去做一些真正有价值的事情！因为唯有文化方能立国，唯有真正的教育才能树人！唯有智慧方能让一个人拥有真正的幸福，让一个社会能得真正的和谐，让一个国家可以真正强大起来！

依照惯例，记者少不了要找到《万言帖》的作者，了解他（她）发帖的目的与诉求，但始终未得见面，只在邮件对话中获得几段简单的信息。

原帖作者姓吴，武汉大学2008届毕业生。自述发帖目的："一是唤醒大学里沉睡的一部分人去思考自己的人生，不能因为大学和社会对我们不负责任就放任自流，相反更要加倍为自己负责，自助者天助之；二是引起更多人对大学教育的关注和反思。"

小吴还向记者表述：自己之所以选择到私塾当教师，并不是普通意义上的去农村"支教"，"那样我再努力也只是为体制培养几个低级打工仔而已……是因为体制内教育的失败，我不可能加入任何一所官办应试学校去实现做真正教育的理想。"他还表示，自己所投身的学堂，"虽然规模不大，但有超前的教育理念，影响力已波及全国，必将成为中国未来先进教育的范例，是一个可以帮助自己实现教育强国之梦的地方。"

小吴对自己不透露工作地点和匿名发帖的原因如此解释："避免有人认为是我或学校的商业炒作，玷污了我们神圣的教育理想……"

从以上内容我们可以看到和想象的真相很简单——一个有着强烈忧患意识和远大政治抱负的大学毕业生，由于对中国大学教育现状失望，产生了"拯救教育"的冲动。在毕业之际，他（她）干了两件事：一是写了这篇题为《一名大学毕业生的思考》的网帖，二是先后放弃"当总理，政治报国"、"当学者，学术报国”、“从事实业，经济报国”的理想，最终去了一所他认定为可以实现自己“教育报国”理想的私塾任教。

自从有了网络世界，人们习惯了虚拟空间的咋咋呼呼，对诸多网络事件见怪不怪，为什么一位普普通通的大学生写的一篇题材老套、笔法陈旧的网帖，会引发那么大的关注与反响呢？

1. 以往关心大学教育、议论大学教育的人为数不少，但能在公共媒体上发声的无非是一些大师、学者、专家、教授。而大学教育的直接产品——学生的话语权则往往被忽略或被放弃。《万言帖》的作者恰恰是一位重点院校的毕业生，身份特殊、现身说法，容易抓眼球。

2. 在校大学生生活在《万言帖》的语境之中，虽然多数人以“既来之则安之”或“适者生存”的态度泰然处之，但心底里的疑问与不满依然存在，一经同类点拨，容易激发共鸣。

3.《万言帖》所指现象，虽在大学城堡里司空见惯，但对“城外”民众而言，却知之甚少或顶多管中窥豹、略见一斑，忽然陡见全貌，自然被“吓一大跳”，进而求解。

我们注意到，尽管《万言帖》流传数年，知众甚广，但其中所直接批判的大学，还有那里的教师、校领导，对此或多或少会影响学校声誉的网帖却始终一言未发、置若罔闻，是“无可争辩”，还是“无须争辩”呢？如果是“无可争辩”，我们的教育当局又该作何感想？同时我们还注意到，虽然大多数媒体与论坛将此帖称作“轰动中国的万言帖”，但参与此帖讨论的数万公众中，有较大影响的教育界专家学者或他界公知并无一人，是“见怪不怪”还是“不屑一顾”？

对此，我们只能发出一声感叹：“重整河山待后生！”

值得一提的是，在寻找“万言帖”作者的过程中，我们在某论坛发现有人透露作者在“××学堂（私塾）”任教，并标注联系电话，可当记者拨通电话时，并无人接听，只有自动装置发出颇具诱惑力的录音：“××学堂，高品质教育流程、高素质中外教师，封闭式教学环境，只需每年付费20万，6年后，学生可直通任何一所欧美重点中学，直至进入您所向往的世界级大学名校……”

后记：《万言帖》的作者不只是普通意义上的“愤青”，更像安徒生童话里那个发现“皇帝的新装”真相的小孩，以现身说法，直言暴露了中国大学——那座被时弊浸淫的“象牙塔”之裸镜。当我们顺着孩子的眼光，推开一座座“象牙塔”之门，以成年人的思想去审视其中的风景时，又会发现些什么呢？

一起高校命案的“罗生门”

“罗生门”本意仅为城廓之门，之所以被演绎成某种形式逻辑的代名词，始自佛教经典中的一则禅案：一场战役结束后，有位家产被战火毁尽的农民想去城外废墟里抢些衣物，可他生性善良、胆儿小，下不了手。那天在一处城门旁，他看见一位衣衫褴褛的老妇人正从一年轻女尸的头上拔发，便指责道：“连死人都不放过，你太没人性了吧？”老妇人答道：“她已经死去，我只是取些头发做头套卖钱度日而已，更何况此人生前也不是个善者，曾经把死蛇晒干了当鳝鱼卖。”农民恍然大悟：只要为了生存还有什么事不可以做？于是，他心安理得地抢走了老妇人所有衣物，扬长而去。

后来，此处“罗生门”发生的故事被佛典演绎成一则禅案：农民因老妇人的生存说堕落成强盗，老妇人并非罪源，她受惑于死者生前的罪过而堕落。可供想象到的是，如果死者能够复活，一定不会承认自己是罪源，同样可以为自己的欺骗行为找到合理的解释。由此，“罗生门”便成了难以释义的玄妙之门。

接下来我们要讲的故事，是发生在中国高校的一个真实案例，也曾被不少解读者喻作“中国高校‘罗生门’”。

采访时间：2015 年 3 月。
采访地点：安徽省合肥市。
受访人：李女士（陈刚妻子），陈刚的同事、同学、学生等。
采访人：本书作者。

3 月 23 日，是一个具备双重性格的日子，历史上的这一天既上演过美国独立战争的序曲（帕特里克·亨利发表演说——《不自由，毋宁死》），也发生过亚历山大一世继位俄国沙皇的大典，因而被星相学家框定为“战神的死期”。

2011年的这一天，安徽省合肥市可谓春光明媚、暖风拂面。中午1时许，合肥工业大学屯溪路校区宁静得有些慵懒，老师学生们都在午休，林荫道上除开一名提前去逸夫教学楼占座位的女生外，唯有刚刚脱壳的知了在绿荫中赛歌。

我们借用黑泽明在电影《罗生门》中所用的交叉蒙太奇，展开下面的情节吧。

在那位女生穿行林荫道的同时，逸夫教学楼12层的卫生间内，一位戴着眼镜的年轻男子刚利用如厕时间发完一封电子邮件。他合上电脑，起身整整外装，面容倦怠地走出去。

相近时间，大洋彼岸。一位学者模样的华裔年轻男人结束一天的案头工作，刚要关电脑睡觉，听见“嘀”一声提示音。他点开电子邮箱，读到一封“绝命书”，发件人是在中国内地工作的一位大学同学：

“领导们，朋友们，学生们，爱我的人们，恨我的人们：

“我是合肥工业大学团委的陈刚，现任校团委副书记。我1977年出生，94年考入合肥工业大学，98年本科毕业留校工作，2008年元月担任校团委副书记、校团委党支部书记……作为14年党龄的青年处级干部，最后想向大家说一声对不起组织的培养和朋友们的帮助，再见了……”

刚看完开头，年轻男子脸色大变，快速拨通越洋电话，同时在同学圈里发出求救帖子。

此刻，合工大的林荫道上。女生快步走近大楼，突然感觉耳侧陡起一阵风，接着一个黑影“噗”地砸在水泥地上，像是从楼上扔下一袋东西。女生下意识侧过面，一只男人的皮鞋甩落脚边，她惊恐地大声喊叫起来：“啊，有人跳楼啦——”

水泥地上平趴着一个穿着藏青外衫的男人，面部向下，双手平放，抽搐了几下便不再动弹了，鲜血从身体底下不断渗出，很快将周边水泥地染红。

女生惊魂未定，浑身颤抖地喊个不停：“有人跳楼了！有人跳楼了……”直至引爆宁静的校园，人们从四面八方向出事地点聚拢过来。

与此同时，合工大所属区域公安局的电话铃声接二连三响起，有两个是越洋报警电话，还有几个是在网上读到死者“绝命书”的热心网友所拨。值班警员正想拨电话询问合工大，那边电话早一秒钟拨过来了：“喂，公安局吗？我是合工大保卫处，学校有人跳楼了！”

警车开进事发现场

警车鸣笛，迅速驶向出事地点……

陈刚坠楼现场

“听说楼下出事了，我赶忙奔下去，只见一大群人里三层外三层围在那里，校领导和警察都在，除了外围的警戒线，我啥都看不真切，以为又是哪个学生跳楼了。直到学院院长眼眶红红地拨开人群，冲我点头：‘是陈刚，没救了……’真的吗？我简直不敢相信是他，多好的一个人啊！”死者的一位老乡兼同事X教授向记者描述：“我一边往里边挤一边想，或许都看错了，不是他、不是他！可挤进去一看，真的是陈刚，他面部朝下，双手平摊在地上，要是没有那摊血，跟睡着了的孩子没两样……”

◆第一重“罗生门”：魂断竞选？

关于陈刚的死姿，有目击者作如此形容：“纵身一跃，凛然赴死”。这一话里有话的描述，后来被多家媒体广泛应用，并加设一问：“这位学校最年轻的副处级干部，为什么‘纵身一跃，凛然赴死’？”成为此起案件的第一重“罗生门”。

“陈刚就是死于这次合工大不公正的岗位职务竞选！”陈刚的妻子斩钉截铁地说。她与丈夫一样也从事教育工作，是一名小学老师。受访时，她向记者介绍丈夫出事前的几段家庭生活场景，以证实自己的推断：

“他没有任何背景，在合工大读书到毕业留校工作17年，从本科竞选学生会部长，毕业留校当辅导员，再后来竞聘校党委组织部秘书、团委副书记，他每次都在演讲环节胜出，最终当选。

“这回竞选团委书记正职，他同样做过充分准备，晚上在客厅里将演讲内容向我演示，然后让我模仿校领导出题让他答辩……这次竞选开始也很顺利，‘一选’演讲答辩胜出；‘二选’民主测评也顺利胜出。按道理就剩下第三关校领导投票，谁知道在这关头学校突然增加了选举环节，临时通知各党委副书记、团委书记副书记、学工部团委研工部三个单位所有人员，进行无记名划票和面对面谈话推荐两个环节。

“中午，陈刚的手机响不停，一些私交不错的同事说：‘你真淡定，你的对手已经把电话打到我的手机上啦！’陈刚挂完电话后相当生气，但他相信公道自在人心，说自己绝不会去拉票，因为‘徐校长已反复讲了，严禁跑官、要官、拉票。我相信领导会用能干活的人！’他就这样认死理。

“那天晚上回家，陈刚告诉我，他在新增加的投票环节中票数比别人少，最终落选。看到他满脸失落的样子，我拿越王勾践卧薪尝胆、邓小平三上三下的事例为他排解，让他别在意一时得失，他当时似乎听进去了，但是对此次选举的过程表示气愤。他说校长在会上讲得那么好，结果还是发生了拉票现象，还说工大领导层有人故意排挤他、打压他。

“我开导他说，自己内心安全，就是最安全的。受不了学校复杂的人际关系，从合工大辞职下海的人不在少数，实在不行咱也离开工大吧？他听完点点头，还和我商量下一步另外报哪个新岗位好。

“那天早上和往常一样，我早早起床准备全家的早餐，却发现桌上已经摆好了热牛奶、馒头，还有一盘刚做好的西红柿炒鸡蛋，是陈刚偷偷早起做的。而在以往，这些都是我的活儿。我当时想，是不是昨晚他一宿没睡好，反倒想通了，要把重心往家里移，补偿长年埋头工作而对家里的亏欠？可没曾去想，这是他为我们母女做的最后早餐……”

陈刚事件在网上传播后，迅速引起全国诸多知名媒体的高度关注，纷纷来合肥采访报道发评论文章。其中影响最大的是《南方周末》四月某日于头版头条刊登的调查报告——“大学团干之死”。记者采访了死者的亲人和多位知情者，将陈刚因与合工大领导之间的人格冲突、利益冲突致死作了多细节性报道。文章如此写道：

“合肥工业大学的团委副书记陈刚死了，他以决绝的方式，从12楼上‘纵身一跃，凛然赴死’。他是在竞选团委书记落败后自杀的……摊开陈刚的履历，似乎很难找到第二个对手：在团委三年中两次年度考核优秀；安徽省社会实践先进个人；去年3月到东南大学挂职学工部副部长，在外人看来更是回来升迁的前奏。

“很多人说陈刚是因为当不上官而死，陈刚的仕途其实是顺利的，三十多岁做上副处已不易。这只是个小小的挫折，并非那么不可忍受……他在遗书中自述，是因为有人设置了种种反常的程序，用不正当手段拉票，才把他排挤走的。

“在熟人眼里，陈刚是一个凡事守原则与底线的人，他不可能放下身段与规则去拉票。在妻子眼里，丈夫陈刚并不是一个输不起的人。‘他想得到的是别人对他能力的认可和尊重，但有人玩弄了规则，等整个故事结束时，陈刚发现自己被人当作了陪衬的小丑，所以他死了’。”

大学团干之死

致命的竞选

遗书里的痛与恨

《南方周末》：“大学团干之死”

“这次竞选落败只是压死骆驼的最后一根稻草，除开这次竞选校团委书记，职称评定也是陈刚很长时间的未解心结。”一位同在合工大工作的师弟这样陈述:“师兄虽然是行政人员，但干团委的年纪大了必须走，而其他行政职务都得具备高级专业技术职称，他能不紧张?他一边忙工作，一边费尽脑汁攒论文、读硕士博士，连着三年参评副高，硬件都达标，偏偏都铩羽而归！尤其是第三年，当时跟他PK的那个女辅导员，论文、资历、成果，样样都次他一等，大家都以为他铁定上，可师兄还是败下阵来……听传对方‘走了路子’。他也去走呗，有啥难的?偏偏他有‘洁癖’！这一次更是栽在这上面。唉，一介书生，不过是‘卖了孩子买蒸笼，不蒸馒头争口气’的傻货……”

◆第二重“罗生门”：我以我血谏工大！

职务、职称，人们的种种猜测与分析，似乎都与此有关系。是这样吗?我们不妨推开第二重“罗生门”，听听死者自己的说法。陈刚跳楼之前，曾在网络上发过一封公开信，标题为:《为了理想中的合肥工大而献身——合肥工业大学陈刚遗书》。遗书很长，所牵涉到的人物有校长、书记、校长助理以及部分中层领导。四千多字一气呵成，逻辑不很清晰，语法较为紊乱，看得出笔者在跳楼前敲击键盘时的情绪高度激愤。我们将遗书中与陈刚死因有关的部分摘选如下:

“合肥工业大学今年3月启动第四轮人事制度改革，据说 ×××（作者注:校长）曾经到教育部汇报过方案。本次工大启动所谓建立现代大学制度的改革，仿照台湾高校模式进行大部制改革，事实上完全是一种人事清洗，和我 ×××（校长）关系好的就上，看不上的别人怎么说都不行。半年多来，所有人见到说我肯定可以干，我都讲‘不见得，不一定’，我明白其中玄机奥妙，处处小心，但终因 ××× 反对而泡汤，原因清晰可见。

“3月21日中午通知下午学生口党委副书记、团委书记、副书记学工部团委研工部三个单位所有人员进行划票匿名推荐。中午电话满天飞，有副书记打电话劝我也做做工作，我感谢他，但一个人都没去找，我想公道自在人心。结果还是失算了，我的主要竞争对手已经有组织地开始做工作了，有的找副书记到办公室交代，有的电话联系，忙的不亦乐乎，下午会场气氛我就感觉不对，心想自己答辩排在第一，那可是所有校领导和全校重量级人物的评价啊，三个数据指标我两个排在第一，现在看来也没用，欲加之罪何患无辞。

“现在哪个处长不送礼，哪个又会不收礼，三五千算少的，动辄到北京请人吃饭一次一万多，很正常。×××（校长）多次在大会上讲要去跑关系，学院副院长要去找谁，请他吃饭交流……哪里还有学问，全是浮云。全国高校校长要是都这样，高等教育完了。

“非常2+5的模式（此处的“2+5模式”指校内领导层的两帮，各个系的五派）是工大军阀割据现状。北区巨帮……外来巨帮……机械帮……土木帮……人文帮……电器帮……我的失败在于当年老书记在位时得罪了×校长，（他们之间的）矛盾以书记退休为结，事实上我只是个工作人员而已，我倒成了牺牲品；加上在组织部工作时不知何故得罪了北区人……外来巨帮不支持你、北区巨帮恨你入骨，其他人看你笑话，工作又怎么样，三年评职称搞不上就该清醒了，有人害你，怎能有机会，应清醒自知就好了。

“好了，职务我不要了，职称我不评了，人心我也不信了。我对我曾经的学生说，‘要不以物喜、不以己悲’，事实上也是在勉励自己要挺住，但是真的挺不住，我要为正工大风气而献身。老师食言了，你们不要学我……

“你们别想讨伐我了，我已留在了春天里，不需要那么多唾沫来淹，我已经死了。不要伤害和去怪我的家人，这是起码的人权，和他们没任何关系，给他们笔补偿养我老小是必须的，是你们杀了我，不要不承认。我自己有问题，问题不该选择走这条路。

“17年是我的轮回，17年前来到工大，17年前的17年前我来到这个世界，该去了。我11岁丧父，对我是不幸的，是该去陪陪他尽尽孝了，老母亲有哥哥姐姐，问题不大，我的女儿怎么办呢？单位总要给一笔抚恤金吧，可要把我女儿养大啊！晚上想着一起带走，好像她是无辜的，但怕她日后吃苦太多。就做个平常人吧，千万别学爸爸，个性太强会吃亏的……

“老婆你是最好的、最棒的，尽管你每次都劝解我，但是有点累了，是我对不起你了！最后一次让你失望了！我会佑你一生！随便处理我吧，野草地里我也活得快活，只要没有太多压力、势利就行了。

“很多朋友来不及说再见，只想你们别臭我就行了，我在人格上没有输，输给了小人而已。

“别了，我理想的工大。别了，万恶的人际关系。别了，×××‘校长’，我继续看着你。如果有可能的话，请在工大两个行政楼前立个碑，上书：正气凛然，陈刚留。你敢从面前走吗？我会让任何一个胡吹乱侃、投机取巧、不认真做事、完全为了做官的人胆寒心惊，成为工大一个传说，我的价值就实现了。但是后来要活的人要记住：小人是得罪不起的……去新区解决自己吧！以我的鲜血压制邪气……”

“现在工大的风气真的不好，所以想教育部有必要成立个工作组，不能任由天高皇帝远胡作非为。从继续查小金库做起，没有小金库就不会有那么多猫腻空间去拉拢领导……

敬请转交教育部党组、安徽省省委。陈刚绝笔2011年3月23日上午”。

好了，职务我不要了，职称我不评了，人心我也不信了。我对我曾经的学生说，要“不以物喜、不以己悲”，事实上也是在勉励自己要挺住，但是真的挺不住，我要为正工大风气而献身，老师向你们食言了，你们不要学我，团委后来人还要好好干，社会实践项目该征集了，挑战杯项目该遴选了，高科杯该启动了，五四表彰也要抓紧了，我想实现团委办公信息化的梦也破了，课程化的事也没办法了，很多关心我的兄弟让你们见笑了。多年来每一个找我的学生我都积极和他们互动交流、解决问题、做好工作，为了工大。但是现在工大的风气真的不好，所以想教育部有必要成立个工作组，不能任由天高皇帝远胡作非为。从继续查小金库做起，没有小金库就不会有那么多猫腻空间去拉拢领导。从党管干部的民主集中制查起，书记太妥协，恐怕也该退休了。

17年是我的轮回，17年前来到工大，17年前的17年前我来到这个世界，“要去要去”该去了。我11岁丧父，对我是不幸的，是该去陪陪他尽尽孝了，老母亲有哥哥姐姐，问题不大，我的女儿怎么办呢？单位总要给一笔抚恤金吧，可要把我女儿养大啊！晚上想着一起带走，好像他是无辜的，但怕他日后吃苦太多，就做个平常人吧，千万别学爸爸，个性太强会吃亏的；我带的第一届学生们，真对不起你们，不要对我失望，我是为了解脱并为了警示当局者，做的不到的别怪我了，特别可惜郭明亮病死的事，上学时我就

知道他是乙肝，我去看看他怎么样哈哈，王宇峰生病的事现在也放心的，应电班一个女生生大病我也听说了，其他好像都有自己的故事，非常以你们为自豪，下个月聚会时，不要骂我就好了，我在天堂祝福你们每一个人。很多朋友来不及说再见，只想你们别臭我就行了，我在人格上没有输，输给了小人而已。

别了，我理想的工大，别了，万恶的人际关系，别了，徐枞巍“校长”，我继续看着你。如果有可能的话，请在工大两个行政楼前立个碑，上书：正气凛然，陈刚留，你敢从面前走吗。我会让任何一个胡吹乱侃、投机取巧、不认真做事、完全为了做官的人胆寒心惊，成为工大一个传说，我的价值就实现了。但是后来要活的人要记住：小人是得罪不起的。

去新区解决自己吧！以我的鲜血压制邪气！最好能压死田校助，除去工大一恶而快老百姓人心！宋黎明我认为对得起你，你如何做的这样绝，太过分了！你们一条船上的钟采桑之流为了十个处级干部拉帮结派横行工大，感觉搞定徐枞巍就行了，太可笑了。有压迫就会有反抗，你们别想讨伐我了，我已留在了春天里，不需要那么多吐沫来淹，我已经死了。不要伤害和去怪我的家人，这是起码的人权，和他们没任何关系，给他们笔补偿养我老小是必须的，是你们杀了我，不要不承认。我自己有问题，问题不该选择走这条路。

最后讲一句，老婆你是最好的、最棒的，尽管你每次都劝解我，但是有点累了，是我对不起你了！最后一次让你失望了！我会佑你一生！随便处理我吧，野草地里我也活得快活，只要没有太多压力、势力就行了。

当局者们，赶紧召集会议通气吧，消灭一切教育部可能查到的证据。凡是有正义感的人行动起来，看这种情况还能持续多久。

陈刚绝笔2011年3月23日上午

敬请转交教育部党组、安徽省省委

陈刚遗书（节选）

在遗书中，陈刚对现任校长的学术造假、生活作风、任人唯亲等问题作了具体揭发，在互联网上被大量转发，成为人们对这起案件的评判依据。大部分跟帖给予死者充分的理解与同情，谴责合工大的行政腐败成为第一阶段的舆论主流。记者事后走访时，一些陈刚的同事和同学，大部分人对他的死表示理解与愤慨。

一位自称“看着陈刚成长起来的老同志”说：“一个年幼丧父而不停奋斗，且一直保持纯朴品质的人，最终还是被逼死了，到底是什么原因？合工大的水确实太深了，校长、书记、副校长、副书记、校助、纪委书记、巡视员等等，一大堆校领导，都是一群政客，有谁真正关心过工大的发展？国家的钱既没有用于培养学生，也没有用于改善一线教师的待遇，更很少用于教学改善。毫不夸张地讲，大部分被这些家伙糟蹋了！学生培养的质量越来越差，青年老师不能养家糊口……但愿陈刚的纵身一跳，可以换来合工大人的警醒！”

“这是史上最冤的殉葬，是合工大的黑幕逼死了我的同学陈刚！”一位同为大学教师的同窗情绪激动地说：“我实在不明白是什么样的能量能毁灭这样一个充满阳光的人？是什么让他对未来只剩下绝望？我不相信他会把一个职位看得比自己的生命还重要。看到他的遗书我有所感悟，《为理想中的合肥工大而献身》这个标题说明了一切——只有理想能够让他抛弃白发苍苍的老母和年幼的女儿，让他成为一个勇敢的斗士，想用自己的鲜血为学校换取一片净土！”

◆第三重“罗生门”：拉票不成含恨而亡？

《南方周末》的调查报告发出后，马上被网络和其他平面媒体大量转载与引用，陈刚跳楼后一直未曾对舆论公开答对的合工大官方似乎坐不住了，分别对外、对内做出表态性发言。陈刚跳楼两周后的4月8日，合工大官方网站公开发表校方“关于陈刚自杀的说明”，主要内容如下：

经公安部门调查，陈刚死于自杀。

陈刚死后，学校对其亲属进行过探视和抚慰。

本次选拔、竞聘校团委书记职位是按正常的组织程序进行，没有任何不当之处。

学校将密切关注有关舆情信息，对于捏造、肆意散布相关不实信息的行为，学校将保留追诉的权利。

合工大官方声明有如一场“保护名誉”反击战的动员令，次日凌晨（4月9日），在天涯论坛、凯迪社区以及某媒体官方微博上，出现了一篇题为“安徽工业大学拷问《南方周末》：媒体必须说真相”的帖子，由署名“windzyz”的ID发出。与普通网民风格不同的是，这篇长达两千多字的帖子似乎对合工大的上层人物与观点了如指掌，并直接以校方的口吻，抨击《南方周末》的报道存在多处不实，明言：“恰恰是陈刚本人有拉票行为，学校已收到举报，并掌握了相关证据。”更为吊诡的是，那个网名“windzyz”的发表者在“天涯社区”的注册时间恰好在陈刚跳楼后的第五天，而且从注册至2014年7月，3年多时间一共登录19次，发帖5篇，全都与陈刚或合工大有关。

对于这篇打着官方旗号的文章所述内容的真实性，学校宣传部长表示“不知情”，“可能有些官方因素在里面。各种声音都可以进行发表，大家都有讲话的权利……它是在什么地方发，你就可以用什么性质去考量它。至于它的背后是不是官方，我想到需要的时候它会说的。”

紧接部长的表态，网络舆论一夜翻盘，突然出现大量将陈刚的死因归罪于死者是“官迷”、“官瘾太重，当不了官就跳楼自杀”等等，并高度赞扬合工大的校长治校有方，选拔干部依法依规办事的帖子，口径与上述主帖基本一致。

与此同时，合工大校方还针对陈案召开相关会议，对内说明情况、统一口径。据一位自称“学生班长”的网民披露：“四月十三日晚上 7 点，校长 ××× 和党委书记 ×× 在综合楼 301 室主持召开全校班长和团支书会议，向同学们讲述了有关陈刚跳楼事件的内幕。”这次会议传出的信息，进一步构成有关陈刚之死的第三重“罗生门”——陈刚是拉票不成含恨而亡？

“× 书记发言说，压死陈刚老师的最后一根稻草的确是此次竞选团委书记的失败，此前申请副教授三次没有成功也是原因之一。而在这之前陈刚老师则是一帆风顺，仕途毫无阻碍，现在经历接连的挫折，他心理产生落差，导致选择跳楼自杀。网上所说的拉票问题，根本没有这回事，相反陈刚老师却拉过票，学校方面有证据。会上书记以严肃的口吻说：没有想到，陈刚的内心如此阴暗，幸好没有用陈刚作为团委书记，说明组织用人是正确的。

“× 书记还说，网络言论，特别是《南方周末》记者向陈刚夫人进行单方面采访，发表的文章，很片面、很不确切，同学们要有明辨是非的能力。

“× 校长发言表达了对陈刚老师之死的惋惜，并说死者跳楼之前将他的遗书发给一些海外的同学，并通过 QQ 群发给了他的一些好友，网上还有人篡改了遗书，为的就是使祖国发生

四、学校的基本态度

1、学校对陈刚的不幸逝世表示痛心和惋惜，对家属表示慰问。

2、本着人道主义精神，学校将继续与其家属协商，争取早日妥善处理后事，让死者安息。

3、学校将密切关注有关舆情信息，对于捏造、肆意散布相关不实信息的行为，学校将保留追诉的权利。

合肥工业大学党政办公室

2011年4月8日

（文章来源：http://bbs.anhui.cc/thread-616357-1-1.html）

合工大关于陈刚跳楼事件的情况通报（节选）

动乱，影响了国家的荣誉和尊严，同时也严重影响了合肥工业大学的形象，对招生、对人才引进、对学校发展有严重的负面影响。

“× 校长指出，陈刚老师为了答辩，春节过后每天晚上都要和自己的妻子在家排练（演讲），表明他太看重这个官位了，后来又因为竞选不上这么一个小官而跳楼自杀，很不值得，迟早有一天会出问题。最后，校长在大家面前表示他会在有生之年，尽自己的努力为工大谋发展……在雷鸣般的掌声中，这次会议历时两个小时，圆满结束。”

◆无解高校“罗生门”

故事的本体大致如此。归纳起来，以上三重形式逻辑的“罗生门”，为我们演绎出三个版本的故事：

其一,一次不公正的竞选导致陈刚以死抗争；

其二，合工大领导层的腐败一步步逼死了陈刚；

其三，陈刚过分偏执于官位，因竞选失败自暴自弃。

站在旁观者的角度，你会发现建立在同一则案例之上的三个故事都成立，而且各自占有充分的事实依据与严密的逻辑：假若此次校团委书记的竞选公正无偏差，不存在陈刚所说的拉票现象，陈刚会跳楼吗？不会；假若合工大领导平常能够秉公勤政、此次竞选过程的确无懈可击，陈刚会跳楼吗？不会；假若陈刚不把官位看得过重，会去跳楼吗？也不会。

我们且按照这种逻辑向下走。

你说此次竞选不公正，有拉票现象存在。即便是事实，那又怎样？时世如斯，合工大难为世外桃源。正如全国政协委员、《人民日报》海外版原总编辑詹国枢针对此案，于《中国经济周刊》发文表述的那样：“现实社会并不那么公正，在某些环节某些领域，甚至很不公正。诸如什么开后门走关系啦，拉帮结派搞小圈子啦，选举中打电话托人拉票啦等等行为，不但客观存在，而且相当普遍……陈刚之死，恰恰死在他打心底里接受不了这一现实，并天真地企望以自己一死，警示甚至改变现实。能改变吗？恐怕不能，即使能，作用亦微乎其微。”

你说合工大领导人事上任人唯亲、经济上搞腐败，你死之后，教育部巡视组多次巡查合工大，经过调查访问，结论均为：“学校领导班子始终坚持党的教育方针，自觉贯彻党的十八大精神，保证党的路线方针政策在学校贯彻落实……没有发现重大违纪违规问题。”尽管你遗书中揭露的合工大小金库问题后经财政部查实，可被教育部通报批评的也不止合工大一家大学呀！想要拿经济上的冰山一角砸死天下贪官，岂非蚍蜉撼树？

综上所述，结论只剩下一个：你陈刚跳楼是咎由自取。什么尸谏教育部和安徽省委，那都是一厢情愿的说法，你只不过如同网上众多帖子骂的那样——“就是一个当不了官就跳楼自杀的官迷！”

可也有人对此说“NO！”远一点的有洋人马克斯·韦伯，他在著名的演讲《以学术为业》中为陈刚打抱不平：“你能够承受年复一年看着那些平庸之辈爬到你头上去，既不怨恨也无挫折感吗？自然，我只为我的天职而活！”

近些的辩护者有同为大学教授的学者许锡良，他愤言：“解读陈刚之死，可以解剖出中国高等院校黑暗内幕与积存已久的弊病，一是大学里的行政化、官衔化越来越严重。唯有做学官，而不是做学问，才会有出路。否则，在许多时候确实生不如死；二是大学里的所谓竞争上岗，其实就是拉帮结派、清除异己的好机会。而所谓的大学改革，其实就是一次又一次的利益重组过程；三是大学里的学术职称不过是形同儿戏，而所谓的科研项目，更是行政权力的利益工具……”

诸多“丛林法则”，迷雾重重，建构出多重无法破解的高校“罗生门”。可我们偏偏在陈刚的身上，看到了一丝中国传统读书人“从仕不从俗”的信念。也正因为如此，他才毫无悬念地毁灭于“适者生存”的“丛林法则”之中。其实，死于这个黑洞里的读书人又何止陈刚一人？

2009 年 6 月，小陈刚两岁的涂序新博士刚毕业于美国西北大学，便作为浙江大学“1311 计划”引进的千名学术骨干之一，应邀回国任教。三个月后的 9 月 17 日凌晨 2 点，他从浙大综合楼顶楼纵身跳下，留下 6 页遗书，其中有言：“在此时刻，我认为当初（回国）的决定是草率的，事后的发展完全没有预计……国内学术圈的现实：残酷、无信、无情。”有浙大教师猜测，涂序新跳楼的时间恰好在学校职称评定之前，他的死可能与此有关。其后，学校公告称：涂序新博士“因病自杀”。

相近的年龄，相同的环境，不一样的活法，一样的死法。中国高校，谁能推开你机关重重的“罗生门”？

后记：陈刚跳楼四年后，2015 年 7 月 31 日，中纪委驻教育部纪检组组长王立英在合肥工业大学宣布：“因工作调动，徐 ×× 同志不再担任合肥工业大学校长。”老校长的离任是工作调动还是别的什么原因？直到发稿，我们仍不得而知。新校长上任是否能给合工大带来某种脱胎换骨式的改变，我们也只能奉上良好的祝愿。

在新旧校长交接班的当天，记者在网上读到一帖纪念陈刚老师的短文——“你们可以蔑视他的生，但绝不可以无视他的死……”

“象牙塔”里的贪官与“剽客”

“大学”，是中国最古老的词汇与社会文化形态之一，最早与“教育”同义，起源于国家雏形初成，因而董仲舒有言：“五帝名大学曰成均。”尽管后经历朝历代，随着政治、经济、文化的变迁，“大学”称谓的外延有窄有宽，但它的内涵却始终如一，集大成于《礼记·大学》篇中：“大学之道，在明明德，在亲民，在止于至善。”意为：大学教人的道理，在于彰显人人本有，自身所具的光明德性，再推己及人，使人人都能去除污染而自新，且精益求精，做到最完善的地步，并且保持不变。

数千年来，大学俨然一方净土圣地。师者“传道、授业、解惑”（韩愈《师说》）；学者“博学、审问、慎思、明辨、笃行”（《礼记·中庸》）。即便身处最不济的政治黑暗期，人们仍对大学寄予厚望，视之为“最后伊甸园”。时至今日，国之大学又是如何一番生态？大致可以如此概括：外观“高大全”（校长级别高，教授名头大，专业设置全），内视“毁三观”（人生观、世界观、价值观）。随着大学行政化管理的日渐强化，校园生态环境迅速趋向社会化，贪官批量产生，学术腐败屡禁不止，已成为中国大学普遍存在的“新常态”。

是谁在偷食中国大学——这处“最后伊甸园”里的禁果？

◆中国高校十大贪官

据不完全统计，中共十八大之前，高校被判刑的落马官员近百人，其中仅浙江省检察机关共查处高等院校职务犯罪案件76人，大部分是学校中层以上领导。党的十八大以来，仅中央纪委监察部网站“纪律审查”栏目公布的高校腐败案件，就已达50多起。

落马“校官”所负主要罪名清一色为利用手中职权“贪污受贿”，我们仅从已经定罪的落马“校官”中筛选了十大贪官之案例佐证：

1. 2008年，湖南省考试院原处长谭博文，从2003年至2007年，采取点招将69名未上线考生弄进大学，受贿279万元，被判刑16年。

2. 2009年，桂林电子科技大学原副校长、工会主席赵永华等两名厅级干部和6名处级干部，共24起涉嫌腐败的系列案件被查。认定赵永华受贿114万元，以受贿罪和滥用职权罪两罪并罚，判无期徒刑。

3. 2009年，浙江理工大学原党委浙江理工大学4名高级“校官”集体贪污被判。其中，原校党委书记白同平（正厅级）受贿848万元，获刑11年。原副校长（副厅级）夏金荣伙同亲戚贪污受贿近800万元，被判处死刑，缓期两年执行。该校设计研究所原所长沈丁、原基建处处长陈松判无期徒刑。此案受贿人数之多，级别之高，堪称新中国成立以来高教领域第一贪腐串案。

4. 2010年10月，吉林省原总督学于兴昌因利用担任省教育厅副厅长、省政府教育督导团总督学的职务之便，在学生择校、考试录取、调剂专业等方面为他人谋取利益，受贿财物801.8万元，另有1000余万元家庭财产不能说明合法来源，被判无期徒刑。

5. 2011年，原武汉大学常务副校长（正厅级）陈昭方，因受贿120万元获刑12年。

6. 2012年，长春大学原副校长门树廷利用自己负责学校后勤和基建的职务之便，索取和收受他人贿赂939万余元，被判无期徒刑。

7. 2012年，湖南工业大学校长、博导张晓琪因嗜赌成性，借基建招标受贿253万元用作赌资，案发后被判处无期徒刑。

8. 2013 年 7 月，浙江大学环境与资源学院常务副院长陈英旭，被控授意其博士生陆续以开具虚假发票、编造虚假合同等手段，将 1023 万元专项科研经费套取或者变现，并非法占为己有而获刑 10 年。

9. 2013 年，南昌航空大学原党委书记王国炎因贪污受贿 600 余万元，被判处有期徒刑 15 年。

10. 2013 年，长期分管学校资产、基建、后勤保障等工作的南昌航空大学原副校长刘志和，因收受贿赂 262.6 万元，获刑 15 年。

周文斌一审被判无期徒刑

从上述案例中我们不难看出：高校再也不是“清贫地”，“校官”们再也不是“清水衙官”，昔日的“象牙之塔”、“最后伊甸园”，今天已然成为反腐风暴中的重灾区。从“校官”贪腐案的个例中我们可以看到：贪官人数越来越多，职位越来越高，贪污受贿金额越来越大，甚至超过社会上其他领域的同级别官员。

◆中国高校十大“剽客”

曾几何时，鲁迅笔下的孔乙己先生一句“窃书不算偷”，让人们哄笑、心酸了近一个世纪。若借用鲁迅先生这一经典人物，将“书”引申作“知识”，再来看看如今市井，当“乙己先生”登堂“象牙塔”，成为大学教授、博士后、硕士生导师，有了钱、有了名，却不忘重操旧业时，世人该笑还是该心酸呢？恐怕都不会有。但有一样与鲁迅时代是相似的，那就是“窃书（仍）不算偷”，仍不会被绳之以法。所以，一些名头大的、名头小的教授、学者，直至位高权重的学界权威，不少人都纷纷当起了“剽客”。我们列举了十位有影响的“剽客”与案例，立此存照：

1. 杨敬安，合肥工业大学人工智能研究所教授、博士生导师，4 项国家自然科学基金项目负责人，国家自然科学基金委员会第八届学科评审组成员，在人工智能研究界广为人知。2000 年，一位以色列博士向一学术网站投诉，反映杨敬安在一篇公开发表的论文里，几乎逐字逐句地抄袭自己的论文。后经合肥工业大学调查证实，杨敬安有 6 篇论文严重抄袭国外学者的研究成果，开除其党籍。国家自然科学基金委员会认为：杨的行为严重违背科学道德，对国家自然科学基金造成了恶劣影响，决定取消其学科评审组成员资格，撤销其正在执行的国家自然科学基金项目，限期追回拨付的项目资助款。

2. 李连生，原西安交通大学教授、教育部“长江学者”、国家科技进步奖获得者。自 2007 年 12 月开始，本校 6 位老教授实名举报李连生在申报教育部科技进步一等奖项目中存在造假、侵占他人学术成果进行拼凑和包装等严重学术不端问题，校方出于科技排名等因素，多方调解、极力掩盖，被举报者更是以“侵犯名誉权”将举报者告上法庭。后因举报者坚持不懈，加上国家主流媒体不断曝光，直至 2011 年，校方才认定李连生存在严重学术不端行为，决定取消其教授职务，解除教师聘用合同。随之，教育部作出撤销李连生“长江学者”称号、追回奖金的决定，科技部发文撤销李连生所获国家科技进步奖。

西安交大 6 教授检举学术造假反成被告

3. 黄庆，原西南交通大学副校长、教授、博士生导师，四川省首批学术和技术带头人之一，国家人事部专家顾问委员，四川省有突出贡献专家。2007

年，黄庆遭人举报，指其此前公开发表的两篇获奖论文涉嫌抄袭，其中有一篇竟是一学生抄袭的论文，经他默许后联合署名。经过一年多的调查审定，西南交大校方认定黄庆抄袭事实成立，决定取消其管理学博士学位和研究生导师资格。

4. 陈进，原上海交通大学微电子学院院长、教授。2003 年 2 月，因发明被国内权威专家验证为“接近国际先进技术，超过国外同类产品”的“汉芯一号”（芯片），被授予上海科技创业领军人物称号，同时兼任上海硅知识产权交易中心 CEO、上海交大汉芯科技有限公司总裁、上海交大创奇科技有限公司总经理等职，并先后骗取数十个科研项目上亿元的科研基金。后经人揭发并经组织调查证实，所谓“汉芯一号”，只不过是陈进从美国公司买回一只芯片后，磨掉标志，加上“汉芯”标志的盗来品，这一令人瞠目的丑闻震动国际科技界。当事人因此被解除一切职务，追缴科研经费。

5. 刘辉，清华大学教授、医学院原院长助理。2005 年，科技打假达人方舟子举报刘辉学术造假，刻意将另一位姓名相近的外国学者“LiuH”的论文归为名下，同时对刘“1999–2004 美国纽约大学医学院外科研究中心主任”的履历提出质疑。后经清华大学查证：刘 × 由于在申请清华大学职位、职务时提供的个人履历、学术成果等材料存在严重不实，涉嫌学术造假，撤销其职务并解聘。

6. 王正敏，中国科学院院士，复旦大学附属眼耳鼻喉科医院教授、主任医师，卫生部听觉医学重点实验室主任。2013 年，王遭其学生、助手举报论文涉嫌抄袭、造假，其团队研发并获国家发明专利的“多道程控人工耳蜗”芯片，涉嫌模仿国外同类产品。经复旦大学学术规范委员会认定：王正敏在申报科学院院士过程中，申报论文材料有“不实事求是行为”。此后，当年王申报院士时的 4 名推荐人联名上书向中国科学院，要求撤除王正敏院士资格。

7. 王铭铭，北京大学博士生导师。因被人举报其重要著作《想象的异邦》涉嫌抄袭自己翻译的国外书籍，经北大调查认定后，被停止招收博士生的资格，并撤销其北大民俗学研究中心主任、北大社会学系学术委员会委员、北大人类学教研室主任等全部学术职务。仅仅四天的时间，王铭铭由一名当红的学术带头人、专业领域内知名的年轻学者变成了一个学术不端的蒙羞人。

中科院院士遭助手举报学术造假

8. 胡黎明，29 岁被低职高聘为华东理工大学教授，次年获得硕士、博士生导师资格。后又晋升为华东理工大学技术物理研究所所长、国家超细粉末工程研究中心负责人、国家教委超细材料反应工程开放实验室主任，先后获得国家杰出青年基金奖、跨世纪优秀人才基金奖，7 次获得国家教委科技进步二、三等奖。后经清华大学一教授检举，经校方组织调查认定：胡黎明大范围、系统抄袭学位论文，并多次在获奖人才基金申报等材料中弄虚作假，利用计算机虚拟制作所谓“专著”封面，学术道德败坏，性质极其严重，决定撤消其博士学位、取消其博士生、硕士生导师资格。

9. 杨杰，美籍华人学者，原同济大学生命科学与技术学院院长、教授。被举报先后在有关博士点和长江学者特聘教授候选人的申报材料中，多次剽窃国外学者的论文列入清单，并在申报国家自然科学基金重点项目的材料中，将他人承担的国家“十五”攻关项目子课题列入其承担的科研项目栏目。后经校方调查核实，决定免除杨杰院长职务，并终止其教授聘任合同。

10. 井冈山大学从分院院长到讲师，百篇论文集体造假。2009 年底，国际学术期刊《晶体学报》在其网站上公布，中国井冈山大学化学化工学院的讲师钟华、工学院讲师刘涛，两年内在该刊物发表的 70 篇文章存在造假，一次性予以撤销，并将该校列入黑名单。随后，井冈山大学对两名当事人予以停职调查，立即撤销当事人有关学术成果，追缴已发放的相应奖励。令人唏嘘的是，时隔一年，撤稿丑闻再次传出，该校又有 39 篇文章被《晶体学报》撤销。此次被撤销的论文作者分量更重，其中有井冈山大学生命科学学院院长肖教授、化学化工学院副院长隋博士。

“象牙塔”内的学术腐败，引起不少学术界精英们的愤恨与指责。著名数学家、哈佛大学教授丘成桐在南开大学的一次演讲中，痛斥中国高校的学术腐败是“国家的耻辱”。单论学术界偷鸡摸狗之事，其实无论古今中外并非奇闻，鲜见的却是人们对此类现象的见怪不怪乃至宽容。对此，前武汉大学校长刘道玉曾大声呵斥：“论文抄袭应该是少数现象，但不少人都默认并同情，有调查问大学老师如何看论文剽窃，统计数据显示百分之六十五的老师持同情态度。这还有是非观吗？同情抄袭者，那是不是也要同情贪污犯？”

◆学术“酱缸”里的高校生态

1. 学位与权钱交易盛行

改革开放以来，由于人事制度向高学历倾斜，要想官儿越当越大，高学历成为必要条件。在此情形下，各级各类行政官员便“八仙过海”，利用手中握有的各种权力，去交换文凭与学位。尤其是近十年，上至中科院研究生院和清华、北大等名牌大学，下至各省重点大学，大部分都增设了专供不同级别的官员们用公款攻读学位、拿文凭的对应机构，形成一条完整的权、钱、学位交易的腐败链条。有受访教授向记者透露，上述“攻读”硕博学位的学员很多人从来或基本上没进过教室，连平常考试和毕业论文都由秘书代笔或上网购买。记者查阅了“十八大”前后在反腐败风暴中落马官员的公开档案，其中大部分人的“硕士”、“博士”学历，皆由此渠道获得。

除开各级官员之外，在“混文凭一族”中，当然少不了中国富人阶级的身影。时至今日，你只要留意那些知名企业家，很少有人拿不出名牌大学本科以上的文凭。怎么来的？对于那些日理万机的企业家而言，自然不可能有多少时间真的进教室听课，往往只要交上一大笔“学费”，年限一到文凭便可括入囊中。据记者调查，国内顶级大学文凭，价值六七十万元，一般大学三四十万元，倘若是国内顶级加世界名校联合发证，得花上百万左右。

那么，在道貌岸然的中国高校，权、钱、学位的交易又是怎样堂而皇之完成的呢？清华大学教授蔡继明曾公开揭露官员“混博士”的“锦囊妙计”：“入学考试瞒天过海，或名义上报考统招生，实际上参加校外班单独考试。或者考试舞弊，甚至根本不经过考试就取得了入学资格；上课或三天打鱼两天晒网，或由秘书代听；考试由秘书代考或者根本不考，反正总有办法得到高分；论文可以找人写，答辩委员会的成员可以提前‘做工作’。”

对此，全国政协委员、复旦大学教授葛剑雄也说：“官员掌握着高校的各种资源，因此，官员主动变身校友，高校当然求之不得，愿意提供各种贴心服务。”

呜呼，年年岁岁，千百万平民子弟为过“独木桥”，考大学挤破脑袋，若知大学幕后有如此一番景象，该如何捶胸顿足啊？

2. 学术官僚化，“官大学问大”

与社会官员“学而‘优’则仕”不同的是，高校行政人员除开高学历外，还需要谋取“高职称”，以换取“高职位”。而要谋取“高职称”，少不了要有主导的科研项目和“获奖论文”。怎么办？自己缺少真才实学，即便有人不乏真实学历，但时间和精力也无法支撑他们扎扎实实地去从事科研、教学、写论文。于是，剥削、掠取他人学术成果，为自己搭建升职升官天梯，便成为部分高校行政领导的不二选择。有的人利用手里的权力，不管对方乐意不乐意，不但明目张胆地分享别人的劳动成果，而且“项目挂大名，论文摆头名，获奖第一名”。有脸皮薄、不愿吃“窝边草”的“兔子”，或自个儿东拼西凑写篇论文，或由家属上网买一篇，再拿去自家或外校领导控制的核心刊物发表。至于之后的评奖更是走走过场的事，别说许多领导本身就兼任核心评委，就算不在其中，各位教授评委们谁又“忍心”让参评校长坐冷板凳呢？

中国人民大学顾海兵、余翔两位学者曾以《中国教育报》公布的“某届中国优秀社会科学研究”的获奖名单为标本进行分析，发现在424个奖项中，担任副院长至校长七个等级行政职务的获奖者共有177人，占获奖总人数的41.5%。而在另外250人中，并不排除有担任研究中心主任、研究所长及其他社会、学术兼职者。由此，“官大学问大”成为学界笑谈，其间丑闻更不绝于世，从上节“中国高校十大‘剽客’”所列举的事例中可略见一斑。

3. 科研经费变“腐资”

这些年，抱怨国家对教育、科研方面的资金投入太少，似乎成了业界的共识。可根据官方数据，随着国家科技兴国的战略设计，中央财政对科技方面的投入越来越大，基本上保持年均 20% 的增长，截至 2007 年，我国 34 所重点大学年平均科研经费达到 12 个亿，相当于美国 AAU（美国大学联合会）所属高校的校均水平，澳大利亚八校联盟的校均水平。另据财政部公告，近 7 年，国家在这方面的投入已积累到几万个亿。

国家投入这么大，业界人士为何视而不见？其中有蹊跷。我们留意到一项公开报道："中国科协进行的一项调查显示，在一些高校和研究机构，科研资金用于项目本身仅占 40% 左右，大量科研经费流失在项目之外。"我们很好奇，还有 60% 的科研资金到底用到哪里去了？还有，那些资源稀缺且油腥厚重的课题、项目又由谁掌控？

我国科研课题、项目审定与发放大致分两块，分别由国家相关部委和地方对应职能部门定项目与拨款。一些知情人向记者透露，从定课题、拿项目到拨款，每一个环节都充满了"腐败机遇"。

一是近水楼台先得月。

此种情况分两类人：一是课题、项目发放部门的当事者，直接从自己管辖范围内拿项目或采用克扣等手段贪污科研经费；二是拿到科研项目后，将其中一些子项目派发给自己掌控的私家公司间接牟利。例如：

2013 年，《中国青年报》发文披露：有一家不足十人的机构，每年掌控着 400 多个国家级、部级教育课题，课题经费总额超 2000 万。这个机构的负责人不但自己拿到全国教育规划的重点课题，就连他的妻子也在丈夫管辖的机构里分得一杯羹，拿到一个与她的研究领域风马牛不相及的国家课题——真有点"肥水不流外人田"的味道。

2003 年，国家自然科学基金委员会财务局经费管理处会计卞中贪污、挪用公款案，曾引起业界地震。就这么一个管理科研经费的部门会计，8 年间贪污、挪用高校科研项目公款多达 2.2 亿元，获刑死缓，成为当年北京市检察机关查办金额最大的一起贪案。

2014 年 5 月，中国动物转基因克隆研究领域的领军人物、中国最年轻的工程院院士、中国农业大学教授李宁被依法批捕。经初步查明，李宁利用职务便利，以虚假发票和事项套取科研经费转入本人控制公司的方式，先后涉嫌贪污公款 2000 余万元。

至于“小包头”进贡“大包头”的现象则更普遍，仅举一例：2009年，北京市海淀区检察院起诉某科研机构古千秋课题组私分国有资产案。课题组负责人古千秋手握10余项国家课题，仅从一个子项目中就收受回扣80余万元。

二是雁过拔毛。

申请到科研经费就可以有项目提成，已是业界半公开的潜规则。纵向课题（即政府课题、项目，包括自然科学基金、社科基金、部委课题等）管得紧些，一般可按10%左右提成。而横向课题（与企业合作的项目）的提成可以高达40%。按此种“规矩”计算，谁申请到1000万元的科研项目，就可以先拿到100万—400万元的“私房钱”，可谓是项目未启身先富，难怪记者调查时，不少知情者将科研经费称作“唐僧肉”。

雁过拔毛者当然不局限于项目申请人。某高校从事项目研究的主管教授受访时感叹：“外人不知情，总以为一个项目最少几十万，多的几百几千万，都由课题组独享，其实我们有苦说不出，从拿项目开始，一座庙一座庙烧香、一个菩萨一个菩萨供奉。随便得罪哪座庙哪个菩萨，都有可能让你的课题搞不下去，或者搞完了钱拿不全、报不了账！”

那位教授所说倒非虚言，有人把拿课题、项目到资金使用全过程，生动地概括为“三拜九扣”。“三拜”说的是申请科研课题、项目和专项资金，要“一拜庙堂、二拜山头、三拜高堂”，分别指的是中央部委、地方政府职能部门和高校领导。

公开资料显示：2013—2014年，广东省多名科技系统官员落马，包括省科技厅原厅长李兴华和下属各级官员28人，涉案金额5000余万元。检察部门透露：这些官员落马，多半与科研经费的发放和产学研项目有关。在涉案行贿人员中，就有中山大学等名校多名申报科研课题、项目的教授；

该省一家“企业管理咨询公司”的“科研项目经纪人”告诉记者，他的工作是专门负责帮助单位和个人申请科研项目。在他经手申报的项目里，基本上都向有关主管单位的领导“打点”过：“有些项目经费，从评审开始就得至少得拿出10%作为“项目申请费用”去“打通关节”。按照不成文的潜规则，一般一个评委的回扣约为项目申请费用的2%至5%。”他还告诉我们：“一般在申请项目经费时，都会多报一些金额，等经费批下来了，多余的部分给主管部门的相关领导送去，然后再找各种发票平账就行。”

不过钱不会白送。知情人告诉记者：“拿人手软吃人嘴软，最后项目成了，你送出去的钱回得来，找个理由加拨经费，没花完的钱也不收回，找些发票把账做平了就行；万一项目失败了也不要紧，上头有人顶着，‘谁能保证每一次科研都能成功呢？’万一失败或出了别的问题，会有人替你出头，不至于让你变成孤立无援的‘落水狗’！”

某高校一名项目助理受访时告诉记者，他和导师前几年以学校的名义与一家企业联手开发一个“创新项目”，花了将近一个亿完成了课题后，企业方出国办事，无意中发现这个所谓的“新课题”，是美国人 30 年前就申请了专利的项目。“他们把课题组告上法庭，结果校领导替我们挡在前面，动用主管工业的政府领导出面调解，请最好的律师出庭应诉，很快就把事情给摆平了。”

我问他：“校领导凭什么如此上心？”他回答：“第一，学校本身就收了 15% 的课题管理费，如果课题出问题了，学校也有责任；第二，从头到尾，哪个领导没从这个项目中报销几十上百万？”

三是八仙过海。

以上事例说的是“三拜”，多半是发生在科研项目开工之前的“活儿”。“九扣”则是指项目到手后，“老板”们（课题主导者）将所获课题经费用于项目之外的九项常见开支。如：嫖资、赌资、奢资、旅资、房资、股资、车资、宴资，外加直接将经费扣进存折。例如：

2011 年，原北京航空航天大学数学学院党办主任孟江涛，因挪用 260 万科研经费炒期货黄金，获刑 10 年。

2012 年，北京邮电大学原教授，软件学院原执行院长宋茂强，因在承担“核高基”重大科技专项课题时，虚列五位亲友名单，签订虚假劳务合同，非法骗取中央财政资金 68 万元科研经费，被判刑 10 年 6 个月。

2013 年，山东大学实验动物中心原主任、新药评价中心原副主任刘兆平，因采取虚开发票等方式骗取国家科研项目经费近 900 万元，获刑 13 年。

2013 年，山东大学新药评价中心行政管理部原主管张春光，因参与骗取科研经费 169 万元，获刑 6 年。

2014 年，北京师范大学原教授、地理学与遥感科学学院原副院长张立新，因采取支付临时工劳务费和虚增合同价款的方法骗取科研经费70.5万元，构成贪污罪，获刑11年。

2014年，北京中医药大学原教授李澎涛、王新月夫妇被称为“学术伉俪”，但在负责项目期间虚假采购耗材，共同犯罪贪污了264万元科研经费，成为了“贪腐搭档”。

如果说上述扣占项目专款的手段还算“正常”，那么近年来爆出的一些奇闻往往让人啼笑皆非。2013年，原中科院院士有效候选人、中国科学院地球深部重点实验室主任段振豪，因贪占科研经费包养多位情人并送房送车、生下私生女，遭其妻举报。为开脱罪责，段振豪托词是义务为女方“捐精”，被网民们授予“捐精院士”的“光荣称号”。段振豪贪污公款养情妇的丑闻经法院调查证实后，被判有期徒刑13年。

用科研经费开房包二奶的绝不止于段振豪。“厦大博导诱奸门”中的主角——厦大人文学院历史系特聘教授、博士生导师吴春明，事发后供认自己多次与女学生开房玩乐的钱都是在国家课题费中开支。

如此种种，丑闻不绝，向来被中国老百姓称作谦谦君子的大教授们，因师道不尊而自我“毁容”，被网友们调笑为“腐败教授”或“叫兽”。

综上所述，由于科研项目属于“稀缺资源”，在失去公德约束与缺乏相应监管的社会大环境下，很容易成为利益输送的隐形通道。一些名牌大学可以用学位、荣誉称号等资源去向位高权重者交换项目，一些社会资源多、“级别”和“待遇”高的高校教师则更容易获得资金丰厚的重大课题。其中不少人拿到项目前后，直接成立公司或别的企业，然后通过让各路“恩公”入股的方式，直接或间接“瓜分”科研经费，这在不少地方已成为尽人皆知的“潜规则”。

后记：“校官”腐败导致师德败坏，教育失德导致学风失良。是谁摧毁了国人心中“最后的伊甸园”？谁该为被污染的“象牙塔”埋单？

第四章　后高考时代的状元们

象牙塔内，除去少年天才之外，最吸引大众眼球的莫过于虽然人数不多，却时刻被社会关注的一个特殊群体——“高考状元”。自古以来，这一备受国人推崇的“科举精英”团队，文治天下、振兴朝纲，莫不为历代朝廷之栋梁。如今，同样出自应试教育“酱缸”里的高考状元们的命运又会怎样？

一条灰色新闻的轰动效应

2015 年 4 月 25 日晚，一则突发新闻忽然在微信朋友圈里疯转，天亮后迅速登上各大网络媒体、新闻类微信订阅号的醒目位置。首发“独家内幕”的是《留学》杂志微信订阅号，半天时间阅读人数超过

红色通缉令 首人落网

女博士后美国流浪被遣返回国

下车站台吸烟 上车东西丢了

第07版：北京　上一版3 4下一版

北京晚报

京报集团所属报刊　京报网首页 | 版面导航 | 标题导航

2015年04月26日 星期日　上一期 下一期

3 上一篇 下一篇 4　放大 缩小 默认 朗读

除了学习不会别的 就业后连连碰壁

女博士后美国流浪被遣返回国

本报讯（记者王蔷 通讯员胡振华）一位读下双博士后的中年女子因签证过期被两个美国警察押解遣返回国。昨天记者从北京边检总站获悉，当事人已被父母接回家。

4月23日下午，北京边检总站接收了一名从美国被遣返的中国籍女子兰某（化名）。让38岁的兰某一身黑色羽绒服从头裹到脚，头发稀疏变白，蜡黄的脸上满是皱纹。民警带着兰某回到遣返所，发现她没带行李，随身只有一盒药。

兰某用中英文断断续续地告诉民警，她来自西北，自幼好学，父母从不让她干家务活，只一心学习。而她考进了全国排名前三的名牌大学，直至读完博士后。她又被推荐到美国的大学，又读了一个博士后。

《北京晚报》：女博士后美国流浪被遣返回国

10万。下午，此则新闻又蔓延至纸媒，最先见报的是《北京晚报》——《女博士后美国流浪被遣返回国》。

留学话题本来相对小众，怎能获得如此广泛关注？我们不妨摘要浏览一下此则新闻的核心事件。

4月23日下午3点，北京边检遣返审查所民警老单和同事照例去登机口接收遣返，被遣返人是一名中国籍的30多岁女子。

在见到这位“姑娘”的时候，老单震惊了：一身包裹到脚踝的黑色羽绒服，每一粒扣子都紧紧地扣好，头发稀稀拉拉只剩下稀疏的几缕，其间还有很多白发，脸蜡黄蜡黄，布满了皱纹，完全是一个老太太模样！

美国警察交接完人之后，将一盒药片还有一张服药说明递给了老单，指了指脑袋，又指了指小兰(化名)。

老单他们带着小兰回到遣返所，发现小兰没有任何随身行李，甚至连一部手机都没有。没耽误时间，老单接着就开始按流程对小兰进行询问。“你是哪儿的人啊？”老单问，而小兰的回答与系统记录吻合，西北某省的一个省会城市。

“你在美国做什么工作？为什么被遣返？”老单接着问，而小兰的回答马上就把老单震了，“我是北京××大学和美国BF大学的双博士后，我没钱没地儿住就被警察遣返回来了。”

小兰很配合民警的询问，没有东拉西扯也没有躲躲藏藏，但是她从来到询问室就一动不动，水也不喝，东西也不吃，最关键的是，目光发直，语气带着一种近乎执拗的肯定。

这些不一样的举动，让老单和同事们很快就联想到了美国警察转交的那盒已经吃了两片的药。老单问：这盒药是治什么的？小兰轻描淡写地说：我妈有高血压，这是给我妈吃的。老单追问：你妈妈在哪儿？药为什么在警察那儿。小兰没回答，只说了句：我反正没吃。

老单他们根据药的名称去查了下，搜索结果显示是：治疗精神分裂。因为这盒药的原因，民警对小兰的询问更为谨慎，一方面需要核实小兰的述说是否属实，另一方面他们要稳住小兰的情绪，以免她回想起某些事件再次受到刺激。

小兰接下来的语速很快，期间夹杂着中文和英文，言语间一直在显示对自己学历的自信，但她自己也说："除了学习，我什么都不会"。

老单赶紧把民警小菲叫了过来，说：你是北大的，你们名校学生之间惺惺相惜，你用英语和她聊聊，探探虚实。小菲撇了撇嘴，但还是去了，她对小兰之前的陈述表示高度怀疑。

从初中到大学，她一路全被保送，后又被推荐去美国读博士后

为了方便阅读，干脆把小兰的零零散散的话整理成一个故事：

小兰的家在祖国西北的一个省会城市，是家里的独生女，家庭环境一般，她出生那年正好赶上国家恢复高考。

小兰自幼聪明好学，父母也以小兰优异的学习成绩为傲，竭尽全力给她创造一个良好的学习环境，从不让她干任何家务活，小兰的任务也只有一个，学习。

她没有让父母失望，从初中起就被一路保送，到北京念上了一所全国最好的学校，本科、研究生、博士、博士后。在国内已经读到头的小兰，又被推荐到了美国 BF 大学，申请到了一个类似于我国希望工程的奖学金，这样继续读着，一不小心又博士后了。

小兰的专业是地质科学，跟着导师在美国黄石国家公园摸爬滚打搞研究，成绩突出，又被推荐到了企业。在企业里，她不擅与人打交道的劣势被彻底放大了。

第一个企业，因为看不惯企业里有作假的行为，快人快语的她得罪人被辞退了。第二个企业，在同事聚会时，主管有意考察几个外籍新人的社交能力，在餐会中给了他们每人一大份肉，让他们吃完。其他几个新人要么与主管沟通，要么请到人一起分享，唯独小兰干脆地把盘子一推，"我吃不下！"很快，小兰就被礼貌地请出了公司。

她当时正在申请居留类签证，一直在排期，可她旧的签证已经过期，又没有就职的单位可以继续为她申请签证延期，随时面临着被遣返，而没了经济来源的她也没钱再继续租住公寓了。

困境之下，小兰不得不开始流浪，图书馆、走廊、公园甚至厕所和桥洞都可以成为她栖身的场所，运气好的话，也能混到住一晚上《当幸福来敲门》里威尔·斯密斯和儿子住的那种慈善机构提供的屋子，但前提是能排得上队。

不知道小兰在那段时间都经历了哪些不为人知的磨难和痛苦，才能把仅仅38岁的她折磨成一个老太模样，我们没敢问，小兰也没有说。但后来有一天，无家可归的小兰终于被警察发现了。

蹲了几个月的监狱，然后被送上回国的班机，随身只带着一份治疗精神分裂的药物。听完小兰"一会儿思路清晰，一会儿迷惘"断断续续的故事，小菲哭了。因为她家里也有一个正呀呀学语的闺女，然后负责笔录的大哥也抹了抹眼睛，轻轻地说了一句：这是谁家姑娘啊……然后转身出了询问室，给自己家里的闺女去了个电话。

但小兰还是一动不动地坐在那里，不怒不悲，眼睛直直地看着民警或者地板。

完成询问工作，核实了小兰的身份，整理好了各种材料，按程序，小兰已经可以以一名中国公民的身份正常办理入境手续，然后回家了。

但老单没有让她走，他说难道我们又放一分钱都没有的小兰在北京流浪吗？其他同事们也没说啥，他们干这种份外的事儿也不是第一次了，上回有一个80年代偷渡出去，打了30年黑工，钱却全被老乡设赌局骗去的厨师，被遣返回来的时候连家在哪个省都记不起来了，最后也是老单他们帮着各种联系，民警们凑钱买火车票把他送回老家的。

老单让小菲和另外一个同事去负责照看小兰，自己通过系统查询小兰父母的联系方式，但找到的电话死活打不通。老单没死心，又根据小兰的家庭住址找到了当地的片警老谢，请他帮忙找人。老谢没有推辞，说他知道小兰这姑娘，是他们当地最有名的学霸，一路保送北京××大学，到美国念书这些事儿当地人都知道，当时特轰动，他现在还在拿小兰当楷模教育孩子呢！

老谢直接去了小兰他们家找人，结果没人开门，问邻居，结果邻居说了一件令老谢格外震惊的事儿：小兰父母两年前就和小兰失去了联系，都以为这个闺女已经死了！

后来通过邻居，老谢找到了小兰的父母，而小兰妈听到小兰还活着，嗓子里刚冒出一个字儿就晕了过去。老谢也没耽误，帮着小兰父母买了两张最快的到北京的机票，把他们送到机场……

对此一无所知的小兰还是静静地坐在询问室里，此时已经快下午7点，下飞机已经4个小时。

小菲劝她喝水吃东西，小兰一直不为所动，小菲又劝她睡会儿觉，她嘴上说着不，但是很快就坐着睡着了。老单回来了，摇醒了小兰，告诉她：你爸爸妈妈从老家过来接你了，晚上9点到。一直面无表情的小兰终于笑了。

晚上8点50分，航班出人意料地提前了，老单和小菲带着小兰在T3C等候。先找到人的是小兰爸，父女一言不发抱头痛哭，父亲不断抚摸女儿严重脱发的头，而找了一圈的小兰妈得到消息过来后，小兰立刻扑进了母亲的怀抱，小兰爸抱着手站在一边扭头不敢看。

送走了这家人，小菲问老单：你还逼你闺女去补习班吗？老单叹了口气："这会儿谁还在乎这个啊。"

留美女博士被遣返的新闻发酵后，在中国社会引发一番不大不小的风波，根据中国教育舆情监测系统显示，从4月27日到4月30日，"学霸被遣返"的话题成为舆情热点，以51.88%的关注度排名第一。

刚开始，人们被女博士遣返北京海关时那几张与身份有天壤之别的照片展示的惨状所震撼，将当事人的不幸经历与悲惨结局归罪于国内应试教育，整个中国现行教育制度也毫无悬念地"躺枪"了，被拉出来"陪斗"。

有一位父亲如此写道："看着她的惨状，心酸不已，从此我不再苦逼在读初中的孩子考高分、读重点高中，不再天不亮就把他从被窝里拽起来背英语单词……"

一位母亲发帖："女儿啊，想玩你就玩吧，妈妈不看你的成绩单了，咱宁可输在起跑线上，也不要落到如此下场！"

有意思的是，一位在读高中生在父亲的“感叹帖”后跟帖：“从小到大，您和妈妈天天看劳改犯一样监督我做作业、背书，门门功课要考100分，否则不是罚跪就是罚站！现在看到了吧，双料博士、‘学霸’都落到如此下场，书读得再多有什么用？”

此则新闻也引起国内外许多专家学者的关注。在美国高校从事课程设计工作的方博士认为：“中国父母只抓学习，别的什么也不管，使得孩子面临生存危机，这个现象确实存在，已经引起了全社会的焦虑。最近，中国教育界还举办了一次教育峰会，题为‘为生活重塑教育’。双料博士去美国得了精神分裂被遣返的叙述，在完美的时间，引爆舆论……”

中国教育在线总编辑陈志文受访时说：“这是一个极端的故事，却代表了一批人。可以预见，未来这种人会更多。哪怕是有10个博士学位，也只是代表了你知识的多少，如果想在社会中获得认可，取得一定的成就，首先就是能在社会中立足。我们现在很喜欢这样形容这类人——情商低，智商高，这种分法过于简单了，从根本上来说，你首先得是一个正常的人，健康的人，而不是什么名校毕业的，因为这是一个社会，不是你一个人的世界。”

一番义愤填膺的“大批判”过后，参与此事讨论的网民中开始分化出质疑者。有人认为：此则新闻事件荒唐突兀，多处违背美国社会相关法律常识，与相关现实也格格不入，疑为“假新闻”。还有人认为，即便新闻事件属实，从当事者随身所带精神病用药这一点看，女博士是因为身体原因无法适应继续留美工作。再退一步说，假设所述事件全部属实，拿这件事情来说明“读书无用”，或借此攻击中国现行教育制度如何“黑暗”，纯属以偏概全，太过牵强附会。

《新京报》放枪：“一场人生悲剧写成了地摊文学……这件事如果不是从头到尾被编出来的假新闻，那么也只是一个精神病患者在异乡的悲惨经历而已。”

一位在美生活多年的华裔人士跟帖：“可以上庭、可以上诉，甚至可以黑下来。每一个基本的法律程序，一走都是好几年，她是没有基本能力去做这些了。如果一个人没有了基本生活能力，原因可能是疾病、可能是事故，只能是被同情的弱者，这时跟个人的教育背景和学历是无关的。这样轻飘飘报道出来的东西，还被这样热转，实在是在考验国人的思辨能力了。”

资深教育研究者南桥（大学教师，专栏作家，现居美国）发声："我不能说此新闻是假新闻，但它未必是成功的报道。中国父母只抓学习、别的什么都不管，使得孩子面临生存危机，这个现象确实存在，已经引起了全社会的焦虑和父母们的集体内疚。在我看来，中国教育再有问题，也不能为了说明问题不择手段。我们教育是需要改革，但也没有必要求全责备，把孩子一个个都训练成所谓情商、智商同步发展的"庸才"。世界很大，容得下一些'除了学习，我什么都不会'的书呆子……小兰的个案，或许是签证与绿卡之间没有衔接好，掉了链子，没机会找到更适合的研究工作，一下子陷入困境，出于面子不敢回国。但愿她回国后找到好的定位，发挥所长。若如此，塞翁失马，焉知祸福？"

在众多受访者中，全国人大常委、教科文卫委员会主任委员柳斌杰的观点最受记者推崇。他说："女博士被遣返不是'读书无用'而是'读书不够'，社会不应误读。我国现在的教育制度，以应试为主，培养学生的目标都是怎么能够考个好成绩，不少博士、学霸很重要的特点就是善于应对考试。因为这样一种导向，使得他们缺少社会其他方面的知识，缺少为人处世的一些基本规范。这实际上还是知识不够。"

我们推崇柳常委所言，并不是赞成他的全部发言内容，而是认为他道出了中国社会大众对教育现状的一种无奈，有如这场新闻事件所引发的舆论尴尬——刻苦念书，不一定成功，不刻苦学习，却一定不能成功。如小兰般的书呆子固然可能被社会淘汰，但若你不跟随应试教育的指挥棒走，只恐怕连被这样淘汰的资格都没有。

其实，据记者调查，在历届高考状元之中，类似女博士小兰这样的遭遇并非个案，也正因为如此，才导致这样一则明明"含水量"甚高的新闻，仍然引发社会舆论的爆炸。

2006 年，加拿大时间 7 月 21 日凌晨，曾是湖北省高考理科状元的蒋国兵，在多伦多跳桥自杀，留下妻子和两岁的幼女。翻开蒋国兵的学历档案，真可谓光鲜傲人：以高考状元的身份进入清华大学核物理专业读完学士、硕士，尔后又先后考入美国普渡大学核物理专业、多伦多大学化工专业，成为"双料博士"。据妻子卢彩蓉叙述，蒋国兵从高中开始，一直只会读书，缺少入世与人打交道的能力，所以尽管学有所长，却始终不得志。眼见博士后研究工作合同

已故蒋国兵博士

快要结束，找工作四处碰壁，因此患上精神忧郁症，老抱怨没有人能够欣赏他，最终抛下妻女踏上不归路。

2012年4月6日，斯坦福博士王庆根被发现自杀身亡，身后留下妻子和一对年龄仅为7岁、10岁的男孩。在家乡江苏海安县，王庆根早就是一位家喻户晓的名人：读高中时，他曾获得世界中学生奥林匹克竞赛金牌，回国后受到时任中共中央总书记江泽民、国务院总理李鹏的接见。为表彰王庆根的成就，当地政府专门拨款给学校建立一幢奥林匹克楼，里面存放着王庆根的奖牌和人物介绍。不止于此，在王庆根的家乡邓庄交界处，还竖了块标语牌，上面写着："国际金牌得主王庆根的家乡邓庄人民欢迎你。"

高中毕业后，王庆根被南京大学免试录取，尔后又以优异成绩考入美国斯坦福大学，读完硕士、博士学位，毕业后即进入知名的Paypal公司工作，一直做到首席工程师的职位。拿了绿卡，车子房子老婆孩子全有了，家庭年收入20多万美元，远高于美国的家庭收入中间值。在常人眼里，王庆根已经实现了"美国梦"。可刚刚步入不惑之年，王庆根却选择了以自杀的方式与世长辞，让很多认识他的中国人和美国人百思不得其解。

记者在系列采访中得知：王庆根出生于一户贫困农民家庭，自幼深谙父母生存不易，立志"以知识改变命运"。落实到行动上，便是从小学拼到中学，从中学拼到大学，从国内拼到国外，从学校拼到职场，日复一日、年复一年，从拼高分到拼职位……直至生命终结。王庆根去世后，家乡一位特级教师发表感叹与解读："当所有人在关注你飞得高不高时，有谁关注到你飞得累不累？"

2012年7月1日凌晨，清华大学医学院生命科学－医学药学实验班硕博

连读学生赵 ×× 同学，从 7 层高楼坠楼身亡，时年不满 19 岁。赵 ×× 系 2010 年高考呼伦贝尔市理科状元，高中三年曾获得全国中学生英语能力竞赛三等奖、全国中学生物理竞赛三等奖、全国高中生物联赛内蒙古赛区三等奖。自杀原因扑朔迷离，有学习压力过大，难以维持中学时代的学习优势一说。

已故王庆根博士

2013 年，清华大学汽车工程系研究生三年级学生严俊突然失踪，高晓松、姚晨和任志强等名人大 V 在微博上转发寻人启事，三天后，才被发现浮尸护城河内。严俊曾为湖北省高考状元，入学后“深感学业压力大，学习优势难以为继”。其导师分析死因时说：“严俊心气儿高，当其发现实验课题需要与其他同学合作才能完成时，可能心理上无法接受。”

“留美女博士被遣返”，一条来历不明且漏洞百出的灰色新闻，外加由此链接出的若干海内外中国博士、硕士自杀事件，以及中科大毕业四年找不到工作的刘宁（化名）为代表的“流浪状元”一族，还有“乞讨状元”、“小偷状元”……这样的混搭虽说有点乌龙，但逻辑上的紊乱并不妨碍人们对高考状元——这一现行教育制度出品的“套中人”在后高考时代的生存窘境产生深深的不安与忧虑。

我们无意以偏概全，用以上那些极端事件去诘难“知识改变命运”这一通行天下的励志口号，我们更不愿看到“读书无用论”的沉渣泛起。但毋庸置疑的是，近几十年，在应试制度的框架下，由于对这句口号的过度功利化解读与开发，已经导致中国各级各类学校本该具备的正能量教化功能偏废殆尽，厚黑成功学盛行其中。从幼儿园、小学开始，“不能输在起跑线上”，成为“改变命运”的前哨战。越往后走，竞争步步升级，直至高考堪称惨烈——千军万马挤战高考“独木桥”，无数年轻学子被挤落水中，会游泳的尚可保命，不会水者死活随缘。即便那些杀出重围冲上彼岸者，也已身心俱疲，很难进退自如地面对新生活。

“囚徒困境”与“状元屠夫”

近几年，在“自杀状元”、“流浪状元”之外，我们也看到一些高考状元对生存困境的自我突围。他们无视传统与世俗的偏见，甩掉“状元”桂冠，或为主动，或于无奈之中突破构建在当代社会主流价值观之上的信条与藩篱，用自己的方式走自己的路，寻找适合自己的生存空间。但可悲的是，时代在变、社会观念在变、受教育者在变，而我们的教育领地仿佛是一座受到国家保护的古代博物馆，仍一成不变地展示昨日的朝服，滔滔不绝地讲述过时、过气的老故事。

2015 年 6 月 28 日，早起的“博客”们有幸目睹一次“彗星撞地球”的“非天文奇观”。

8 点 13 分，微博认证的“北大四川招生组”通过其官方微博首发帖：“这两天，微信、微博上关于招生大战的讨论极多，某校输红眼之后的做法让人哭笑不得……我们承诺并倡议：1. 真诚为考生服务，不撒谎不抹黑；2. 尊重考生本人的选择，不通过学校、家长施加压力，不用弟弟绑架哥哥、女友绑架男友；3. 遵守规矩，公平对待每一位考生，也抵制漫天要价者。”由于发布时间早，加上指向性不明确，此条微博发酵较慢。

8 点 25 分，该博主继续发帖：“某校招生组给文理科前十选择北大的考生挨个电话，称北大欺骗了他们，不会满足他们的专业志愿。在此我们回应：1. 招生组的承诺，一诺千金，目前报考各个专业的人数也十分合理，没有任何不满足的可能；2. 从近 5 年的历史看，恰恰是某校多次毁约，没有兑现其承诺。请不要继续骚扰北大准新生。”这一下指向明确无误了，能与北大争抢状元的舍“他”其谁？半小时左右，此条微博被转发 53930 次。

清华北大招生组微博大战

9点11分，“窗外日迟迟”，大约被叫板的一方起床了——认证为“清华大学四川招生组”的官方微博对号入座，回帖：“兄弟（从称呼看，似乎更有涵养），给考生介绍北大情况，让学生更好地选择，你夸张一点也没问题，但非要超越政策，拿钱诱惑考生，就不怕教坏小孩子吗？”

9时36分，“北大四川招生组”回应：“兄弟，过去五年你们砸钱买走的唐某、郭某，需要我讲吗？我们也再次说明，拿分来跟北大谈钱的，门儿都没有！”

9时50分，“清华四川招生组”再回应：“兄弟，从昨天上午开始，你们就在不断地骚扰已填报清华的某文科2—5名考生，并许以重金。‘己所不欲，勿施于人’，这个道理很简单吧？”

……

这年头只要有“战客”就会有“看客”，更何况是中国高校的两大巨头开战。从第一回合开始，中国两岸三地的各色媒体便闻“腥”而来，几乎同步发出标题吓人的报道：

“开撕了：清华和北大激烈舌战！”

“北大清华抢生源微博互掐！”

“清华北大抢学生战火蔓延发微博对撕！”

“中国两最高学府无节操微博互骂！”

……

数小时后，在两校高层制止下，两招生单位的互控帖文各自删除。然而，相关网页早已被好事的网民截图，纷纷于各种自媒体里继续传播。大众媒体更不会就此偃旗息鼓、善罢甘休，继续深挖细找同步案例以飨读者。

网载："6 月 24 日下午，2015 年山东高考分数线出炉，嘉祥一中的贾晶以 731 分（含 5 分特长分）的成绩成为山东省高考理科状元，海阳中英文学校的余航以裸分 722 分的成绩成为全省第二。两小时之内，清华大学的招生负责人就赶到了贾晶家中，与其交流、同时，余航又接到了北大招生组的电话……"

报载："6 月 25 日，广东高考成绩放榜。在广州执信中学，为争抢该校全省高考理科前十学生叶彤，北京大学的两名招生老师与清华大学的招生老师相互理论……同一天，来自巴蜀中学的刘楠枫，以 704 分的裸分成绩成为 2015 年重庆高考文科状元，原本在成都游玩的刘楠枫被北大招生组派专车接回。"

随着正式录取时间临近，开场还多少有点"君子之风"的嘴皮大战，渐渐变得有辱斯文。北大招生组转发一张微信截图：该校一名招生老师多处被抓伤的手臂特写。文称："北大已将学生接上车，学生自己也愿选择北大，清华却拦在车前造成交通堵塞，并抓伤一名招生老师。"至此，"口水仗"恶化为"肉搏战"。

两校招生之战白热化过后，不愿就此冷场的众家媒体又将关注点导向"历史上的今天"——翻出两校争夺高考状元的陈年老账。

有道是"冰冻三尺，非一日之寒"，据报道：清华北大招生之战，早在 21 世纪初就已打响。参战双方虽为高智商的身手不凡者，但所用武器与手段却显得过于简单粗暴，十年战事打来打去无外乎三招——夏令营联络感情、自主招生提前锁定、招生组许愿拉拢（向状元们提供奖金与 100% 的专业选择权）。

抢"状元"抢到家了

据报道：两校招生组"手里掌握着一些省份重点高中校长以及尖子生的名单，

早在高考成绩公布前两天，两高校就派出人马驻扎当地，向社会公布联络电话，并派‘片管’招生老师分赴地级市搜集情报。”

据报道：“每年 8 月，清华、北大的招生人员忙碌着筹备暑期夏令营，把全国中学最优秀的准高三学生召集到大学体验生活，参观学校，在其心里栽种北大或清华情结。”

前期工作做到家了，接下来便上演“重赏之下”。

据报道：2006 年，清华对高考状元的新生奖励还只有 5000 元，2007 年很快涨到了 2 万元，2008 年翻了一番达到 4 万元，2009 年爆出最高奖学金可达 8 万元。如果是文科状元报考清华人文学院或其他文科院系，还会另加 4 到 6 万元。除此之外，清华还专门设立了“优秀新生暑期海外研修奖学金”，用以资助优秀新生到国外著名大学进行研修的各种费用；北大自不示弱，2008 年将奖学金直接从 2 万元提到 5 万元，2009 年高考状元报考北大实际所获的奖学金可达 10 万。

据报道：2009 年，清华大学四川招生组第一时间向该省理科状元董 × 发放了编号为 001 的清华大学预录取通知书的同时，许诺全免董 × 的学费，另外还向该生提供新生奖学金、留学基金约 8 万元的奖励。

据报道：为争夺 2009 年云南省文科状元赵 ××，清华曾开出“4 万元新生奖学金 + 任选文科专业”的优厚条件。最后，该生选择了自己最喜欢的北大光华管理学院，当然，她也获得北大提供的 7 万元状元奖学金。

清华、北大两校争夺生源的战火，很快蔓延到全国其他高校。

据报道：广东外语外贸大学开出该省招揽状元的最高价 12 万元，同时免缴四年学费；西安交通大学拿出上百万专款，鼓励各地高考尖子生报考该校。

据报道：2007 年，福建省高考理科状元陈 ×，一个月就获得各方奖励 68 万；2009 年，四川省巴中中学董 × 夺得理科状元后，当地政府重奖学校 100 万，加上清华为争夺他出的奖学金和学费全免，以及有地产商给予的数万元奖励，董 × 的状元桂冠所产生的经济效应高达 110 多万元；2013 年，上海交大密歇根学院为招进一位省级状元，专设 90 万元高额奖学金。

两校为争夺高考状元如此劳民伤财、不惜血本，战绩究竟如何？根据中国校友会网对 1977 年至 2012 年各省市自治区高考状元进行的一项统计，北大以招到696位“状元”居首，清华以520位次之。2014年，两校共录取1300多名高考状元，占状元总数的79.38%。在数量上，北京大学仍然排行榜首，清华大学屈居第二。另有媒体报道，近6年来，清华大学录取的状元数四次领先于北大。

令人费解的是，每年类似战事，两校高层似乎均不知情，在多种场合，校长们都信誓旦旦：绝不“抢购”“状元”，绝不公布高分人数。是领导们言不由衷，还是两校招生人员自作主张擅自改变校方招生宗旨？直到2016年全国“两会”期间，重返北大不久的校长林建华才吐露实情：“当时我没有太关注。后来他们（招生办）给我打了电话，清华的校长也给我打了电话，我说这个事情我们两边都要克制，北大、清华毕竟代表中国高校的形象。我当时也批评招办，说你们这样形象很不好，不能为了抢一个好学生不择手段。”

越是欲盖弥彰，越发导致媒体与民众的不满与非议。人们纷纷质疑：清华与北大，历来一直分列理科与文科之首，有如江湖上的少林派与武当派，本不同宗，可以“各领风骚数百年”，却为何非要年年闹到如此地步？其实道理很简单，无外乎有两个原因：一是“外敌入侵”，二是“囚徒困境”效应。

先说“外敌入侵”。

最先与两校叫板的是香港高校。2005年起，香港大学、香港中文大学、香港城市大学等高校纷纷以高达四五十万港元的全额奖学金招揽内地省市状元。仅2005、2006、2007三年间，就陆续“抢走”30位状元，期间每年还通过面试，淘汰10位左右不符合要求的状元。

高额奖学金曾一度有效地吸引了内地考生。2007年，上海市理科状元胡××曾拒绝清华大学的零志愿录取，转读香港大学。据当地媒体了解，“最终让她下决心的是港大提供的45万元全额奖学金”；2012年，吉林省高考文科成绩排名第三的柳×，尽管受到北大、清华招生组再三邀约，但最终没经住64万港币奖学金的诱惑，被香港大学“抢走”；2013年之后，香港大学的全额奖学金额度提高到70万港币。

有机构统计显示，截至2014年，几所港校用于争夺状元等优质生源的奖学金总额达到5000万元，以如此强大经济实力为后盾的“攻城掠地”，怎不让北大、清华等内地高校如芒在背？但对两校招生威胁最大的还不是港校，而是近年来步步进逼的欧美名校。

北京某“著名”中学一位老师告诉记者：“在我们的学生眼里，北大清华只是‘备胎’，真正优秀生瞄准的都是世界级名校。北大清华在全世界排多少名？”

此话不虚。就在两校为抢状元腹背受敌、颜面扫地的时候，真正的“大尾巴狼”已悄然潜入中国内地。某出国留学机构负责人告诉记者：仅他们一家机构，今年录取季就收到来自美国、英国、加拿大、澳大利亚、新西兰等国家的超过1万份录取通知书，奖学金发放金额高达约2亿人民币。其中，美国排名前30位的大学录取将近800人，其中哈佛7人、耶鲁87人、斯坦福5人、哥伦比亚大学74人、宾夕法尼亚大学35人、康奈尔34人。

我们在调查中了解到，近些年，在不少城市中学，“尖子生”们拒绝北大、清华伸出的橄榄枝，直接报考世界一流大学已成时尚。如：2015年，北师大附属实验中学国际部应届毕业生169人，其中161人被美国前50名大学录取，6人被欧洲大学录取；北京四中国际班毕业生共153人，其中85%去了哈佛等排名前50的美国名牌大学；北京十一学校国际部2015年共有190多人出国，70%以上进入排名前50的美国大学，其他则被欧洲知名大学录取。

那位北京高中老师还坦言：“北大清华的状元之战，从一定程度上也印证了优秀生源流失后，这两所国内顶尖大学面临着巨大的生源压力。但是，如果这种混战继续打下去，只能加剧内地优质生源大量流失。一所大学如果没有情怀，没有底线，如何能赢得学生的尊重？”

虽说此话不无道理，可站在当事双方的立场上看，就多少有点“站着说话不腰疼”的味道了。两校抢状元的博弈，与一种名为“囚徒困境”（注）的博弈论模型极为相似。它的悲剧性在于尽管双方高层校领导心里都明白这种博弈最终对谁都没好处，但苦于大家已被绑架在应试教育评价体系的战车上，学校的社会地位、名声，甚至是经费待遇，全都与录取分数线的高低、录取高分学生的多少休戚相关，谁还有闲暇去顾及国家大局？

（注：“囚徒困境”，1950年美国兰德公司提出的博弈论模型。两个共谋犯罪的人被关入监狱，不能互相沟通情况。如果两个人都不揭发对方，则由于证据不确定，每个人都坐牢一年；若一人揭发，而另一人沉默，则揭发者因

为立功而立即获释，沉默者因不合作而入狱五年；若互相揭发，则因证据确实，二者都判刑两年。由于囚徒无法信任对方，因此倾向于互相揭发，而不是同守沉默。）

一面是高校受到社会价值观与舆论的制约而不得不哄抢高考状元，另一面则是这种哄抢闹剧又反推了国人的“状元情结”高涨。每年自高考开始，甚至于高考之前，各路媒体便将触角伸向各处重点中学，如河北衡水中学、湖北黄冈中学、安徽毛坦厂中学等，紧盯那些准状元们。只等发榜日一到，一场“状元围剿战”便伴随各高校“状元争夺战”同时打响。北京一位文科状元告诉记者，张榜那天，他 24 小时之内被四家高校约谈，被电视、电话、报纸采访 10 次，收到约访手机短信 300 余条。“开始还感觉很新鲜、兴奋，后来几乎累趴下，嗓子也哑了……”

除去高校和媒体的“争夺”、“围剿”之外，精明的商家自不会放过炙手可热的“状元消费”商机。从“状元学习机”、“状元营养品”、“状元补脑汁”到“状元帽”、“状元鞋袜”，直至“状元保健裤”，都成为每年高考季的热销商品。前些年，杭州一些商场里就上架过一种名为“贴身侍卫”的“状元内裤”，包装盒上印着本年度 5 名高考状元的头像，同时还附赠一本由状元们编撰的“夺冠秘籍”。

“状元中举头戴冠，大红龙袍身上穿。上上下下庆功会，举国上下尽欢颜。”这是网络对每年“状元秀”的生动描绘。每年高考结束，各类庆功会、报告会自不必说，“状元故里”、“状元母校”等匾幅、广告语更是随处可见。登峰造极之“秀”莫过于 2013

每年高考过后，全国各地都会上演各种版本的“状元大戏”，重金嘉奖最高近百万元

年，湖北恩施州来凤县某高中为该校录取清华大学的状元塑像立于校园，引起舆论一片哗然。

针对两校争抢高考的闹剧，原武汉大学校长、著名高校改革的殉道者刘道玉发出一声长叹："北大清华再争状元就没有希望了！"可无休无止、越闹越大的"状元秀"，已将中国高校招生推上一条奇异吊诡的高速轨道，谁敢贸然紧急刹车？别说是一个下野了的大学校长，就算是国家教育部，尽管多次发文遏制炒作"高考状元"，但所有禁令与文牍都成为一纸空文。谁的抗力能如此之大？其实路人皆知——"高考政治"、"高考经济"的形成，牵扯出一条庞大的利益链。一个高分状元的诞生，不但与本人和家庭的命运攸关，也关系到母校教师、校长，甚至是当地政府主管领导的荣辱升迁，关系到方方面面"钱袋子"的大小……

热热闹闹的招生季过后，"状元盛宴"关门打烊，清华、北大的招生战火也暂时熄灭。新生入学后，人们若想去校园里寻觅那些风光过后的状元们怎样后续传奇，却往往会陷入失望，因为来自全国各地的状元们多半销声匿迹。他们是潜入厚重的名校文化氛围之中沉淀未来，还是在精英汇集的教育殿堂里被淹没了过去？尚不得而知。一直等到毕业季，其中部分高考"状元"才会由于各种遭际，被"不怀好意"的各路媒体重新"打捞"出来。

既是"落水状元"，势必风光不再，各路媒体将他们"揪"将出来，与"抢状元"的前缀嫁接起来，自是"项庄舞剑，意在沛公"。我们不妨以近些年媒体曝光率最高的几位"落水状元公"的报道为例：

陆步轩，陕西籍高考状元，1985 年以长安区文科第一名的成绩考入北京大学中文系，毕业后因找不到适合自己的工作，只好回到西安自谋出路。先后进过工厂、开过小商店，尝试过多种职业，均难以维持生计，当初仰慕"北大才子"与他结合的前妻忍受不了心里的落差，离婚而去。陆步轩经受多重打击，时常以酗酒、打麻将消烦解闷。

第二次婚姻后，在妻子的帮助下，陆步轩在西安开起了一家"眼镜肉店"。2003 年，一次偶然的机会，陆步轩和他的"眼镜肉店"引起当地媒体关注，以

陆步轩的“眼镜肉店”

《北大毕业生长安卖肉》为题报道了陆步轩的现状，国内许多媒体相继跟进，使得“陆步轩现象”渐成社会大众关注的热门话题，并引发了一场大学生就业观念、人才标准、社会分配等问题的全国大讨论。

2008 年 5 月，陆步轩在广州认识了同为北大校友、同是“卖肉佬”的陈生，并于次年应邀赴广州协助陈生开办全国首家“屠夫学校”；2011 年 12 月，继“北大才子”、卖肉佬、公务员的身份之后，陆步轩带着自己花 4 个月写的《猪肉营销学》讲义，走进广州“屠夫学校”当老师。

2005 年 7 月，毕业于北大医学部五年本科的大连“理科状元”武小锋，曾把就业目标锁定北京，但经过数次求职均遭拒绝，就连区级防疫站也没能聘用他。武小峰不得不离开北京回到大连，先是去一家省级医疗机构求职未果，只好再降低标准，以“工作只要和自己的专业沾边，月薪 1000 元以上就可以”的心态连续竞聘大连市卫生部门的各种岗位，但仍旧屡遭挫败。无奈之下，小武只好回到农村老家，跟着父亲学串冰糖葫芦卖钱度日。

一年后，武小峰的窘境经媒体曝光，先后多家企事业单位向武小峰伸出了橄榄枝，但他却出于自尊心不愿主动与之联系。有评论认为：“武小峰尽管是北大的毕业生，已经落魄到了在家穿糖葫芦的地步了，还要人家当宝贝一样追捧他，这样的人心理状态是正常的吗？这件事也暴露出一些名校在素质教育方面确实存在问题”。

曾是长沙高考“理科状元”的张晓勇，当年以高分考上清华大学生物科学与技术专业，在乡亲们激励的送行宴上，他立志不负厚望，要在生物领域做出一番成就来。进校后，他曾成立过一个课题小组，成为学生中的知名人士。大学毕业后，张晓勇来到广州，应聘于一家中外合资日化企业，“当时想着，可以从事产品研发，也算是没有辜负理想”。谁知到位后事与愿违，他被分配到公司客服部，一腔热情和抱负顷刻被浇灭。此后，他选择辞职回到长沙，在一个居民小区应聘当了保安，月薪两千。

张晓勇：“我当保安 17 年，从未参加同学会”

2013 年，25 岁的清华毕业生小韦因所学专业冷门，无法找到专业对口的工作，手持清华大学本科文凭来到广西柳州城管应聘，让招考人员惊讶不已。当小韦以面试笔试均第一的成绩被录职后，网友们议论，清华毕业的高材生报考城管，的确有点“疯狂”。小韦受访时拿着录用通知书无奈一笑：“再不疯狂就老了！”

小韦并非清华大学入职城管的第一位毕业生。早在几年前，小韦的校友，清华大学管理学硕士张明宣通过应聘成为北京西城城管大队一名城管员，被媒体笑谈为“死也要死在体制内的清华状元一族”。

“媒体们”究竟想说什么？

按照中国传统观念，若是“屠夫状元”，很合“行行出状元”之理，正能量；若是“状元（当）屠夫”，既不合“唯有读书高”的祖训，又属于“学非所用、大材小用”的资源浪费，是失败，负能量。

可是若将话反过来讲，按照现代人文价值观，职业不分贵贱，“高考状元”为什么就不可以当“屠夫”呢？

当然，运用“否定之否定”之法，还可以派生另一种说法：“你清华北大每

两位“状元屠夫”应邀回北大演讲

年奔赴全国各地为哄抢高考状元打得头破血流，难道就为了将那些高材生收入囊中，然后培养成‘屠夫’或‘城管’吗？”

若非就事论事，这些听起来酷似绕口令、思之以偏概全的辩论似乎毫无意义，偌大的清华、北大，英才万千，有多少人当了城管、做了屠夫？即便出了几个又能说明什么问题？但若就事论事，当事双方藏于背景后面的苦楚与无奈，却似乎另有一番说辞。“状元屠夫”陆步轩与原北大老校长许智宏在一次同台演讲时，便各自道出了个中原委。

2013 年 4 月 11 日，陆步轩受邀与陈生一起回北大演讲。行前受访时，陆步轩告诉记者：“多年前也曾接受过母校邀请，但自觉混得比较差，没答应，所以毕业 15 年后才回过一次学校。”

演讲开始前，原中科院副院长、北大老校长许智宏致开场白：“卖猪肉在中国历史上都不是什么好专业，可是我在演讲的时候经常拿陆步轩当例子，这是一个普通的校友，有着辛酸的经历，走出了自己的道路……”

生性耿直、不善言谈的“状元屠夫”陆步轩则开场直言：“我只是生活在社会底层的一个小人物，一个受过高等教育而又为生活所迫，在西安街头摆摊卖肉的小贩。坐在这里我很彷徨，因为我给北大抹了黑，给母校丢了脸。在此，我只能作为反面教材，给学弟学妹们未来的职业生涯提供借鉴。”说完这句话就几乎哽咽。

老校长轻松的表白与陆步轩略带沉重的表述形成明显反差，引起在场记者的诘问，问题很犀利——

"高考状元北大毕业卖猪肉，这是北大堕落的表现吗？"

"北大在人才培养方面出了什么问题？"

老校长微笑着回答："北大学生可以做国家主席，可以做科学家，当然也可以卖猪肉。"

"卖猪肉用得上北大文凭吗？"面对记者没完没了的追问。老校长恼而不怒，笑而未答，问题很快抛给了陆步轩。

记者接着问："现在看来，作为北大学生，北大究竟给了你什么？"

陆步轩据实回答："北大给了我荣誉。没有北大，我卖猪肉也不会有人关注我。"

有记者问："若再回到10多年前，让您重新选择的话，还会走卖猪肉这条路吗？"

陆步轩回答："有其他选择我肯定不走（这条路），做白领多好？"

记者追问："那么，您内心还是觉得卖猪肉是不体面，对吗？"

陆步轩回答："那肯定的……"

演讲会后，陆步轩时长不到半小时的演讲和后来回答记者提问时说的话，招致网络上的口诛笔伐。网友们批判他思想陈旧，满脑子"读书当官论"。有人尖锐地指出："你顶着北大才子的桂冠卖肉并不低人一等，而你对此所发表的悖论令人厌恶！哪家、哪条规定北大毕业生就不能当屠夫？"

面对网络口水，西北汉子陆步轩仍梗着脖子实话实说："那些励志的漂亮话说起来并无意义。因为当屠夫，并不需要什么技术含量，一个没有接受过高等教育的人一样可以做，当一个人在年轻时代花了多年时间接受专业训练之后，再去杀猪卖肉，对知识和智力都是一种浪费……如果认为北大学生卖肉完全正常的话，为什么不在北大开设屠夫系，内设屠宰专业、拔毛专业、剔皮剁骨专业，那样卖起肉来岂不更专业？"

我们无需揣摩北大邀请"状元屠夫"返校作报告的真实用心是什么，但可以肯定的是，同样一件事，由校领导和毕业生两个不同身份的当事人，站在各自不同的角度与高度、以两种不一样的逻辑方式去推理，竟然非常完美地将"状元"——"抢状元"——"状元异化"的悖论演绎成为某种正论：

——尽管陆步轩“卖猪肉给母校抹了黑、丢了脸”的说法，过后受到舆论的普遍谴责，但正好给了那些攻击北大“荒废人才”论者一记耳光，因为大众也认可“状元屠夫”。而且，陆步轩在演讲中虽未将自己的无奈之举提高到“与世俗抗争”的高度，却真实、低调地反证了即便是混得最差的北大毕业生，陷于逆境之中仍可以顽强、主动地驾驭生活，比别人过得好。这话也印证了另外一位北大校长的说辞：“即便他们（状元）出家做了僧人，也是出类拔萃的！”

——老校长没说“卖猪肉的也是人才”，而是指出“北大学生可以做国家主席，可以做科学家，当然也可以卖猪肉”。顺便敲打了那些牵强附会、“借刀杀人”的媒体：北大那么多优秀毕业生你们视而不见，老拿眼睛盯着一个屠夫，多没意思？

此次报告会之后，两校一改往日对外界批评保持缄默的做法，开始对借“状元”生存状况炮轰高考制度的言论主动还击。如：针对一篇被众多媒体反复引用的调查报告——《30 年 1000 余高考状元的悲惨下场》，中国状元集中地北京大学、清华大学作出强烈反应：“他否定的不仅是状元，实际上否定了改革开放以来中国基础教育、高等教育的成果。”（《光明日报 》署名文章，刊登于 2014 年 4 月 22 日 13 版）

此文虽被媒体指责为“转移民众对高校哄抢‘状元’的关注与质疑，漠视社会对改革高校招生制度的呼声”，但谁能否认此话一语中的？难道“高考状元”不能代表近三十年中国教育的最高成果？既然能代表，名校争抢“高考状元”有错吗？

后记：2015 年 10 月，“天地壹号”新三板挂牌公司进行了新一轮募资，总股份达到 4.35 亿股，按照当前 30 元 / 股的股价计算，持股超过 8 成的天地壹号董事长——自称“北大丑角”的陈生，其身价逼近 100 亿元。另据报道，他们的“壹号土猪”年销售额已超 10 亿，再假以时日，必定又是一家市值超百亿的公司。两位北大高材生再次用时下最具说服力的数据回答了社会偏见对北大的攻击——“别拿屠夫不当状元！”

失联的央视主播

“曾经造就你成功的特质，也会让你的城池毁于一旦。”

——摘自芮成钢自传

2014年7月11日晚，中国中央电视台12演播室。

7点30分，距《经济信息联播》直播一小时，编导、摄像、灯光等工作人员全部到位。《经济信息联播》是财经频道资讯版块旗舰栏目，有电视版“中国经济日志”之称，每天第一时间提供国内外经济资讯，对公众关注的经济问题进行独家采访、报道和解读。栏目自创办以来，收视率年年攀高，广告收入居央视栏目之首。

7点50分，美女主播谢颖颖到位，左边座位还空着。

“成钢还没到？”

“玩儿失踪啦！编导在外面打电话，从7点半打到现在。”

“不会生病了吧？”

“生病了也应该打声招呼啊！”编导拿着手机嘟嘟囔囔地走进来：“打了差不多半小时电话，一直占线，算怎么回事啊？”

“问过领导了？”

“打过制片人的电话，也打不通！”

“说不定堵车了吧？他平常不怎么迟到。”

“车堵死了电话不会同时也堵死了吧……你继续打，我再请示领导，

2014年7月10日晚，芮成钢最后一次露面央视直播

做两手准备！”

同时，网络虚拟空间。成千上万“芮粉”们纷纷嚷嚷：

“咦？老芮微博今天没更新？”

“这会儿应当在演播室吧？ 20 分钟前，‘经济信息联播’官博预告还 @ 了他和谢颖颖嘛……”

“可他没发‘一会儿直播见’啊？本来天天都有的。”

“是的，昨天还发过，济南取消商品房限购那条！”

“芮哥没生病吧……”

电视栏目的人气与主持人的表现相辅相成，芮成钢上位以来，以其敏锐、严谨的逻辑思辨和流利的双语表达能力征服国内外观众，人气迅速攀升。短短几年时间，他的微博粉丝达一千多万，其中不乏大量青少年女粉，因而被网民谑称“大众情人”。就连他每天离线前必发的“直播见，朋友们”之类的帖子，跟评、转发者少则几百，多则成千上万人。

8 点整，央视演播室。

已然乱成一锅粥。芮成钢的电话打爆了，手机那头仍然不紧不慢、单调地重复着“嘟嘟”声，制片人钱曦的手机状况也差不多，没法接通。

忽然，有人喊：“打通了！”众人将目光移过来。

编导：“出什么事了？能来吗？”

“不是成钢，是交警队事故科……哎我说哥们儿，请赶快帮我们查查，今天交通事故记录有没有一辆绿色捷豹？对，是芮成钢！您也知道哈……没有？没有好没有好……”

能想到的电话打遍了，还是杳无音讯，仿佛整个世界都“查无此人”。

8 点 20 分，经请示主管领导同意，决定谢颖颖单独主持当晚节目。情急之下，所有人都忘记撤下直播台上芮成钢的话筒，那玩意儿就像一支搅局的“？”，将男主播失联之谜直播全世界……

换在平常，直播节目出点小差错纯属正常，并不会引起观众多大关注，可在这个时间节点，每一个被疏漏的细节都会引起满世界的联想。这边直播还未结束，各路记者打往央视的电话开始满天飞，几路值班电话打爆，连同经济频道，甚至只要是央视记者都跟着遭殃。

“喂，官网节目预告今晚的主播是两个人，怎么只有女主播一人出镜？”

“喂喂，两支话筒一个主播，芮成钢上哪了？”

“前一段时间疯传芮成钢曾被中纪委‘协助调查’，今晚缺播是否与此有关？”

央视几位熟悉的朋友说：“那天晚上压根儿没睡上整觉，打听芮成钢下落的电话吵得人发疯！”

“连他的化妆师也接了十几个电话，我们的手机又不能关，烦得只想砸掉它……”

“其实我们也不知道他去了哪里，那小子平常就有点神出鬼没……”

记者从《经济信息联播》一位负责人那里打听到：“11 日晚上确实应该是芮成钢和谢颖颖两人主持，但开播之前突然找不到芮成钢了，手机被设置成呼叫转移，谁都联系不上他。”记者继续询问时，这位负责人食指向上指指：“有‘封口令’！”

的确，那几天有关央视的热门新闻绝对不在《新闻联播》。比较靠谱的有：在芮成钢失踪前两小时，去巴西参加“金砖峰会”直播的央视财经频道副总监李勇被海关拦下，由检察部门带走。

与芮成钢同时“失踪”的还有财经频道运营组的财务总管王 ××、年轻女主持人欧 ××× 及女编导 ×××。

自 7 月 12 日起，失踪的栏目制片人钱 × 从节目后面的字幕里彻底消失，换成另外一位……

可传言终归是传言，只要是央视当红主持人，谁少得了网络上的危言耸听？白岩松、董卿等等，谁没被“辞职”、被“自杀”，或被“丑闻”、被“抓捕”几次？更何况恰遇央视的多事之秋，有关芮成钢出事的传言早就满天飞：5 月 31 日，央视财经频道总监郭振玺、制片人田立武遭检察院逮捕后不几天，曾传出与之关系“很铁”的芮成钢被传唤接受组织调查。但这一消息很快被芮成钢的助理否认，芮成钢自己也于 6 月 3 日晚发表了一条显然针对外界传言所写的微博：“古代两位禅师的对话。寒山问拾得：世间有人谤我、欺我、辱我、笑我、轻我、骗我、贱我，如何处之？拾得笑曰：只要忍他、让他、避他、由他、耐他、敬他、不要理他，再过几年，你且看他。”这篇微博暂停了那个阶段的传闻。

这一次似乎气氛不一样，在芮成钢临播失联的次日上午，正式上线刚满一月、试运营阶段就曾于第一时间爆料“厦大博导诱奸多名女生”、“郭美美曾是混混头子”等热门新闻的国内新锐媒体“澎湃新闻”，高调公开披露芮成钢与一批央视“大咖”们的下落：“昨日，央视财经频道副总监李勇、知名主持人芮成钢和一名制片人被检方带走。自央视财经频道原总监郭振玺被吉林省检察院逮捕，财经频道已有八人被调查或带走……”

仿佛为了证实“澎湃新闻”的真实性，当天晚上，芮成钢仍未在《经济信息联播》节目里现身，他的位置由央视财经频道另一位男主持人姚雪松顶上。他的电话依旧打不通，他的微博没更新……此时，除去“芮粉后援团”的年轻男女生之外，大多数人开始接受“芮成钢出事了”的现实。接下来公众关注的焦点转向“芮成钢出什么事了？”

“传言芮成钢与他的上司——央视财经频道总监郭振玺共同涉嫌经济犯罪！”

“传言芮成钢参股的帕格索斯公关公司，曾为央视的产品供应商，涉嫌利益输送”。

“传言芮成钢利用职务之便收受金钱贿赂……”

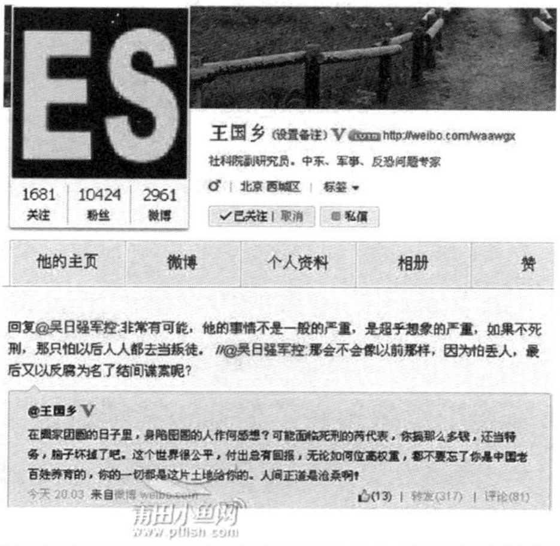

社科院副研究员王国乡微博爆料芮成钢问题严重

诸如此类五花八门，均未得到央视及检方证实，公媒自媒为抓眼球也只好自说自话。直到芮成钢被检方带走两个月后，9月16日中秋之夜，微博上突然疯转一段帖子：“在阖家团圆的日子里，身陷囹圄的人作何感想？可能面临死刑的芮代表，你搞那么多钱，还当特务，脑子坏掉了吧。这个世界很公平，付出总有回报，无论如何位高权重，都不要忘了你是中国老百姓养育的，你的一切都是这片土地给你的。人间正道是沧桑啊！”

“芮成钢当特务了？”这条微博有如在网界引爆了一颗当量不小的原子弹，大大出乎民众意料。若首发此条微博者是平头百姓，网民们顶多调侃一番后不会当真，可这位博主的身份偏偏非比寻常。

据新浪微博官方实名认证：爆料人王国乡，社科院副研究员，中东、军事、反恐问题专家。面对“芮粉”们对此条博文真实性的质疑，王国乡发帖回应：“每半个月放些猛料以飨博友，信誉良好，从没有假货。”他还进一步透露，自己从得知该消息到公开披露“憋了两个月”，并非提前爆料，而是“拿捏尺度”才发放出来。他还强调芮“不是泄露情报，是当特务”，“他的事情不是一般严重，是超乎想象的严重，如果不判死刑，那只怕以后人人都去当叛徒……”据“王粉”们评论，此前王国乡也曾多次在第一时间发表“非常内部”的秘闻，事后大部分都得到证实。

还有人从另一个角度说明王研究员微博的真实性——此博发出后，获得近万次转发，并未遭至删帖，而根据不久前国家颁布的法律，造谣信息转发量超过500就要判刑，如果博文有假，王研究员恐怕自己也要进去与芮成钢做伴了！

其实有关芮成钢是间谍的说法并非第一次，只不过常常于有意无意之间被淡化。比如：2012年6月30日下午，芮成钢在四川成都购书中心签售新书《虚实之间》时，就向采访记者坦言，自己遭受过“很可笑的人身攻击”，“有的网友怀疑我的身份，甚至认为我是美国间谍什么的”。芮成钢称，他对此不在意。此前还有“央视名嘴芮成钢加入美国籍”的消息传出，但也被芮成钢斥责为“滑稽可笑”。

虽说这些传言当时被贻笑大方，可挪到今日今时旧事重提，恐怕至少当事人是笑不起来了。那么，假如王国乡研究员的爆料属实，芮成钢究竟为谁担纲“特别任务”呢？于是，又派生出种种新的说法。

有说芮成钢在某落马高官的太太床边获取国家重要机密，然后卖给境外敌对势力。

有云芮成钢利用职务之便，为西方财团搜集、出卖国家重要经济情报。

更不靠谱的是，美国《明镜邮报》竟爆料，芮成钢曾与多名高官夫人上床，他被收押后，那些夫人们为了掩盖丑闻，便使出手段要置芮成钢于死地……

我们这个时代的怪异之一，是许多大众关注的热点新闻，多半在第一时间见诸于形形色色的自媒体，而官方“大媒”既不方便去为大众求证，又不愿丢失此类新闻的“眼球效应”，只好在自己的网络论坛上，默许网友们去流言蜚语。此番也不例外，一个被检方收押却未宣告任何罪行、被官方媒体蜻蜓点水却未见多少“真材实料”的芮成钢，犹如一件主题朦胧、留足供人们二度创作的后现代艺术品，异常火爆于网络世界，所见所闻者都拿他来编故事说事，遍数各大搜索引擎，发帖评论数量近百万条。

一个三十几岁、涉世未深的年轻人，何以掀动中国舆论场上一波巨浪？我们不妨先看看芮成钢页数不多却超常显赫的“简历”。

芮成钢，中国共产党党员，中央电视台节目主持人，中央电视台财经频道《全球资讯榜》节目主持人。曾任中央电视台英语国际频道《财经中国》栏目主播，主持过《中国投资指南》、《环球瞭望》、《财经新闻》等栏目。

1977 年 9 月 24 日，芮成钢出生于安徽合肥一个文艺家庭，父亲是电影编剧，母亲曾任安徽省舞蹈家协会主席。从小学开始，父母亲就刻意要将儿子培养成为意志刚强、用功专一的可造之材。为此，他们引导儿子博览群书、修文习艺，学习外语，遏制儿子贪玩、早恋，让芮成钢得以专心学业，成为各个阶段的优秀学生。

1992 年秋，芮成钢升入合肥八中，期间曾任该校学生会主席。该校是安徽有名的重点中学，国务院总理李克强和工信部部长苗圩也曾经就读于此。

1995 年夏，芮成钢以总分 582 分的高考成绩，夺得合肥市文科状元。填志愿时，父母希望儿子报考北京电影学院，但芮成钢一口拒绝，他说：“生活已经很虚伪了，让我再虚构故事欺骗观众？不去。我要做外交官！”心想事成，他被有“外交官摇篮”之称的外交学院提前录取，就读于该校英语系国际经济班，并很快成为学校里知名度很高的优才生。

1998 年经选拔，芮成钢代表外交学院参加国内英语最高赛事“21 世纪杯”全国大学生英语演讲比赛，获全国第二名；同年代表中国赴伦敦参加“1998 伦敦国际演讲比赛”，击败来自美国、澳大利亚等国选手，获第四名，取得当年亚洲选手最好成绩。

在外交学院读书期间，芮成钢负责接待来校访问的各国政要并与之对话座谈。曾与美国众议院议长金里奇、乌克兰总统库其马、联合国秘书长加利、韩国总统金大中、以色列总理佩雷斯、法国总理诺斯潘、美国驻华大使尚慕杰、《华盛顿邮报》主编罗伯特·凯泽、美国参议院幕僚代表团、罗马尼亚驻华大使等进行过激烈的对话与讨论。

1999 年，芮成钢从外交学院毕业，尽管当年外交部裁员 49%，招人名额极为有限，但他仍然获得了 4 个选择机会：外交官、中国银行行长外事秘书、出国留学（英美大学全额奖学金）、正在筹建的央视英语频道，芮成钢毫不犹豫地放弃了自小憧憬“当外交官”的理想，选择了后者——跨进了中央电视台光鲜的门槛。

2001 年，进入央视英语频道不到两年的芮成钢就崭露头角，以其流利的英语口语、充满睿智的新闻语言和“国际范儿”征服了观众，在瑞士达沃斯召开的“世界经济论坛”年会上，被授予“2001 全球明日精英”称号。由于在国际上名声鹊起，同年，他还顺理成章地成为国务院发展研究中心国际技术经济研究所最年轻的一名客座研究员，多次在重大国际和国内商业经济峰会上主持并演讲。

2002 年，在美国美中关系委员会发起的首届“美中杰出青年论坛”上，芮成钢当选为首批 24 名“美中杰出青年”之一，之后又被评为“中欧杰出青年”。同年，进入央视还不到 3 年的他和曹刚、洪星共同创办公关公司帕格索斯。此后 8 年间，他在这家公司股份最高时达到 36%。

2003 年，央视经济频道改版，芮成钢被当时二套的制片人王利芬相中，借调来主持新栏目《全球资讯榜》。王利芬“看中的是他的国际视野”。

2005 年，28 岁的芮成钢被美国耶鲁大学授予“耶鲁大学世界学者”称号，成为耶鲁大学历史上最年轻的“耶鲁世界学者”。此后他在耶鲁大学进行了为期一年的交流访问。

2007 年 1 月，芮成钢在博客写的《请星巴克从故宫里出去》，认为星巴克在西方已经成为一种符号，开在故宫里不是全球化，而是侵蚀中国文化。这条

数十位世界各国元首、商业巨头先后接受过芮成钢访谈

博文一夜之间夺得50万点击率，其所提建议成为两会议案内容。最终，星巴克搬离故宫。社会上对芮成钢此举褒贬不一，有人称之“爱国者”，有人称之“爱国贼”。

2008年，芮成钢调离英语频道，正式加盟财经频道，与时任频道总监的郭振玺结下私交。

2009年8月30日至2014年7月10日，在个人微博中总共发布了79张与世界政商领袖的合影，其中包括韩国总统朴槿惠、特斯拉创始人马斯克，以及马来西亚总理纳吉布等。

2010年，芮成钢获“中国海归十大杰出华人青年”称号。同年，跨国公司爱德曼收购帕格索斯满三年，芮成钢撤出全部资金。

2011年，在G20峰会上，美国总统奥巴马举行记者会，已是央视二套主播的芮成钢不顾奥巴马和会议主持者的婉拒，多次未经邀请占话筒发言，自称“代表亚洲问一个问题”。这一举动，使得这位初出茅庐的中国年轻记者在国际媒界崭露头角，却再一次使之成为本土网络界有争议的人物。

同年，芮成钢在主持达沃斯论坛时，向时任美国驻华大使骆家辉发出提问：“大使先生，听说您是坐经济舱来的，这是否在提醒大家，美国欠中国钱？”这一提问很快在网络上流行为“芮成钢式提问”，一度为网友们热用，也被称作“芮成钢体”。

2012年5月，芮成钢出版自传体新书《虚实之间》，与读者分享他在13年职业生涯中的经历与感悟。此书规格之高打破了中国出版界的记录——澳大利亚现任总理陆克文作序，赞其：“三十多岁的中国年轻人会引领和推动中国未来的发展，我的朋友芮成钢就是这代人的代表”；日本前首相福田康夫为此书题词：“我为亚洲能有他这样优秀的媒体人感到自豪和骄傲，我对他的经历和思想都非常感兴趣。”在书的前言中，耶鲁大学校长理查德·莱文（Richard C·Levin）赞言：“芮成钢是活力四射的新时代中国的标杆式青年”；这本书的“腰封”上满载各路名人美誉，如南非前总统姆贝基赞言：“芮成钢是一位并非每个国家都拥有的世界级的记者和主持人”。华尔街“资本之王”施瓦茨曼赞言：“芮成钢是世界上最杰出的财经对话者之一。”

同年夏天，芮成钢带着新书《虚实之间》回到家乡合肥，在合肥大学校园、在他的母校享受了超级明星的待遇，开场两小时就签售了2000本新书，这情形把随行采访的英国BBC记者尼尔看呆了，称之为“奇迹”。

2013年，意大利驻华大使代表该国总统乔治·纳帕里塔诺，正式授予芮成钢“意大利共和国骑士”勋章，使之成为第一个受此殊荣的中国记者。

2014年7月11日下午，芮成钢与其顶头上司及央视其他一干人众被检方未公开拘捕。

正如美国著名外交杂志《外交政策》（Foreign Policy）评述的那样：“在他的祖国，芮成钢正遭受最广泛的批评，不过，他的简历绝对会让人大吃一惊！”从十年寒窗—高考状元—进入名校—大学高材生—青年才俊—有“国际范儿”的央视王牌主持人，如果不戴罪与罚的有色眼镜就事论事，在被检方带走之前，年仅36岁的芮成钢能交出如此一份光鲜档案，从哪方面说都足以令时人“羡慕嫉妒恨”。尽管由于少年得志，芮成钢也会因某些时段得意忘形、口出狂言，招致一些舆论批评

“芮粉”：“无事等他回来；有事陪他重来！”

甚至谩骂，但并无损芮成钢“高大上”的公众形象，他的支持率一直居高不下，即便被圈一年多，他的微博粉丝仍有1100多万，百度“芮成钢吧”的活跃粉丝仍留存数万人之多，高居央视在职主持人之首。至今，仍有不少铁杆“芮粉”每天必打开他的微博或登录“钢吧”，留下思念、仰慕与祝福。

一年多过去了，芮成钢仍杳无音信，唯一被半官方指认的罪名是与他的上司郭振玺贪腐案有关，但具体罪行一直未见公告。而在民间舆论场上，似乎早已给芮成钢“盖棺定论”，对他的争议与批判持续升温，热闹程度远远超过近几年频频落马的省部级高级官员。拍手称快、“翻箱底”者有之，扼腕、错愕者亦不在少数。在犯罪嫌疑人尚未公判的情形下，根据传说中的种种“罪恶”来进行口诛笔伐，而且还要据此来一番“反省”、“总结教训”之类的“意味深长”——这也是我们这个时代的怪诞之一。

2015年2月，一直对芮成钢事件三缄其口的《人民日报》推出评论员文章——《每个人心中都有一个芮成钢》，开宗明义提出：“状元出身的芮成钢，青年得志，央视抢眼；平视政要，问遍全球。但2014年7月11日，他突然被检方带走了。一切精彩戛然而止，徒留一只空话筒……春风得意中，是什么毁了他？”接下来作者的回答是：

1.“心太大，难免自欺”——“‘达沃斯论坛期间，我和我的好朋友、美国前总统克林顿一起吃饭，并讨论了全世界如何携手战胜全球金融危机……’这可是芮城钢自己说的。芮成钢的‘朋友’可不止这一位，要么是总统，要么是首相，要么是首富……真要成为他的采访对象，或与之成为真正对等的朋友，没有凤凰涅槃，是根本不可能的。”

2.“心太急，必然自误”——“芮成钢的成长经历，和他的语言行为，无不写满了一个字：‘急’——急着给生命添彩，急于成名、急于发财、急于升官……25岁就和他人合伙成立了公关公司，33岁又被全球第一公关公司收购，芮成钢全部撤股，这期间芮成钢获得了多少收益，恐怕只有他自己说得清。从公开的资料表明，芮成钢的公司一直是本土公关十强，并成为自己供职机构的供应商，玩的是左手权力、右手财富的游戏，‘急’是弱者希望翻身的体现……但急过了头，就要付出代价。”

该文还嘲讽：“芮成钢不余遗力地攀附权贵——因为这是升官最佳的途径。

在接受采访时，他说自己每年都会跟基辛格会面三次，日本前首相菅直人给他题过字，而澳大利亚前总理陆克文曾帮他调整领结。说这些东西想表达什么？可以想象，在攀附权贵的市场上，他不知付出了多少努力……”

有意思的是，这段辛辣的文字竟与多年前在《人民日报》撰写的长文——《芮成钢：与世界对话》——所用素材几乎完全相同。该文章称赞芮成钢“凭借自己的智慧获得了诸多世界要人的尊重和青睐。在达沃斯论坛上，他称前英国首相布莱尔为‘托尼’，布莱尔也热情地和他打招呼。他称澳大利亚总理陆克文为‘老陆’，陆克文称呼他为‘小芮’。而在一次采访开始前，陆克文还亲自为芮成钢调整领带结。有些时候，他也会成为比尔·盖茨等人的座上宾。”（《人民日报海外版》，2009 年 5 月 8 日 第 7 版）

新评论员文章最后还提出了如何汲取芮成钢的人生教训——不能急，慢慢来：“权力、荣誉、财富都是有重量的，获得太快了，自己就承载不起，会把自己压垮。所以，人生在世，要慢慢来，等到自己能承载动时再获取它。”

且不说《人民日报》的移情善变，光是这段结尾也让人瞠目结舌——芮成钢的最终失败，似乎归罪于他心太急、爬得太快。而这一切即便言之有理，那些曾经为这位年轻人送上一大堆光环的媒体，还有那些给他打开诸多利益通道者，此时除开充当批判的武器之外，该不该来一点“武器的批判”？

在诸多口诛笔伐之中，批评者引用最多的一句话，出自北大教授钱理群先生几年前的一次发言：“我们的一些大学，包括北京大学，正在培养一些‘精致的利己主义者’，他们高智商，世俗，老到，善于表演，懂得配合，更善于利用体制达到自己的目的。这种人一旦掌握权力，比一般的贪官污吏危害更大！”

“精致的利己主义者”——尽管钱先生发言时并非针对芮成钢，但如今把这顶帽子扣上芮成钢的脑袋，似乎是诸多批评者为钱先生多年前的立论找到了最恰当的注脚。而且更多人通过此案更加相信：我们的教育体制，正在培养大批像芮成钢这样“有毒的罂粟花（钱理群语）”。

对于学校教育的影响，芮成钢出事前曾在自传中也有过明确反思：“可悲的是，我们从中学开始就按照很功利的方式在生活，没有释放天性，找到自我……到了外交学院，那里状元很多，但并不能给学生提供很好的氛围，部委的氛围很浓，有些老师给我们上了一学期课以后就去当参赞了。很不一样的大学。”

“不一样的大学”，的确使得聪明过人的芮成钢在异化的校园生态里过早触摸到日渐势利的社会现实，以至于毕业后不几年，他便很快找到了与社会间的某种结点——他在自传里写道：“人生在世，都背负着各种各样的‘纸枷锁’，明明一挣就开，但是一辈子都不敢挣开。”多么冷峻清晰的剖析？具有宿命色彩的是，芮成钢最终还是明知不可为而为之，撕破了“纸枷锁”，成为某种潜规则的代言人与牺牲品。

芮成钢的最大悲剧就在于他有一个聪慧、敏锐的大脑，对自己的生存环境有过人的判断力。在每个时段他都知道自己需要什么、面对什么、可以干什么、不可以干什么。但是，他却无力控制住内心的欲望与冲动，所以，在他身上集结了诸多矛盾重重的内外在冲突。公平点说，这些复杂的性格元素，不大可能形成于他疲于奔命的“状元”时代。

还有，对于网传芮成钢的“间谍”罪名，美国《外交政策》杂志曾撰文如是说：“他身上结合了西方高级白领和中国彻底的民族主义气质。他曾与多名实业大亨以及政治领袖进行一对一的访谈，包括比尔·克林顿总统、惠普的 CEO 惠特曼、韩国总统朴槿惠等等。他讲着一口流利的英语，穿杰尼亚，开捷豹。但是，芮成钢也是一名坚定的民族主义者。在 2007 年 1 月的一篇博文中，他把星巴克在北京故宫里的分店称为“西方不登大雅之堂的饮食文化的代表符号”，是西方文化对中华民族文化的入侵。结果，星巴克不得不撤出故宫……2011 年 9 月，在瑞士举办的达沃斯世界经济论坛年会上，芮成钢曾挑衅地问时任美国驻华大使骆家辉：‘大使先生，听说您是坐经济舱来的，这是否在提醒大家，美国欠中国钱？’这

G20 峰会上，芮成钢：“我可以代表亚洲提问……”

一行为被西方人认为很过分，不少中国人也对此提出了批评。”

这些素材是芮成钢遭批评者们攻击最多的软肋，无论最后的罪名如何落地，这种政客们常用的演技，远非芮成钢受教育的学校能够赋予。追根溯源，我们注意到钱理群先生在那段关于“精致的利己主义”的至理名言中提到了一个词——体制。

对此，中国外交部门下《国际公关》杂志常务副主编丁来峰作出形象的阐述：“芮成钢并非作恶多端，他只是在体制的隙缝里如鱼得水，深深陶醉并赞美。与遍地贪腐的官员相比，他既非老虎，也非苍蝇，只是一条混水中的锦鲤。他左右逢源，以为没事，不料却与他讨好过的人一样，堕入了权力的深渊。所不同的是，芮成钢的权力是软性的，这种软权力却同样能用以贪腐，导致犯罪。”

与大多数媒体的“变脸”和舆论场上褒贬之间的翻云覆雨不同的是，芮成钢的母校——合肥八中的领导和老师，似乎更愿意对那个曾为学校与老师带来荣誉和骄傲的学生说几句“公道话”。

“当一个青年人取得了成功，社会不应该捧杀他；当一个青年人犯了某些过错，社会也不应该棒杀他。更何况芮成钢到底有没有罪，都还是个未知数的时候，人们不该借助网络来过谩骂、攻击他人的瘾”——芮成钢的高中班主任投稿“澎湃新闻”为爱徒仗义执言。

“芮成钢在央视工作的十几年中，采访过的国际政要、经济大亨有两百多位。他代表央视，代表中国，征询国际上对中国发展的意见，向世界转达中国的声音，从而让世界了解中国，让中国各阶层的民众了解世界，功耶？过耶？世人自有公论。这是每个正直的人都不会做出错误判断的。芮成钢在八中的时候，确实品学兼优。为何会走到今天，或许全社会都该反思”——合肥八中现任校长王建明在为学生喊冤的同时，抛出了一个应该由社会回答的问题。

王校长要让社会反思什么？“话外音”不外乎以下几点：

1. 当下社会判断一个青年人成功与否的标准是什么？难道不是“高智商、高学历、高颜值、高收入、高知名度”吗？如果是，芮成钢堪为表率。岂止是社会，大多数为人父母者，有几个人没把芮成钢当成自家孩子的楷模？

2. 在一个黑猫白猫都崇尚“金猫”的时代，批判“精致的利己主义者”是否显得矫情？如果身处同境，谁能保证自己不会像芮成钢那样，迷失在财富和权力的诱惑之中？

3. 为什么我们的社会培养出那么多芮成钢式“精致的利己主义者”？究竟是我们的学校教育出了问题，还是我们的社会体系真出现了某种贻误青年人的负面漏洞？

我们很难回答这些本不高深，却显得过于复杂的难题。有人戏谑地说：“在成功和失败无正确定义之前，一个芮成钢倒下了，还会有千万个芮成钢站起来。后来居上者，一定会比芮成钢更加‘精致’！”

后记：一年多时间，我们反复向有关部门与芮成钢的同事求证：芮成钢一案是否已结案？最终他承担什么罪名？答案莫衷一是，有人说他没什么大事，只是经济上出了一些问题；有人说他的案件很复杂，牵扯面越来越广；还有人说他被关押在外地，因为扛不住命运的落差，变成了植物人；直至本文截稿时，网上热传“最新消息”——“央视前主持人芮成钢等案件将陆续开审”。两天后，此则消息被大多数网站屏蔽，原因尚不清楚。这一切，应验了芮成钢多年前在自传里的一段话：“没有人知道百分之百的真相，真相是一个很虚的概念，只是事实加角度……”

第五章　被异化的学历能量

一面是历经考场打拼出来的应试骄子，走出校门后无论手持何种毕业文凭，成就普遍低于当下社会的价值预期。另一面，一批绕过独木桥，“抄近路”、“打迂回”，轻轻松松取得高学历文凭的“野战部队”，却以某种简单的权力与金钱置换，将形形色色的“注水文凭”巧做“上马石”与“敲门砖”，浩浩荡荡进驻中国社会的权力与财富中心，令世人瞠目结舌。

史上最残酷的情人之战

十二月的加拿大，到处都是冰天雪地。透过对面那幢别墅的二楼落地窗，隐约可见玻璃冰花后面站立一位身材苗条的中年女子，在室内不停地来回走动。她叫徐鹂（化名），一位自中国北疆移民至加拿大的经济学博士，两家中资公司的总裁。此刻，她面容憔悴、表情严肃，一次次拿起手机，又一次次放下，换上一杯杯红酒。

“往事如风，
痴心只是难懂，
借酒相送，

送不走身影蒙蒙……”

她原本并不喜欢部正宵的嗓音，但偏偏认了这首《九百九十九朵玫瑰》。几年来，每当此情此境，她必听这首歌。究竟是鸳梦重温，还是借以消磨、对抗由绝望与愤懑引起的冲动，恐怕连她自己也是满脑子浆糊。

她与刘铁男相识、结缘在日本

那一年，徐鹂东渡日本，于名古屋大学攻读经济学博士。在一次学术研讨会上，这位担任译员的美女博士，巧遇了在台上致辞的中国驻日经济参赞刘铁男，两人一见钟情。不久后，徐鹂义无反顾地将精神、肉体、信念，全部交付给那个风度翩翩、柔情似水的中年男人。尽管从一开始，她就知道那个男人在中国内地还有一位当处长的太太。

“嘀、嘀、嘀……”急促的 Gmail 提示音打断了徐鹂的回忆。

徐鹂打开 Gmail 界面，是来自大陆一位罗姓记者的邮件，徐鹂此前已与他以这种方式有过多次对话。对方再一次提醒徐鹂，“如果您不能提供更多有效证据，非但扳不倒刘铁男，你自己的处境会更加不妙……”

“我要扳倒他？”看过邮件，徐鹂内心深处陡生一阵酸楚，酸到心痛。尽管这几年她一直在举报那些与刘铁男脱不了干系的事，尽管在罗和其他知情者的眼里她对那个男人如何恨之入骨，但是这种痛却一直如影随形，不曾有片刻的消失。

电脑启动自我保护功能，暗屏了。徐鹂轻轻敲打鼠标，又仔细阅读了一遍对方的警告，很快从缠绵的思绪中回到现实。

"是啊，光凭举报假学历，对已经登上高位的他来说，简直是小菜一碟。谁见过因为被举报学历造假而下台的官员？"想到这，徐鹂记起刘铁男的妻子郭静华曾给自己打过的一次电话。"你的胆子太大了，竟敢向发改委举报，也不看看发改委是谁的天下？走着瞧！"

果不其然，那位"正室"夫人的威胁，不久便被一纸公函证实——国家监察部驻发改委监察局发公函回复徐鹂："来信收悉，经研究，信中反映问题不属于我局受理范围……"更具讽刺意味的是，在此期间，与徐鹂举报内容牵连的刘铁男非但未受到任何处理，反而官升一级，被提拔为发改委党组成员、副主任，兼任国家能源局党组书记、局长。

"接下来还会发生什么？那个见利忘义的负心汉，既然可以为了金钱而置我生死于不顾，现在他距离国家权力中心仅一步之遥，他会不会对我这个'知心情人'下达追杀令？"徐鹂忽然想起小时候语文课本上的寓言故事——《东郭先生与狼》。

"刘铁男啊刘铁男，你这忘恩负义的伪君子、答丢夫！如果当初没有我给你搬来'上马石'，你能有今天的飞黄腾达吗？"徐鹂再一次陷入往事。（笔者注："答丢夫"，莫里哀小说《伪君子》的主人公，在法语中已经成了"伪君子"的同义语）

1998年，刘铁男在驻日大使馆的任职即将到期，这位政坛老手强烈意识到，如果回国后想迅速提升，少不了一样必要条件——学历。他原是钢铁学院毕业的工农兵学员，单凭那个学历要想走高做大困难很多。从1995年开始，学历成为中国政坛上升迁提职的必要条件，中组部曾多次颁发《党政领导干部选拔任用工作暂行条例》，尽管内容不断更新，但其中有一条雷打不动："提拔担任党政领导职务的，一般应当具有大学专科以上文化程度，其中地（厅）、司（局）级以上领导干部一般应当具有大学本科以上文化程度。"尽管按文件走，刘铁男的提拔只需本科以上就行，但他对官场那套"矫枉必须过正"的法则熟记于心，本科只是最低要求，学历自然越高越好，至于其他条条款款全是软件，能在政界混的人谁都沾得上边，提拔谁都行。

当徐鹂知道情人的想法后，便利用在名古屋大学读博的身份，联系该校经

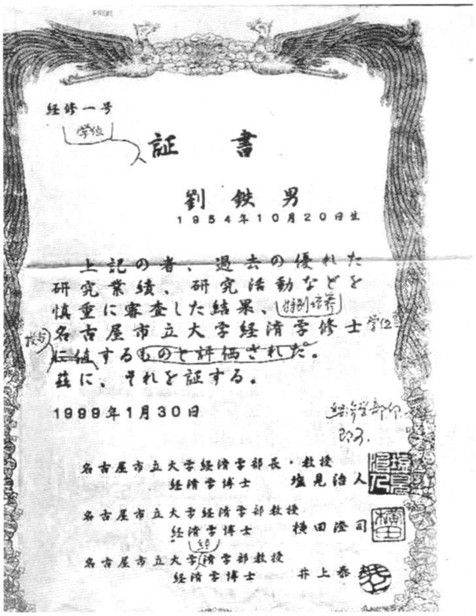

经修一号

証　書

劉铁男
1954年10月20日生

上記の者、過去の優れた研究業績、研究活動などを慎重に審査した結果、名古屋市立大学経済学修士に値するものと評価された。
茲に、それを証する。

1999年1月30日

名古屋市立大学経済学部長・教授
経済学博士　塩見治人

名古屋市立大学経済学部教授
経済学博士　横田澄司

名古屋市立大学経済学部教授
経済学博士　井上泰

徐走关系帮助刘铁男弄到的日本文凭

济学部帮助刘铁男解决硕士学历。她冠冕堂皇地游说校方：“刘是中国驻日本大使馆经济参赞，也是日本政府关注的政治人物，将来回国会升迁，对日本有利。”她熟悉的教授相信了她的说辞，并邀约经济部三位教授盖印，共同为刘铁男出具证言：“根据刘铁男过去优秀研究业绩、研究活动等慎重审查结果，可以评价等同于名古屋市立大学经济学修士（硕士）学位，特此证明。”

荣誉博士常有，但荣誉硕士在日本并无先例。1999年1月，校方破例为刘铁男开具一份“经修一号”荣誉证书。刘铁男看后却不满意，亲笔在证书上做了几处改动：①在证书之前加“学位”二字；②“可以评价等同于”改为“特殊培养授予”；③加盖经济学部印章，同时改正一处书写错误。

日本国名校出具的硕士证书，为刘铁男回国后继续谋取高学历提高了起点。他对为自己学历增光添彩立下首功的徐鹏说：“东北大学的校长是我的朋友，帮我写了个博士论文，弄了个博士学位。感谢你先为我弄到硕士学位！”

名古屋大学的“硕士”也好，东北大学的“博士”也罢，两个学位成色如何明眼人一看便知。但对回国后便受到上峰力挺的刘铁男而言，有了这两块“上马石”，足以打开升官的通道。在之后短短五年内，他少见地实现了从处级—司局级—副部级的“三连跳”，开始了他人生中的华彩乐章。

“时隔数年，我的生活重心从爱他、呵护他，变成执意扳倒他。这种穿越时空的蜕变究竟因何而起？又如何发展到今天这种你死我活的地步？”每当想起些温馨往事，徐鹏都会把这个问题拎出来折磨自己。

刚从日本分手之初，这对情人当然不会放弃那段刻骨铭心的“樱花之恋”。

为长远计，徐鹂移民加拿大，并由刘铁男介绍，徐鹂认识了浙江商人倪日涛，帮他在加拿大注册了多家公司，并且出任其中两家公司的总裁。

“你就帮我当好老板娘！”当时刘铁男如此许诺徐鹂，虽是话里有话，却也给徐鹂营造了一个有着丰厚物质基础的爱情愿景，她当然有理由去幻想一个建造在西方乐土上的“二人世界”。

2005年，倪日涛收购了一家加拿大制浆厂，接着以资产重组为名，诓骗“总裁”徐鹂在涉嫌诈骗几亿加元的假协议上签名，然后借这个项目的空壳在国内圈钱。徐鹂知道内幕后，自觉风险太大，便向倪日涛提出辞职，但遭到倪的拒绝。徐鹂无奈之下到北京找刘铁男，指出这个项目涉及巨额诈骗，对自己、对刘都有很大风险，希望他能出面阻止。但刘铁男却以自己正处在提“副部级”的关口上为由，只抛给徐鹂三句话：“我在明处，他（倪日涛）在暗处，你保持沉默吧！”

后来，由于徐鹂一再坚持辞职惹恼了倪日涛，倪放出狠话：“你知道得太多，如果一定要辞职，你的生命安全我无法保证！”恐慌之下，徐鹂又多次向刘铁男求助，但对方却以各种理由不同意她辞职，要求她一切听从倪日涛的安排。

经过两年多的痛苦挣扎后，2008年，出于强烈的自保愿望，徐鹂向国家发改委举报了商人倪日涛，并不得不牵扯出情人刘铁男。先是刘与倪日涛之间的利益输送，其后又涉及刘的假学历和与自己的暧昧关系。但事情的进展完全出乎徐鹂的意料，她一次又一次的举报不仅劳而无功，反给自己带来了无穷无尽的烦恼，甚至危及生命。

刘铁男喂不饱的政治野心、倪日涛日渐严厉的“封口令”，都让徐鹂求保不得，渐渐堕入无边的恐怖之中。这个夜晚，她喝干两瓶红酒后，最终拨通了对此案跟进多年的罗姓记者的电话，答应将内幕和盘托出。

徐：想好了，我配合你们调查。

罗：你看了重庆雷政富的事情吗？（笔者注：雷政富，原重庆市北碚区区委书记，因与女性赵××开房，落局“仙人跳”，被拍下不雅视频，遭到勒索，雷为此向他人索贿300万元“还债”，最终因受贿罪被判处13年徒刑。）

她：重庆的事看了新闻。我们的情况不一样，当时是真心，他也很温柔。哪里会考虑到只是被玩弄。

罗：事情一旦曝光，你不担心影响刘铁男的仕途？

她：正因为不想影响他，所以2006年我提出辞职，倪威胁要灭我，我首先找刘。他让我沉默，我也盲目相信他是个男人，会保护我的。但是，事实证明，我只是被利用了。刘为保全自己，完全包庇倪。他不是男人！

罗：他很可能坐牢。

她：他因此落马，顺应天理。

罗：你与倪有何过节？他何至如此对你？

她：我后来知道，因为我了解的内幕太多，成也好，不成也好，倪都要铲除我。

罗：刘不听你的，但必须听倪的？

她：是的，他掌握了刘的要害。刘不倒，铲除不了倪。钱控制了权……

徐鹂疲倦地放下电话，接着发出一批签名邮件：除去继续提供刘铁男要她帮办假学历的原件照片和过程自述之外，还提供了她在北京与刘铁男开房的记录，哪个宾馆、哪个时间段……其中更重要的是有关刘铁男及家人与倪日涛之间的汇款账号等。

最后，应罗记者要求，徐鹂给他发出一封署名“授权书”：“我是加拿大籍华人，于2012年9月、10月间曾亲自向中纪委、中组部，据实举报国家能源局局长刘铁男虚假学历，通过家属收取加拿大公司股份金钱，与中竹纸业董事长倪日涛作为利益共同体，在加拿大企业收购中制造多份假文件……在此声明，我提供给罗昌平的大量具体信息完全属实，并愿意配合中纪委调查。”

发完邮件后，徐鹂心事重重地瘫倒在沙发上。她不知道明天会发生什么，因为她再也不敢低估刘铁男的能量。不过她同时也越来越感觉到电话那头的年轻记者有一种高于常人的自信与定力。正因为如此，她才孤注一掷，将最后一颗“核弹”交到他手里。

次日上午，徐鹂短睡起床后，第一个动作便是点开罗记者的新浪微博，“向中纪委实名举报”的标题赫然出现在首页。博文于北京时间 10 点 01 分发布，由于微博字数受限，内容分作三条：

【向中央纪委实名举报之一】部级高官刘铁男涉嫌学历造假，官方简历称其经济学硕士、工学博士，能查到博士论文但无硕士信息。其在日本做经济参赞时经情人获得名古屋市立大学“修士学位”，但这是荣誉证书而非学位证书。刘曾请校方加“学位”字样并将“可以评价等同”改为“特殊培养授予学位”，被拒。

【向中央纪委实名举报之二】刘铁男与商人倪日涛结成官商同盟，其处级妻子郭静华、儿子刘德成在倪公司持有股份，境外收购骗贷国内银行，刘德成汇丰 HSBC 银行帐户 10112-376762-150 加币、10112-376762-250 美元和 028-490415-833 美元，多次收受倪日涛公司巨额汇款，参见《财经》报道 http://t.cn/zjME1YO。

【向中央纪委实名举报之三】这是刘铁男与情人徐某的合影。两人日本相识，一个当经济参赞，一个读博士并兼职翻译，刘曾亲自为徐出函介绍工作（下图）。双方因利益关系反目后，女方多次受到死亡威胁。有关经济问题参见《财经》报道 http://t.cn/zjME1YO 因骗贷事宜关联国内银行与部委职能，涉及公共利益。

罗昌平实名举报刘铁男的三条微博

徐鹂闭上眼睛，任凭眼泪静静地在未及化妆的脸上肆行。放下一块石头几个小时后，她又往自己的心里压上另一块更加沉重的石头。福兮祸兮？这个可怜的女人，经过几年的精神折磨，已然失去了清晰的行为逻辑与准确的因果判断能力，她只是麻木、机械地重复着一个单调的目的与动作——“求自保、扳倒他！”接下去，她把自己比作“一条被海浪弃于滩涂上的鱼，死与活全拜托潮涨潮落了……”

对于徐鹂来说，最值得幸运的事莫过于阴差阳错，碰上了那位有着丰富的与官场腐败斗争经验的大陆记者——罗昌平。因为有了罗的顽强接力，刘铁男案才最终得以水落石出，徐鹂才得以脱离险滩，趟过人生灾难之河。

2012年12月6日，罗昌平的实名举报微博一经发出，便掀动轩然大波，招致网络上下众多媒体的转载与报道。当天下午，国家能源局新闻办公室有关负责人回应媒体:“上述消息纯属污蔑造谣。我们正在联系有关网络管理部门和公安部门，正在报案、报警，将采取正式的法律手段处理此事。”当天，跟随国务院副总理、中纪委书记王岐山在俄罗斯访问的被举报人刘铁男也断然否定举报内容，扬言追究举报者责任。

2013年1月30日，罗昌平称，中央有关部门已就其实名举报一事立案调查。当晚，刘铁男现身央视“新闻联播”。次日，又多次在其他媒体露面。

那段时间，身居异国的徐鹂与国内的《财经》记者罗昌平一样，每晚必看央视《新闻联播》。刘铁男在主流媒体上的频繁露面，一般会被理解为官方对被举报人的态度。有鉴于此，徐鹂再次陷入绝望之中。没想到两个月后，形势急剧反转。

2013年3月，中纪委调查人员从罗昌平处取走了徐鹂提供的相关材料，接着刘铁男被免除国家能源局局长一职，留任发改委副主任。与此同时，刘铁男事件中的关键人物——商人倪日涛被抓。

2013年5月11日，国家发改委召开办公会议，刘铁男照常在会议上作了关于产能过剩的报告。会后，中央纪委宣布对刘铁男“双规”、立案调查。明确指出刘铁男错过了很多机会，希望其在接受立案调查期间如实向组织坦白交代问题。当天晚上，刘铁男妻子在家中被公安机关逮捕，其儿子此前已被有关部门带走接受调查。

2013年5月12日，监察部网站发布信息：中纪委对国家发展和改革委员会原党组成员、副主任，国家能源局原党组书记、局长刘铁男严重违纪违法问题进行了立案检查。

2013 年 8 月 12 日下午，中纪委相关领导在国家发改委内部通报时透露：“刘铁男党内审查已结束，移交司法机关，于上周被送进秦城监狱。”

2014 年，刘铁男被判无期徒刑

当日，新华社转发中纪委公告：“经查，刘铁男利用职务上的便利为他人谋取利益，本人及其亲属收受巨额钱物；违规为其亲属经营活动谋取利益；收受礼金礼品；道德败坏。依据有关规定，经中央纪委审议并报中共中央批准，决定给予刘铁男开除党籍处分；经监察部报国务院批准，决定给予其行政开除处分；收缴其违纪违法所得；将其涉嫌犯罪问题移送司法机关依法处理。”

2014 年 12 月 10 日，经河北省廊坊市中级人民法院一审判决：“被告人刘铁男犯受贿罪，判处无期徒刑，剥夺政治权利终身，并没收个人全部财产。”

中国首例微博实名举报部级官员的刘铁男案终于落下帷幕，人们记住了刘铁男超过千万的巨额赃款，记住了网络上铺天盖地的“情妇”传言与细节。只有首开实名举报高官先河的原《财经》杂志副主编、调查记者罗昌平，在他出版的新书《打铁记》里写下这样一段文字：“如我所料，在举报微博发布之初，三条中最受关注的是学历问题，其次是情妇合影，再是关于利益交换。但显然，在中国不可能通过学历造假扳倒一名部级高官……”（注：此案结束不久，罗被调离新闻岗位，去“联办”下属的财经研究院任职）

“在中国不可能通过学历造假扳倒一名部级高官”。罗昌平的这一结论是否空穴来风？我们不妨先看看一组数据与实例：

自十八大以来，落马的省部级高官达 120 人，其中超四分之一以上官员具有“博士”学位，其中有些人还获得“双博士”学位。分析“落马老虎”的学位特征，有以下几个方面：

第一，有调查表述：“老虎”们原有第一学历占比分别是本科 65.4%，专科及以下 22.2%，研究生 6.1%，无一博士。同样这批人，自 20 世纪 90 年代至今，最高学历呈“大跃进”式反转：硕士 48%，博士 31%，本科 17.2%，专科及以下仅 2.4%。

第二，“老虎”们主要是通过在职教育、党校学习给学历、学位“注水贴金”。其中通过在职教育成为硕士的占 40%，成为博士的占 33%，另有 16% 的人通过党校拿到了硕士以上学历。

第三，从 1995—1999 年，中共中央组织部曾多次在干部选拔条例中，反复强调不同级别的官员必须分别具备专科、本科以上的学历要求。到 2001 年后，国家对干部的学历要求又提升了一个层次，如进行司局长（正厅级）选拔时，组织部门已经将拥有博士学位作为优先条件。“老虎”们的学历“大跃进”在时间上基本上与“选拔条例”相对应：1990 年前启动在职教育的占 11%，于 1991—1995 年间启动在职教育的占 23%，于 1996—2005 年间启动在职教育的占 64%。

长达十年之久，人数百人之多，官职副部级以上——如此“豪华”的高学历“老虎”阵容，我们尚未发现其中有因“学历造假”或“学位不实”而导致罢官或降职。以数位落马“大老虎”为例：

2000 年因巨额贪污受贿罪被处决的江西省副省长胡长清，在位时曾托人到北京中关村买了一个北大法学硕士文凭，从此以“北大才子”自居，平步青云。照理这种假学历很容易辨别与澄清，但对于胡长清的升职任职，有关部门只需认一纸文凭，根本无人过问这纸文凭的来历是否存疑。

2009 年 1 月落马的原国家开发银行副行长王益（副部级），第一学历是历史专业，走上领导岗位后，在两年时间内通过在职教育拿到西南财经大学经济博士学位。全国政协委员、复旦大学教授葛剑雄曾公开质疑：“正常情况下，在校博士生也得有三年时间方能拿到学位，在职的研究生往往需要延长时间。王益却能比正常研究生还快，究竟是他有特异功能，还是校方提供了额外的教辅呢？王益读博士的钱，是自己出的，还是花了纳税人的钱呢？”

2012年被捕入狱的原重庆市副市长王立军，原有学历初中，任领导职务后，通过在职教育获工商管理硕士学位，相继成为29所大学不同专业的兼职教授甚至博士生导师。

2014年1月，原南京市委书记季建业（副省级）落马，被曝光“其博士论文是扬州大学一名教授帮他写的，答辩前一小时才送到，他本人没有参加答辩”；多年前，他读博时发表的论文《农民权利论》也曾遭三农问题研究者张英洪举报，系抄袭自己的论文，后经季建业派人跟他沟通，才放弃追究。

根据《中华人民共和国学位条例》，“通过博士学位的课程考试和论文答辩，成绩合格……授予博士学位”，季建业却能仅凭一篇“抄袭”论文获得苏州大学博士文凭，已属违法，却长期无人追究。

2014年落马的金道铭，在担任中共山西省委副书记、省纪委书记期间，“忙里偷闲”，通过“在职学习”，获武汉理工大学管理学博士学位。

2015年2月落马的原云南副省长沈培平（副省级），第一学历是师范专科，在3年内通过北京师范大学在职研究生学习，“跨越式”获得理学博士学位，并在5个月后获聘该校兼职教授。《中华人民共和国学位条例》规定，博士必须要在获得硕士学位后工作5年以上才能申请；按照学习进程，硕士3年、博士至少3年。如此算来，即便头悬梁锥刺股，沈培平要想拿下博士学位也得花上11年。3年狂飙出博士，显然违反基本常识。

2015年5月落马的原河北省委常委景春华（副省级），工人出身，担任共青团河北省委副书记后，5年内辗转3所大学，完成本科与研究生全部课程。然后一边当着河北承德的父母官，一边又拿下天津大学的管理学博士学位。

2015年7月落马的原河北省委书记周本顺（副省级），第一学历是“工农兵学员”、专科毕业生。在担任湖南省邵阳市市委书记期间，轻松取得湖南大学工学硕士学位。升任湖南省常委、政法委书记兼省公安厅厅长后，又一鼓作气拿下湖南大学管理学博士学位。最神奇的是，在升任中央政法委副秘书长等繁忙要职之后，他竟然仅用14个月时间，又神速获得武汉大学法学博士学位。

2015年11月落马的原辽宁省政协副主席陈铁新（副省级），第一学历沈阳

学历“灌水”的落马官员们

机电学院机械系铸造专业毕业，在担任沈阳市政府驻欧洲代表处总代表期间，分身有术，横跨欧亚在职学习，四年之内一口气拿下吉林大学世界经济专业硕士、博士学位；

2015年落马的天津市政协副主席、市公安局局长武长顺，16岁参加工作，44年间从未离开过公安岗位，有了领导职位后，他在短短几年内，便神奇地获得工商管理硕士、同济大学工学博士学位，并获高级工程师职称；

2016年落马的深圳市市长许宗衡，原本只有中专学历，随着职位不断升迁，其学历也不断升级。他先通过“在职读研”拿到中国政法大学民商法专业的硕士学位，其后又成为“美国国际东西方大学工商管理硕士研究生”，虽然后一个学历并不被美国教育部门承认，但正是这“双硕士”头衔，把许宗衡包装成“拥有高学历的知识型干部”。

其实，中国官员学历造假并不限于“大老虎”，而是从上到下久而有之。2002年，中央四部委曾组织过一次整治官员假学历的“严打风暴”，浙江温州某地1267名干部档案中就有62人的学历涉嫌高报或造假，深圳也查出假学历证书107份。但查了也就查了，下文是什么无人知晓。2004年，该专项调查组结论：在全国67万名县处级以上干部中，每40人就有一人的文凭不实。如何处理？照样是“泥牛入海无消息”。

这些大大小小的官员们上马时用假学历、“注水学位”充当“上马石”，落马时却与此毫无相干，正常吗？说不正常也正常。

说不正常的道理是：无论是“假学历”，还是公款报销的“注水学位”，均违反2015年中共中央颁发的《中国共产党党员领导干部廉洁从政若干准则》。该《准则》第1章第3条规定：“禁止违反公共财物管理和使用的规定，假公济私、化公为私。不准有下列行为：(1)用公款报销或者支付应由个人负担的费用……”第8条规定：“禁止脱离实际，弄虚作假，损害群众利益和党群干群关系。不准有下列行为：……（5）以不正当手段获取荣誉、职称、学历学位等利益。”

清清楚楚，明明白白。有几个落马“老虎”通过在职教育获得文凭、学位时，绕得过这两条？既然违规违纪，为什么“上马石”就不可以成为他们的“下马石”呢？

说正常的理由是：贪官们获得文凭、学位的过程基本符合教育部门现有的学历教育规定，该有的课时完成了，该写的论文交了，该答辩的答辩了，所有程序一应俱全，凭什么说人家是“假学历”？至于课时怎么完成的？论文怎么出笼的？答辩是不是走过场或压根免此环节？这些琐事总不能件件都交给公安部门立案调查吧？

20世纪90年代至21世纪初，正是中国全面深化改革开放、经济加速腾飞之时，亟需懂行、内行的专家型干部担纲。国家拔高对公务员的学历要求，目标非常明确：突破论资排辈的限制，让知识水平高的专家型公务员主持大局，鼓励学者型领导。仅以第18届中共中央委员会学历结构为例，大学以上学历占91.8%，其中具有研究生学历的委员约占69.3%。这些举措，无疑对一段时期国家改革开放、经济建设转型，起到了不可低估的作用。

但令人不安的是，国内在职博士生源中政府官员所占比重明显过大。党刊《半月谈》曾有调查显示：“一些国家部委领跑了‘官员博士化’进程，有的部委博士比例已占到了总人数的一半左右。在经济发达地区和高校集中的省份，省部级、司局级、县处级官员攻读博士几乎成为潮流。”

值得指出的是，根据我们调查，在职读学历的官员们从入学到毕业，所有程序都可以暗箱操作。某著名高校研究生部一位朋友透露，该校所在地（省级市）党政一把手大约有一半人在他们那里在职攻读博士学位。我们问："全天候三年以上学习，完成博士论文尚不无艰难，在职攻读博士学位又如何'鱼与熊掌'轻松兼得？"

朋友答曰："他们学费不用自己掏一分钱、论文不用自己原创一个字、读博不耽误出政绩——官照当、书照读，仕途学历相得益彰！"

之所以能够达到如此"境界"，是因为官员读博对校方和导师们而言也是"双赢"。官员以权力谋学位，校方与教授以学历谋资源，"博士帽"变成了权力腐败和学术腐败同流合污的筹码。某大学教授曾向《半月谈》记者透露：该校一位博士生导师带过两位官员博士，其后儿子被安排到重要单位工作，夫妇俩每年都被邀请去官员辖区内国家级风景区度假。不仅如此，两名"博士生"还为博导新购买的别墅"赞助"了全部装修费用，赠送了全套家具和电器。

著名数学家、哈佛大学教授丘成桐在南开大学的一次演讲中，痛斥中国高校的学术腐败是"国家的耻辱"。很多教育界人士在受访时尖锐地指出：官员"博士大跃进"中的种种权学交易，为一些不学无术、滥竽充数的官员提供了升迁的台阶，伤害了那些刻苦学习、勤奋钻研的学生，使我国的学位含金量不断下降。

据此，全国政协委员、清华大学教授蔡继明两次在全国"两会"期间愤交提案，呼吁"要遏制党政干部的文凭腐败"。同为政协委员的复旦大学教授葛剑雄也发表过类似见解，认为"是否拥有博士学位往往成为提升的先决条件和关键因素，直接导致一些官员对博士学位趋之若鹜"。

"打工皇帝"的老游戏

如果说在政界，学历是加官进爵的"敲门砖"，那么在商界，学历则更像是上两个世纪欧洲绅士们头上的假发、身上的燕尾服和手里的文明杖——社交场上的面子活儿。既然如此，自是不必去吃"头悬梁、锥刺股"那样的苦头拼搏获取。

2010年7月1日晚8时20分，中国第一家学术打假网站的创始人、科普作家方舟子在自己的实名微博上突发一帖：“唐骏的‘加州理工学院博士学位’是假的，是不是也要大家跟着复制如何造假？”典型的“微语”，受限于140个字。

方舟子发微博揭露唐骏学历造假

其时的唐骏，早已名声鹊起，被国人称作“青年导师”、“打工皇帝”。去网上点阅他的简历，更让人五体投地——史上唯一的“微软中国终身荣誉总裁”、“华尔街中国资本第一人”、“中国第一职业经理人”、“中国第一CEO”、中国最大的游戏网络盛大总裁、新华都集团总裁兼CEO；说起他的业绩，更让人肃然起敬——起步于美国微软一名普通技术员，打拼8年擢升微软中国区总裁，并将上海技术中心升格为全球技术中心；跳槽到盛大网络后，4年内完成企业上市融资、收购新浪、游戏免费战略三件大事，一次融资路演便给东家带来8亿美元；入职新华都总裁后，两年内主持收购多家IT公司，助推新华都集团的老板陈发树进入“2010新财富500富人榜”……

向这样一位“战功显赫”的商界精英发难，第一时间便吸引了大量围观者驻足。两分钟后有网友回帖，反问方舟子对唐骏的质疑“有何证据？”

50分钟后，方舟子发出第二条微博，称掌握两项关键证据：“一、加州理工学院计算机系校友名单中没有此人；二、美国大学博士论文数据库中找不到此人的论文。”其后又接着发出第三条微博称，经进一步查证，“在2001年之前加州理工学院就没有华人得过计算机博士学位，甚至到现在也没有姓唐的获得过。”

接下去几天，方舟子连珠炮般发布二十余条质疑唐骏学历造假的微博，迅雷不及掩耳地将“唐骏学历门”的争议推向白热化。唐骏有没有在学历上撒谎？有没有在自传里撒谎？有没有在各种讲演和外宣中撒谎？围观民众渴望得到答案。

海归博士、科普作家方舟子，同样是中国网民们熟知的大V，仅在新浪微博就坐拥400万粉丝。近十年来，方舟子一直以学术打假为己任，四面出击，不少著名人士、知名人士都先后被他拽上打假“铁砧”淬过火。如：电视主持人乐嘉、著名作家韩寒、谷歌中国总裁李开复、名主持杨澜的老公吴征，等等。有鉴于此，不少网民私语：“此番唐骏只怕是在劫难逃！”不乏另有部分唐骏的“铁粉”，却偏偏不相信方舟子的指控，力呼唐骏出面澄清。

出人意料的是，素来热衷露脸媒体的唐骏彼时却似乎潜入密室闭关，直到四天后才首次接受电话采访，且淡淡几句，颇有不屑：“凭什么要回应他（方舟子），他要是下次说我的结婚证和护照造假，是不是我也都要拿出来给他看？”

单凭这一句话肯定满足不了围观者的好奇心，更不谈止住挑战方的“叫阵”。仅时隔一天，面对方舟子的步步进逼和围观者越来越大的质疑声浪，素来行事高调的唐骏终于绷不住了，他向记者公开了一张自己的美国文凭照片，但发证单位却不是方舟子所说的加州理工学院，而是大众闻所未闻的“美国西太平洋大学”。与此同时，唐骏还向记者轻描淡写地说了声：“我想最后作一次说明，我从未说过自己在加州理工学院取得博士学位。”

终于等到了对方的回应。早已粮草先行的方舟子，立马从唐骏此前出版的畅销书《我的成功可以复制》中揪出一句原文：“我最后还是拿到了加州理工大学的计算机科学博士学位”。

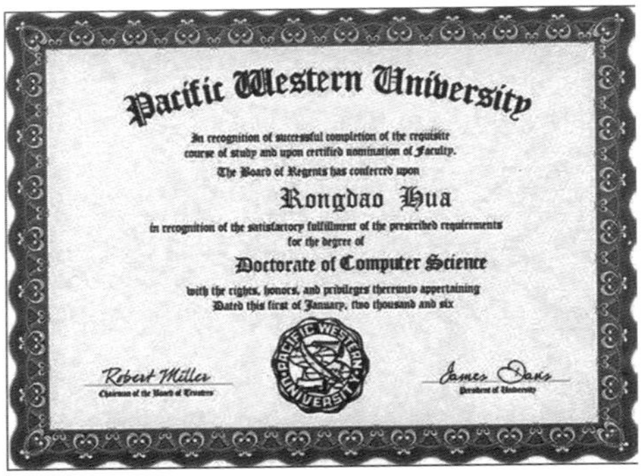

唐骏出示的“西太平洋大学”毕业生证书

唐骏公开答辩：“不知道那些段落怎么来的，可能有人陷害我。我手上的版本并无这样的提法。”

旋即，方舟子补充证据，又引用了唐骏的另一本书——已重印6次的

《唐骏自传》中的作者简介："1993 年获美国加州理工大学计算机专业博士学位"。并挖苦道："唐骏作为第一作者，居然一直都不知道该书简介把他写成了加州理工大学的博士？难道是中信出版社在陷害他？"

两天后，中信出版社出面"护驾"，声明该书在编校过程中沟通滞后，未能按照唐骏的意见及时修改，保留了"获得加州理工大学计算机科学博士"，错在编辑而非唐骏。

此间发生一个细节引起人们注意。此前方舟子曾曝光北邮校长在唐骏欢迎会上的一段致辞："84 届毕业生唐骏就是这十余万学子中最杰出的一位，他在北邮获应用物理专业学士学位，在美国加州理工大学获计算机专业博士学位。"但当记者再登录北邮网页时却发现，校长致辞中"加州理工大学"已被去掉，改成"他在美国获计算机专业博士学位"。

这种低级错误当然不会被方舟子放过，他立即在微博上又连发十几条微博，质疑授予唐骏博士学位证书的单位——西太平洋大学，是一所涉嫌贩卖学历证书的"野鸡大学"，并引述 2004 年美国总审计局对该校的相关调查报告。

7 月 14 日，《第一财经日报》从太平洋彼岸发布现场调查报告，一方面证实唐骏确实于 1995 年获得过西太平洋大学的电子工程博士学位，另一方面也证实西太平洋大学是一所"未经认证、以营利为目的的远程学习机构"，由于办学资质受到质疑，早已停止运营。该报道又称："美国大学工科博士平均完成时间为五到六年，因学位要求高延长至八年到十年的人不在少数。相比之下，唐骏从西太平洋大学获得博士学位只用了不到两年时间……"

对于方舟子与众家媒体的紧追不舍，唐骏显得有些无奈，在接受媒体采访时自说自话："我是个很真诚的人。你不真诚就很难成功……如果把全世界都蒙了，就是你的真诚蒙到了别人。你欺骗一个人没问题，如果所有人都被你欺骗到了，就是一种能力，就是成功的标志。"

这是一个造星与毁星等速存在的奇葩时代，唐骏两顶"博士"桂冠"一假一买"的消息一经坐实，曾经唯"青年领袖"马首是从的"脑残粉"们，即刻秒转围剿大军痛打"落水狗"，就连唐骏的书也成了恶搞工具——封面上的"打工皇帝"被 P 上博士帽、怀里还塞进一只野鸡。

有道是"城门失火，殃及池鱼"。在此期间，一个生造的新词登上网络热搜榜——“西毕生”，定义十分明确：“西太平洋大学毕业生”。数百名曾拿过该校 MBA 文凭的国人名录先后被网友搜索曝光，所涉及的职别涵盖各行各业。他们当中不仅有商界成功人士，还有高院法官、律师、部委干部，公安警察、各级政府公务员、大学教授、作家演员等，几乎一应俱全。

有趣的是，中国人学历打假，外国人也跟着起哄。唐骏“学历门”事件后，以做空中国概念股闻名的美国研究机构 Citron Research，在质疑恒大地产集团“资不抵债”的同时，顺带对董事局主席、武汉科技大学管理学教授、博士生导师许家印的学历也“质了个疑”，称其所持 West Alabama（美国西阿拉巴马大学）博士学位，是“邮购回来的学位”，气得许主席大叫“枪毙造谣者！”同时，恒大集团也发表严正声明称该言论是不负责任的“诬词”。

经记者有限调查得知，美国西阿拉巴马大学的确授予过许家印“荣誉博士”称号。至于“荣誉博士”与“博士”是否一码事，在维基百科关于“荣誉博士”的名词解释中有一段注脚：“由于名誉博士学位的颁发，并没有限定受赠者的最高学历，因此即使小学未毕业的人士也有机会获得名誉博士。因此‘名誉博士’被一些大学视为卖文凭、换取企业赞助学校各项经费的一种方法。”另据北美大学权威评价网站标注，这家全球排名第 4586 的大学，“是一所硕士大学，有提供至少 50 个不同类别的硕士学位，但几乎没有博士学位。”

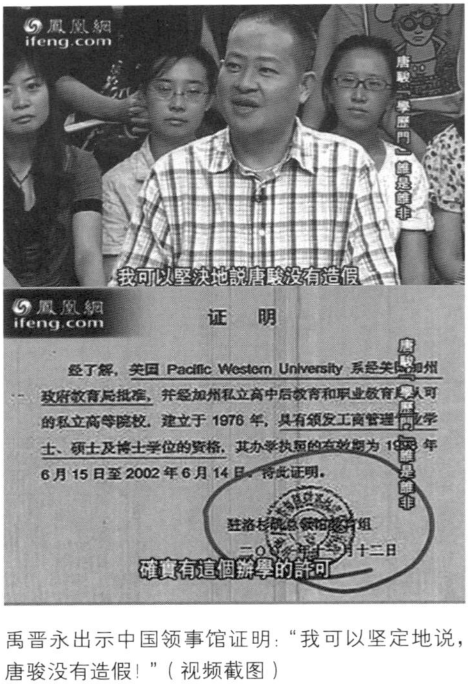

禹晋永出示中国领事馆证明：“我可以坚定地说，唐骏没有造假！”（视频截图）

唐骏“学历门”事件引发了中国互联网首次“修改学历狂潮”。仅“百度百科”一家，就有娱乐圈、商界、学术机构等多个领域的上百位名人词条被更改学历、履历信息。“互动百科”改掉履历的人数就更多。网友们调侃：“唐总把他的校友们害苦了！”其实，在被修改的学历中，所涉及的“野鸡学校”远不止“西大”一家。

让人“敬佩”的是，在这当儿，还有一位“义士”跳出来力挺唐骏。他叫禹晋永，房地产商，一位未曾与唐骏谋过面的“西毕生”。在香港凤凰台《一虎一席谈》节目现场，禹晋永慷慨陈词：“我可以坚决地说，唐骏的学历没有造假！”他还为此提供了两份公函作为证据，一份是中国驻洛杉矶总领事馆教育组出具的证明：“西太平洋大学是经过美国有关教育当局批准的大学，具备颁发工商管理专业博士学位资格”；二是西太平洋大学出具的证明，证实唐骏“在加州分校取得该校电子工程博士学位”。

除此之外，禹晋永在微博上也发表一系列类似挺唐言论，引得围观兴浓的人们纷纷转过头去看他，有好事者顺藤摸瓜，将此人的简历搜索出来：禹晋永，美国西太平洋大学工商管理博士、北京大学博士后、凯爱资本投资有限公司董事长、中国世代投资控股集团总裁以及北京大学、清华大学和中国人民大学等多家高校兼职教授。

“好家伙，这么多头衔？真不愧是唐骏的校友啊！”网友惊呼过后，拔出萝卜带出泥，一番“人肉搜索”，将禹晋永里里外外扒得精光——从学历到身份背景、社会资历均惨遭多重质疑。后经中国政法大学教师吴法天调查，发现其“北大博士后”身份有假，继而又查出其人涉嫌“诈捐”、“伪造土地使用证”及“公司注册资金虚假”等多项经济犯罪，便向北京警方实名举报。2012 年 7 月 13 日，凑热闹的倒霉蛋禹晋永被逮捕法办。

当然，与刘铁男相似，这位“第一义士”的“闭嘴”，照例与他那一大串假学历毫无干系。所以，那个拖累校友入狱的唐骏，照当他的“打工皇帝”，顶多只不过是被网民们臭了几个时辰，暂时不当“青年领袖”罢了。冒充一阵“加州理工大学博士”，花 3000 美元买张“野鸡大学”文凭，这在当下算得了什么？如同他自己所说：“一点不甘心与虚荣心而已”。其实，方舟子从刚开始打假时就曾预料到这样的结局：“最终唐骏是不会因为学历造假受到什么惩罚的。”

7 月 12 日，方舟子放唐骏一马，发表《为唐骏说几句公道话》：“唐骏毕竟和那些卖假药、卖假保健品、拿儿童练手术刀的不法之徒不同，是通过正当途径赚的钱，也没有发现他编造的那些履历对其成功起过什么作用，而是在功成名就之后才编造出来神化自己当青年偶像的。我和唐骏无冤无仇，没有兴趣将其批倒搞臭，不过是希望中国社会能多一点诚信，希望年轻学生不要盲目崇拜‘成功人士’，也希望职业经理人能更敬业一些。”

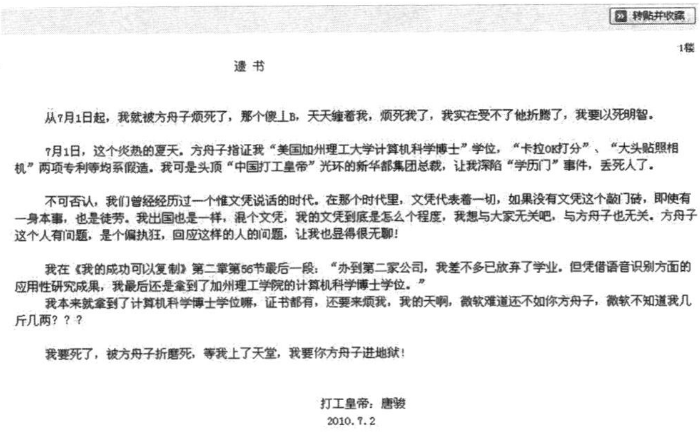
转贴并收藏

1楼

遗 书

从7月1日起，我就被方舟子烦死了，那个傻上B，天天缠着我，烦死我了，我实在受不了他折腾了，我要以死明智。

7月1日，这个炎热的夏天。方舟子指证我“美国加州理工大学计算机科学博士”学位，“卡拉OK打分”、“大头贴照相机”两项专利等均系假造。我可是头顶“中国打工皇帝”光环的新华都集团总裁，让我深陷“学历门”事件，丢死人了。

不可否认，我们曾经经历过一个惟文凭说话的时代。在那个时代里，文凭代表着一切，如果没有文凭这个敲门砖，即使有一身本事，也是徒劳。我出国也是一样，混个文凭，我的文凭到底是怎么个程度，我想与大家无关吧，与方舟子也无关。方舟子这个人有问题，是个偏执狂，回应这样的人的问题，让我也显得很无聊！

我在《我的成功可以复制》第二章第56节最后一段：“办到第二家公司，我差不多已放弃了学业。但凭借语音识别方面的应用性研究成果，我最后还是拿到了加州理工学院的计算机科学博士学位。”

我本来就拿到了计算机科学博士学位嘛，证书都有，还要来烦我，我的天啊，微软难道还不如你方舟子，微软不知道我几斤几两？？？

我要死了，被方舟子折磨死，等我上了天堂，我要你方舟子进地狱！

打工皇帝：唐骏
2010.7.2

网传唐骏遗书：“等我上了天堂，就让方舟子下地狱”

知名学者杨早的看法似乎与方舟子有别。他认为：“显然，唐骏不认为这个飘忽不定的洋博士头衔会帮他在微软等外企中的晋升加分，（但）却能为他‘成功’转型为投资顾问与成功学导师添彩。事实好像也真的如此，学历与资历的双重光环，让唐骏几乎成了我们这个社会的完美榜样。”

“唐骏学历门”事件过后，自然少不了招致各种道义上的演绎：有人批判唐骏等人的学历造假是中国社会将学历当毒品吸食过量的结果，有人说没那两样劳什子文凭，唐骏照样是商界杰出人才，还有人干脆骂方舟子“吃饱饭撑的”。即便也有如杨早那般点破“司马昭之心”的，却还是没什么人主张对唐骏个人应负的道德责任进行应有的追究。是当今社会“笑贫不笑娼”的悲哀？抑或“伪宏观论”泛滥的结果？

可话又说回来，倘若要对唐骏进行微观狙击，那该绑去道德刑场上的会有多少人啊？我们随意查阅“20××年福布斯中国富豪榜”，上榜几十名“十亿富豪”里就有9位荣膺“博士”帽，其中第一学历为博士的仅1人，余下一半是“荣誉博士”，另一半则是富豪们在激烈的商战中忙里偷闲、头悬梁锥刺股挣得的“博士”学位。这个数据仅仅是一年时间，仅仅顶着“博士”头衔，仅仅限于“十亿富豪”。倘若工农商学兵“放眼望去”，博士硕士学士“一锅烩”，能整出多少假冒伪劣？天知道。

EMBA 的新玩法

不知道从哪个时间点开始，中国的学历已然堕落成了“玩意儿”，这话虽然刻薄了点，但也绝非妄语。“部官”有“部官”的玩法，“打工皇帝”有“打工皇帝”的玩法，少壮派则另有一种更“高大尚”的玩法——玩 EMBA——用他们自己的话讲：“玩就玩真的，哪像唐骏那么抠门，3000 美金买一张野鸡大学的文凭！”

由中国校友会网发布的《20×× 年中国亿万富豪调查报告》显示：近两千名国内亿万富豪，23.4% 的人拥有硕士学位，其中超过 50% 正是 EMBA。这些富豪当中，约 85% 的人选择国内著名高校的 EMBA。以人数前五名为例：北大 33 人，清华 30 人，中欧国际工商学院 26 人，长江商学院 24 人，复旦大学 16 人。

EMBA，英文全称为 Executive Master of Business Administration，直译为高级管理人员工商管理硕士。顾名思义，开办此项目的目的是为了帮助企业培养高级管理人才。

在全球经济一体化的大背景下，特别是我国加入世界贸易组织以来，中国企业面临着更加复杂的竞争和更为严峻的挑战，因而，企业的高层管理人员系统地学习管理知识、提高管理能力变得更加迫切。有鉴于此，2002 年 7 月，国务院学位委员会办公室批准国内 32 所高等院校开展高级管理人员工商管理硕士专业学位教育。

EMBA 广告语：“拿学位、聚人脉、提层次、学管理”

有人调侃，我们中国不是庙堂不够雄伟，也不是经文不够正宗，更不缺出家修行之人，可就多了一样“特色”——歪嘴和尚太多，正经念成歪经。就拿这 EMBA 说事吧，原本正正经经的大好事，一经折腾全变了味儿。

1. 培养人才成暴敛钱财

有人计算过，2002—2014 年是中国 EMBA 发展的“十二年黄金期”，上此项目的大学翻一番，学费翻两番，学员翻三番。即便是在 2009 年金融危机的阴云下，EMBA 学员、学费均逆势上扬，一些排名靠前的 EMBA 项目，报名数年增长率均超过 50%，学费年上涨比例最高达 35%。

2015 年国内商学院 EMBA 项目前十名学费一览表

商学院名称	2015 中国 EMBA 排行榜	地区
长江商学院 EMBA	第一名	北京
复旦大学管理学院 EMBA	第二名	上海
中欧国际工商学院 EMBA	第三名	上海
上海交通大学安泰经济管理学院 EMBA	第四名	上海
北大国家发展研究院 EMBA	第五名	北京
清华大学经济管理学院 EMBA	第六名	北京
北京大学光华管理学院 EMBA	第七名	北京
中国人民大学商学院 EMBA	第八名	北京
厦门大学管理学院 EMBA	第九名	厦门
浙江大学管理学院 EMBA	第十名	杭州

我们以长江商学院为例，根据其收费标准和上课时间，算出了 EMBA 每分钟的含金量：学制两年，通常每月上 4 天课，去除节假日，两年上课 80 天左右，按每天上课 8 小时计算，长江商学院 2015 级 EMBA 每分钟收费近 18 元左右，每小时 1000 多元，每天 8600 元。按购买力计算，中国的 EMBA 学费已达世界最高水平。

如此高昂的学费，阻挡不住国人高涨的 EMBA 热情。近几十年来，我们的价值体系似乎一直在张扬：“学费越贵文凭的含金量越高。文凭的含金量越高，持有者的身份价值越大。”话往下说，即便事实真如此，这两年几十万的学费也要交得起不是？据统计，目前全国每年 EMBA 毕业生达数万人之多，这些人都是谁？

其实，他们并不全是亿万富豪。根据《福布斯》对中国商学院 EMBA 项目的调查显示，就读EMBA的学员中，高级管理人员占总数75%，企业主与明星共占16.7%，政府官员为8.3%。这些数据在校际之间所占比例各有侧重，例如以官员资源见长的中国人民大学，就曾公布过读EMBA的官员比例高达26.3%。又如，2010年中国科技大学EMBA开班时，不少媒体对于入学的二十多名政府官员进行过大力宣传，其中仅"市长"便有三位，其他级别的官员和人大代表更多。

相比政府官员，国有企业高管所占的比例更为可观。公开材料显示，国有企业高管在EMBA学员中所占的比例通常在30%左右。仅以中欧商学院、北大光华、人大、上海交大四所学校为例，国企高管所占比例分别为34%、30%、34%、29%。上述两个比例加起来，"国字号"学员在有的学校曾占据EMBA学员人数的50%左右。

2. 在职教育成"上流"社交

政府官员读EMBA让人产生诸多疑问，一是能否学以致用？二是如此高昂的学费由谁支付？回答很简单：专业不对口学非所用不要紧，重要的是MBA文凭拿到手起码在学历上可以通吃官场。我们在采访国内一些商学院高层人士时，他们都证实了这一点："中国高管对学历有着特殊的渴望。对许多EMBA学员来说，重要的是学历，而非学习！"

近年来，高校与高官之间的"权学交易"问题日渐突出。全国政协委员葛剑雄教授说："很多官员，热衷于花钱读EMBA，或想办法'拿'博士学位，为什么？他们就为了升迁。有几个官员真正有时间去读书？不少人都让秘书去代劳。"

至于学费，某"顶尖"商学院教师刘×有说法："官员读EMBA很少个人掏钱，学费来源一是单位的教育经费，二是企业帮助出。另外，部分商学院会对政府领导的学费有不同程度的折扣或减免。"

对此，知名学者叶檀一针见血地指出："如果学费是单位出，说明EMBA已成为官员的福利；如果是企业支付，则有政商合谋之嫌；如果商学院折扣甚至减免，说明在商学院的眼中，官员学生具有其他学生不具备的特殊价值。"

有什么"特殊价值"？用"政府高官"当噱头作招生宣传，一度是各大学EMBA项目的一致战术。现已判刑的原中纪委委员、中核集团原党组书记兼总经理康日新，曾是2002年清华大学首届EMBA学员。原国家开发银行副行长、证监会副主席王益协助创办了北大光华EMBA。二者都当过各自项目的无声代言人，很多学员都是冲着他们的身份报名入学。仍然在岗的官员就更多了，据悉，仅长江十六期学员里就至少有四位校友成为十八大代表。对于校方来说，这些人无疑就是该项目的免费广告、无形资产。这笔无形资产如何转换为有形资产呢？

一位在读EMBA的富商寥寥数语道破天机："还真当我人傻钱多，豪掷几十万只为张文凭？错！政府公关、找项目才是我们的真实目的。哪一期EMBA少得了有权有势的官员？平时为了避嫌，那帮人跟商人河水不犯井水，饭局不赏脸，套近乎难于登天。成了同学可就不一样了，上完课顺便联谊，吃饭唱K，乃至洗脚桑拿都不在话下，关系能不熟到烂？"

北大一位教授也向记者证实："与其说大家为了提高什么冠冕堂皇的东西，倒更像是官员富豪们的高档联谊会！上课并不是这些人关注的重点，一个40人的班，到堂一半已经是很客气的。即便是期末的论文，也有可能是让下属或者请'枪手'帮忙完成，都是有身份有地位的人，又花了那么多钱，总得让他们毕业吧？"

有鉴于此，民革广东省委曾向省政协大会提交一则提案："EMBA更大程度上是给商界人士和官员搭建一个以'平等身份'相互结交的平台，互相输送利益，学不学、学什么都不重要，重要的是可以在一起混混。"提案同时建议中纪委和监察部门颁布官员就读EMBA的禁令。

2014年7月31日，中共中央党的群众路线教育实践活动领导小组、中组部、教育部联合下发通知，严禁领导干部参加高收费的培训项目和各类名为学习提高、实为交友联谊的培训项目，已参加的要立即退出。这些被要求与领导干部"隔离"的培训项目，明确列举如下："EMBA、后EMBA以及各种打着政商联谊、交友、游学等名义的总裁培训班、高级领导人员研讨会、研修班等。"

"禁读令"发布当年，我国多所院校EMBA招生遭遇寒潮，据说个别项目的生源降幅竟达8成。

3. 成才效应变娱乐效应

在国外，读EMBA的学员一般必须具备8年以上工作经验、5年以上管理工作经验，并由公司推荐报名，然后参加GMAT考试和面试，取得学校划定的分数线方能入学。在中国，虽然各校不无“入门条件”，并有笔试、面试等等，但所有程序均由各项目自行设计、自行操作。记者曾先后打过几个相关的招生电话，自称原有学历初中可否报名？对方说：“我们看重的是实际学识水平！”记者又说自己没有从事过管理工作，对方回答：“可以从头学嘛！”记者进而表示“通不过你们的笔试和面试怎么办？”对方一笑：“考题不复杂，机灵一点就行。再说也可以先交钱入学，过后再补考嘛！”最后，记者提出：“我交了几十万块钱，到时候成绩不行毕不了业咋办？”对方幽默地回答：“坚持到底只有胜利……”

由于招生条件可以随机应变，相应的入学条件自然成了摆设。所以国内EMBA学员五花八门，就连与EMBA培养目标八竿子打不到一块儿的文体明星，也有不少人成为顶级商学院的学员。由此开发出的网络桥段也不乏脍炙人口的作品。如前几年最流行的一个段子：“一老板遭遇小三发难，要么结婚要么给分手费千万。老板遂生一计，以提高文化水平为由，将小三送去读EMBA。不到半年，小三在班上觅得新欢，转回头倒给老板200万封口费。”

如果说这个桥段尚存“艺术加工”之嫌，那么有关中国某房地产巨头掌门人王某的桥段，就真到无法再假的地步了——年过花甲的王董就读长江商学院，巧遇一年轻影视新秀，二人一见钟情、终成眷属。虽说过程过于简单，故事也不传奇，但爱调侃的网友们硬是据此给商学院注入一种新动力——“钓金龟”！

无论发生在商学院里的此类事情是否多见，有一种现象却是不争的事实。近年来，一些EMBA项目中，不乏中国大小明星的身影。名气大的如：赵本山、李亚鹏、吴奇隆、陈红、任泉、佟大为、关悦、王茜、童蕾等人，还有知名导演金韬、阎建钢、江平等人也纷纷加盟。其中以长江商学院招募的明星数量最多；

除开影视明星外，最引大众关注的要数电视主持人。近年来读EMBA的名主持，足以构建商学院的另一道靓丽夺目的风景线。如：吴小莉、杨澜、鲁豫、许戈辉、康辉、袁鸣、李湘、陈蓉、陈辰、尉迟玉珩，等等。

熟悉电视台工作性质的人都知道，就算普通编导，多半在单位上也是一个萝卜一个坑，更别说像上述那些大腕级别的名主持，除各自都有一个或多个冠名栏目之外，还经常得去外单位客串、“炒更”，哪有那么多时间应付EMBA学业？对此，中央电视台女主播张泉灵曾在微博中无意抖落天机：“有人邀我参加一所知名大学的EMBA班，许诺不用经常上课，不用认真考试，就能拿学历，随后举出一批如雷贯耳的名字都在那儿上过……”

张泉灵所言不虚。我们在报纸上看过一张本山大叔读CEO班时的“课表”——该专业共分5次授课，整个学习时间仅有18天。时间虽短，授课地点却遍布全球，本山大叔分别在2009年的7月、8月、11月飞赴伦敦商学院、哥伦比亚商学院、瑞士国际管理发展学院听课，2010年1月，课程在三亚结束，本山大叔顺利完成EMBA学业，被授予由长江商学院、伦敦商学院、哥伦比亚大学商学院、瑞士国际管理发展学院共同认可并签发的证书。

看完这张“课表”，我们只能发出一声感叹：工作繁忙、疾病缠身的本山大叔，何苦来哉？自然是各有各的苦衷与道理。据说就读EMBA项目的一二线演员中，男明星多半已有公司或计划转型商界，女明星多半出于相互攀比、追赶时尚，而三四线演员所欲何为，圈内人则另有说法。

毕业于长江商学院的贺盈时代总经理张××曾透露，他身边不少演员去读EMBA，“80%目的都不纯粹，想要真的学习商企管理的少之又少，想抱大树的抱大树，想要找老公的找老公，找资源的找资源。商学院其实都是花钱买圈子，给你提供一个认识社会精英的平台。”

演员陈×跟着爆料：“到商学院学习是女演员钓金龟婿最名正言顺的方法，曾经和我搭过戏的女演员不仅通过到某商学院进修，混到了一个MBA学历，还在期间找到男朋友，后来跟着男朋友从商了。三线演员拍戏又累又辛苦，还不如从商。”

一位不愿透露姓名的EMBA学员受访时告诉记者：“的确有美女找准这个空档，她们学习能力不强，但必须会交际，还要机缘巧合。有一位美女学员因为无所斩获，接连三留级苦苦守候机会。另有一位‘高富帅’男学员，一天收到三把女生赠予的房门钥匙……”

有学者感叹：“商学院成为招亲博览会，算是商学院拥有的另类资源。官员、明星加上企业家，在人情社会，在钱权色三种资源可以顺利交易的社会，令公众展开无限遐想。当然，每个国家都有同窗圈层，但赤裸裸暗示权色的并不多见。”

“最惨博士后”与“最牛博导”

假学历也好、真学历也罢，买学历也好、混学历也罢，对于刘铁男等高官和唐骏等商界精英与富几代来说，只是一些锦上添花的故事，说白了都是各取所需混“圈子”。就算没有那些五花八门的学历学位，该升官的同样升官，该发财的照样发财，也就“圈子”大点小点，官至几品、富甲几方的事儿了。而当我们转动手里的“万花筒”，聚焦大千世界，看到的却是与此完全相反的镜像。

2011年，中央教科院在全国范围内做了一项调查，调查对象是恢复高考以来的“状元”们，受访人数高达此时段高考“状元”总数的96%。该项调查的结论是：30年来，高考状元“无一人成为社会活动家、或企业家、或艺术家，也没在任何一个行业成为领军人物。”该院同时还调查了全国100位科学家、100位社会活动家、100位企业家和100位艺术家，“发现除了科学家的成就与学校教育有一定关系外，其他人所获的成就和学校教育根本没有正相关关系”。

2015年，“中国校友会网”调查了1977–2014年中国各省高考状元3000多人，发现“状元们长期缺席胡润福布斯中国富豪榜”。该课题组进而普查我国杰出政治家校友榜、院士校友榜、杰出人文社会科学家校友榜、富豪企业家校友榜、长江学者等顶层人才榜单，也罕见高考状元的身影。调查报考的结论是：“（高考状元）职业成就远低于社会预期。”“大部分高考状元毕业后，选择了与自己就读大学专业相关系数不高的行业作为终身职业”。

以上两例调查报告出炉后，迅速被各路媒体传播，并被大量专家学者用在质疑教育现状的文章里作为数证。值得指出的是，无论如何热闹，“批判的武器不能代替武器的批判”，若以“精英”论英雄，以批判“状元无用论”来宣扬“读书当官发财论”，这些数据演绎出来的结论值得商榷。

其一，“状元”作为中国高考的“衍生品”，事先并未经过任何制度设计，事后也没有得到任何制度上的承认，仅仅是社会公众对于某个特定区域中的最高分学生约定俗成式的表述，并无实际意义。社会上对“状元”的认定非常随意，从全国到各省、市、县，乃至各地高中的统考分数第一者，还有“文科”、“理科”等等最高分者都一样可冠名为“状元”。而众所周知的是，“状元”一词始于唐朝、止于清朝的科举制，历朝历代的“状元”每次大考仅产生一名，故绝大多数古“状元”都能成为朝廷栋梁。单从形式上看，此“状元”已非彼“状元”。

其二，由于“状元”概念的不确认性，一切基于“状元”概念上的批判也就多半属于伪命题了。诸如对“状元”们毕业后未能现身于“富豪榜”、“名人榜”、“院士榜”、“校友榜”等等这个榜、那个榜的抱怨，诸如由此引发的对“状元”们占用最好教育资源的愤愤不平。“状元”们既无“投名状”，亦未受“升官发财”之许，又哪来的诸多名声之累？再说，“状元”属性的泛滥，必然导致其含金量大打折扣，此结局谁之过？拜社会公众所赐——媒体、家长、学校、群众团体、商业机构等等，各自利益所在，每到考季不惜鼓噪之能事，只不过为了各取所需。至于大大小小的“状元”们，则至始至终只是这一愚人节游戏里的倒霉蛋而已。

南航博士后王 ×× 找不到工作成“老赖”，被人称作“中国最惨博士后”（报纸、视频截图）

当一只大象深陷泥河潭，身上的污点可以信手印证。2013 年 12 月，一段名为“博士后为何变老赖”的视频走火网络，视频来源于南京一家电视台的节目录影，内容涉及南京地方法院强制执行一起恶意滞留单位住房案，被强制执行的对象为南京航空航天大学的博士后王 ××。

自小学始，王 ×× 一直都是应试教育的骄子，重点高中毕业后顶着“状元”桂冠考进重点大学，其后接着读研，硕士毕业后考入华南理工大学读博士，博士毕业后又进入南京航空航天大学做了两年半的博士后。自打 2008 年博士后毕业出站后，他的命运发生 180 度大改变，先是想留校搞科研未遂，后来找别的工作高不成低不就，一拖就是五年，直到结婚生子，仍住在当初由博士后工作站提供的一套住房内。后因新人进站，学校多次与王 ×× 交涉，希望他让出单位宿舍，但长期处于失业状态的王 ×× 连每月 2000 元钱的基本生活费都需要家中寡母提供，非但无钱另找新房，就连老房子的租金也交不起，便只好当起了“老赖”。

2013 年，南京航空航天大学在多次与王 ×× 沟通无果的情况下，一纸诉讼将他告上法庭，以图通过法律途径强制其搬离寓所，此后便有了网络上疯传的那则新闻视频。于是乎，时年 45 岁的王 ×× 被网友冠以“中国最惨博士后”称号。

一个拥有高学历、名校出身的博士后，缘何变成被法院强制执行的“老赖”？这件事在网络上引发热议。是他的学业不精，还是学校乃至导师未尽到职责？抑或社会已经发展到连博士后都“不在话下”的“超高素质阶段”？横比竖比，似乎哪一条都不是。王博士在受访时对记者说：“在外人看来，我简直是不可理喻。但我可以很明确地说，我既不是范进，也不是好高骛远的人！”至于究竟是什么原因导致自己深陷窘境，他似乎有苦难言。

烟笼雾绕、迷幻重重。宏观“状元”调查的“大数据”，微观“中国最惨博士后”，外加与此时间相近发生的两桩大事——2012 年，多次因谋生需要而伪造学历的高小肄业生莫言荣获诺贝尔文学奖；2015 年，“三无”教授（无博士学位、无留洋背景、无院士头衔）屠呦呦荣获诺贝尔医学奖——比照之下，更强化了国人一连串严峻的质疑：

事关中国社会用人制度、分配制度的“学历”属性是否已发生严重异化？学历品质是否深度贬值？与此密切相关的中国社会生产力质量是否名不副实？中国三十余年的精英教育体系是否宣告失败？构成这种局面的因素是什么？假若我们不得不用“Yes!”来回答这一系列问号时，免不了回头打量这些年在高教领域发生的一些值得探讨的事。

一、高校大扩招，变身“学历工厂”

恢复高考后的 1978 年，我国首批入学的博士生 18 名，硕士研究生 10708 名，本科生 40.2 万名。从 1999 年开始，由于受“教育产业化”口号的鼓惑，加上高校日益强化的行政化管理，以政绩与经济创收双轮驱动的高校“扩招运动”甚嚣尘上。1999 年当年招生人数增加 51.32 万人，招生总数达 159.68 万人，增长速度达到史无前例的 47.4%。到了 2003 年，普通高校本专科生在校人数超过 1000 万，硕士学位授予数猛增 35.35%，博士学位年授予数接近十年前的 5 倍。期间虽不乏教育部出台纠偏的文件，但由于利益所在，各高校置若罔闻、变本加厉。长达十四五年的知错不改，前十年教育改革的成果被严重弱化，以学历教育为中心培养急就型人才的战略思想被功利主义异化，一场形而上的“学历大跃进”席卷中国。

大学扩招后，从 2000–2015 年，我国被授予学士学位的毕业生 7420 万人，被授予硕士、博士研究生学位者近 600 万人左右。在此期间，我国高校数量达到 2500 多所，每年在校学生 3000 多万名，位居世界第一。

有博士授予权的高校成倍增长，一举突破 300 余所，而此时于太平洋彼岸的教育大国美利坚只有 253 所。我国研究生教育，仅用二十多年便走完了美国一百多年的路，成为全世界最大的博士学位授予国。根据《国家中长期教育改革和发展规划纲要（2010—2020）》提出的目标，到 2020 年，我国研究生在校生规模将达到 200 万。此外，由于培养制度的原因，我国硕士、博士学位授予数每年都高出毕业人数 1.3 倍，且呈不断扩大之势。

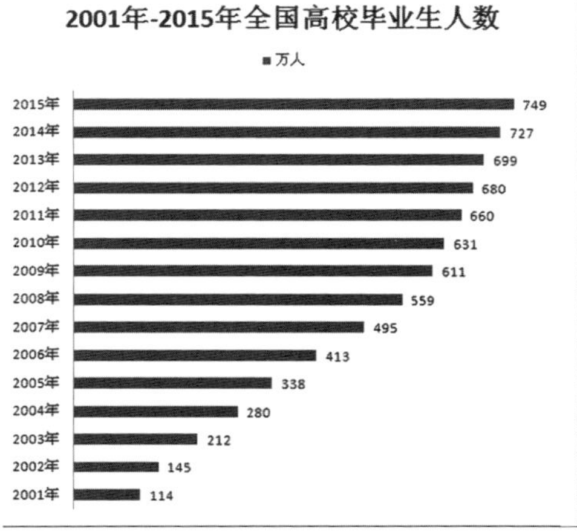

1995年-2014年硕士研究生录取人数

考研年份	报名人数	报名增长率	录取人数	考录比例
2014	172	-2.27%		
2013	176	6.3%	53.9	3.3:1
2012	165.6	9.6%	51.7	3.2:1
2011	151.1	7.9%	49.5	3:1
2010	140.6	12.8%	47.4	2.8:1
2009	124.6	3.8%	44.9	2.9:1
2008	120	-6.8%	38.6	3.0:1
2007	128.2	0.8%	36.1	3.5:1
2006	127.12	8.4%	34.2	3.2:1
2005	117.2	24%	31	3.6:1
2004	94.5	18.5%	27.3	2.9:1
2003	79.7	27.7%	22	2.9:1
2002	62.4	35.7%	16.4	3.2:1
2001	46	17.3%	13.3	4.2:1
2000	39.2	22.9%	10.3	4.6:1
1999	31.9	16.4%	7.2	4.9:1
1998	27.4	13.2%	5.8	4.7:1
1997	24.2	18.6%	5.1	4.7:1
1996	20.4	31.8%	4.7	4.4:1
1995	15.5	38.4%	4.0	3.6:1

近 20 年左右中国大学本科、研究生招生数

若论高冠全球的中国人口，大学生、研究生的数量拔得世界头筹也合情合理，但奇怪的是，这两大全球第一的“金牌”扛回后，里里外外却响起一片质疑与“笑场”声。

高校界流传一句口号：“没有博士点不算大学，不当博士导枉称教授！”凡年龄大些的人都有记忆，此类口号与“大跃进”时期“人有多大胆，地有多高产”何其相似乃尔？

学生界则流传一副对联——上联：博士生、硕士生、本科生，生生不息；下联：上一届、这一届、下一届，届届失业；横批：愿读服输。

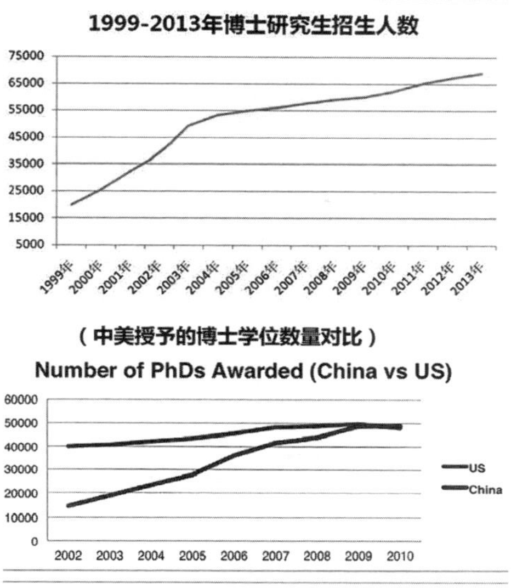

中国博士研究生招生数量及中美博士学位数量对比

我们左耳听到的是大学生们对就业难的抱怨与调侃，右耳听到的却是“就业形势一片光明”的蛊惑。每到大学招生季，各招生学校都会煞有其事地亮出自家高企不下的“学生就业率”，作为抢夺生源的由头之一。令人感动的是，来自“象牙塔”的数据都那么“谦虚”，没人鼓吹自家学生就业率达到100%，顶多不过95%左右。可是在2016年“两会期间”，教育部长袁贵仁在答记者问环节却冷不防发声：“中国大学生初次就业率连续13年保持在70%以上。”且不说这个数字是高是低，较之一些吹牛不脸红的大学来讲，还是靠谱得多。据我们调查，近些年大学生就业情况一直不容乐观，个别大学的个别专业，甚至出现过就业率为0的年景。

2008年10月9日，教育部在新闻发布会上首次承认：1999年决定的全国高校大规模扩招太急促，导致此后大学生就业难。此番高校扩招的理论始作俑者、被冠名以“中国高校扩招之父”的国务院参事室经济学家汤敏教授，在大学扩招实施若干年后如此表述：“现状与当时的提议是有距离的：首先，我的建议是3年扩一倍，结果是6年扩超5倍；第二，关于助学政策的配合，助学贷款、助学金、奖学金制度显然在过去没有得到重视；第三，在高校扩招的同时，教育改革没有跟上，造成高校毕业学子非社会所需人才，这在我看来是造成目前大学生就业难的最核心问题所在；第四，我主张好学校多扩，差学校少扩，但结果却并不是这样。”

当然，倘若将“三士”（博士、硕士、学士）就业持续走低的严峻局面全部归罪于大学扩招，那也不符合事实。前面说过，我们这样一个人口超级大国，而且经历了上百年的各种磨难，好不容易等来了复兴时期，多出人才、快出人才也是必然之举。问题在于：当代中国大学所培养的人才为什么那么不招社会待见呢？

二、官员博导鸠占鹊巢，南郭先生滥竽充数

在一些人才招聘会上，我们不止一次听用人单位感叹：“今天的博士不如10年前的硕士，10年前的硕士不如10年前的学士！”还有的博士生在应聘时经常会被用人单位问及：“你是2000年以前博士毕业还是此后毕业的？”弦外之音再清楚不过——“王小二过年，一年不如一年”。这种学历品质的蜕变又是怎么造成的？

一是我国大学教育体制近四十年一贯制，培养目标早已不适应社会对新生产力的需求，而政府未能及时对此进行宏观调控。关于这一点，我们可以从2016年全国“两会”期间教育部长袁贵仁答记者问的一段话里明显析出。他说：“高等教育现在毛入学率是40%，到2020年要提高到50%。按照国际通常的说法，高等教育毛入学率15%以下叫精英化阶段，15%—50%叫大众化阶段，毛入学率50%以上叫普及化阶段。”

我国教育领域的许多逻辑的确让人费解。从1999年开始的大学扩招，仅四年时间就让我国高等教育的毛入学率迈进了大众化教育阶段。但是，我国的高等教育体制、大学教学体系却纹丝未动，精英教育模式并未向大众化教育模式转型。在“教育产业化”的口号声中，中国老百姓能看得见的就只有“学费上涨了、大学好考了、就业越来越难了”。

二是超乎常态的大学扩招，尤其是高学历教育的迅速膨胀，造成大学师资力量捉襟见肘，“揠苗助长”便成为中国高校普遍施行的应急措施——助教突击提讲师、讲师突击提副教授、副教授破格提正教授。依据国际惯例，一个导师带2到3名博士生是常态，我国在大扩招之前也是如此。经过数年扩招，博士生数量无限量翻番，博导变身班主任，叫不出博士生名字的现象，早已不再是笑话。为适应这一变化，各高校纷纷展开“博导”争夺战。

全国政协委员、民盟河南省委副主委、郑州大学博士生导师王立东受访时举证：一些学科为了确保博士学位点申报成功，不惜“拉大旗作虎皮”，集合学科内外，甚至校内外的力量，拼凑起一支名声显赫、但无法上岗的知名教授队伍。“一旦博士点被批准，就只好在（本校）矬子里面拔将军，使那些不具备指导博士生能力的教授们都成了博导。”

据我们了解，王教授所言“不具备指导博士能力”的“南郭先生”主要有三种人。

一是“官员博导”。近十几年，不少高官通过“在职教育”获得硕士、博士学位后，并未放弃“学术追求”，他们继续玩弄“权权交易”的把戏，成为大学“硕导”甚至“博导”。这样的事例，在本章第一节那些落马高官中并不少见，鼎鼎大名的原重庆市副市长兼公安局长王立军堪称此类官员中的“最牛博导”——一个初中毕业的转业军人，通过自考与成教获取了中专与大专文凭后，随着官职提升，竟然相继成为29所大学和研究机构不同专业的兼职教授、博士生导师和研究员。他号称法医专家，并有100多项相关专利，却被指称“解剖的尸体合不拢”。他头戴诸多学术光环，却不懂英语，不会上网，即便是网络上的新闻也必须着人打印成纸质件呈送给他。好在这位“南郭先生”只是空挂其名，若真行使“博导”之责，还不知要坑害多少博士生。

二是“行政博导”。主要是大学校长、书记等人。这部分“博导”分为两类人，一类人走上行政领导岗位之前就是大学教授，具备指导研究生的资历和学术能力，但由于行政、教学“双肩挑”，自然会影响到教学质量。王立东教授曾披露：“一所进入‘211工程’行列的高校校长，目前带的硕士生、博士生共有32人，相当于一个班；湖北一所理工类高校的校长带了25名硕士、博士研究生。校长本身行政事务就一大堆，哪里还有时间做科研、指导研究生？”

另一类“行政博导”原本是学校或地方行政人员出身，既无合格学历学位，亦无学术能力和教学经历，属于地地道道的“南郭先生”。但出于利益需求，便利用手里的职权强行上岗，贻误青年。全国政协委员葛剑雄教授曾收到过一份举报材料，涉事者是广东一所大学的校长。此人未取得博士学位之前就当上了“博导”，此后凭借抄袭自己博士生的一篇毕业论文，才“后补”了一张博士文凭。

三是不学无术的“关系博导”。某大学研究生部一位负责人向记者披露：“高校有少数‘混混’，胸无点墨、满嘴狂言，靠混文凭、走关系当上博导。即便主持论文答辩，照样放不下手机，发短信、看微博、上微信，轮到提问环节，抬起头信口雌黄，不是找标点符号的正误就是询问论文引文出处，连篇累牍全是旁枝末节，对博士生论文的学术水平、学术思想、学术思维、学术前沿等基本问题提不出来，即便抄来几个类似问题凑数，也无法正确评判答辩者的真实水平。”

官员博导鸠占鹊巢，南郭先生滥竽充数，将我国的高等教育陷于不仁不义。不仁者，败坏大学之道、玷污象牙之塔。不义者，上负国家重托、下负莘莘学子。众多勤学苦读的优秀学生，被一些著名高校疯狂追逐抢到手后，任其于校园之中自生自灭，混至毕业，无论是否学有所成，见人一张毕业证，实在误人子弟。《中国青年报》一项上万人参与的调查显示，34%的人后悔读大学，51%的人认为，在大学里没学到有用的东西。

三、专业“热门化”、就业“功利化”

我们在相关调查时发现，1999年大扩招之前，我国的大学毕业生基本上都能够找到工作，同时也并未出现社会上有大学生供给不足的呼声，大体上可以认定为供求平衡。自打扩招以后，大学毕业生就业一年难过一年，逐渐成为社会普遍关注的问题。可是在另一方面，我们也听到许多用人单位抱怨，尽管有些岗位工资待遇迅速上涨，但还是很难找到合适的人才。这就足以说明，不能把大学生就业难简单地归罪于供给过度，大学教育与社会需求脱节也是其中重要的原因之一。这一问题的主要症结体现在两方面：

其一，大学教育“同质化”、“热门化”。数千所大学同一张试卷、同一批专业、同一种教学模式，甚至连校名简称、录取通知书乃至毕业证的设计都不时因“撞脸”而引发官司。且以前几年教育部公布的本科十大专业招生目录为例：英语专业有554所学校开设，计算机专业有526所学校开设，法学专业有407所学校开设，国际经济与贸易专业有384所高校开设，艺术设计专业有382所高校开设，会计学专业有382所高校开设，信息与计算科学专业有370所高校开设，电子信息工程专业有367所高校开设，市场营销专业有361所高校开设，工商管理专业有356所高校开设。

从这一串名单上的数据我们很容易发现两点弊端：一是大学专业设置“同质化”，这是计划经济下的产物，虽然有些学校在部分专业设置上做了一些加减法，但至今未有本质上的改变。这种“同质化”的预设，必然导致中国庞大的大学毕业生人群失去专业特长上的差异，形成就业屏障。二是“热门化”，即在国家教育部划定的圈圈里，各学校对所设专业的招生数量进行随行就市、急功近利式的调整。这样做本身并无大碍，从某些角度看甚至有必要，问题出在大部分“热门”专业的调整，缺少对国家经济形势的演变、就业市场长期发展的研究与判断，形同小农经济的家庭种养，今天“蒜你狠”，明日“姜你军”，今年猪肉涨价全民养猪，明年羊肉紧俏全民放羊。农畜产品涨涨跌跌尚造成市场混乱，大学培养专业学生若如此，后果可想而知。从高考填志愿万人报一专业，到人才市场上千人求一职位，同质化竞争毫无疑问加大了各类毕业生就业的难度。

一位教育学者愤言：“每一次大学里的专业热潮之后都预示社会上这个行业的烂掉。你必须相信这一点，当下最热的专业，等你毕业的时候一定会烂掉，中国大学有这个能力，因为它们是山寨公司，它们看重的是‘快速反应能力’，谁能短平快地抓住热点，大量吃进原料囤积，迅速做出仿版，就算战略上的成功！”这话听起来糙了一点，但道理一点也不糙。

其二是学生选择专业“功利化”。中南大学高等教育研究所蔡言厚教授在做“状元”系列调查时发现：“经济管理类专业是高考状元的首选专业，数理化基础类专业居第二，生命科学类专业第三，电子信息类专业第四，计算机类专业第五，位居前十名的其他专业是法学、自动化、建筑学、外语、新闻等。经济管理、生命科学、电子信息、计算机等，约占总报考人数的90%以上。较少选择对国家、民族、社会有重大影响的基础专业，特别是中西部名牌大学的名牌专业亦少有状元问津。”

与蔡教授同在一个研究团队的冯用军副教授受访时也发表过类似观点，他举例说：“农学至今无一高考状元问津。我国是一个农业大国，‘农学无状元’的现实，显然与我国从农业大国变身为农业强国的国家战略不符，值得反思！”

“状元”如此，普通大学生也无例外。有人曾在十几所大学的本科生、研究生中进行过有关选报高考志愿方面的专项调查，发现96%以上受访者回答选报专业的必要条件都是“热门”，认为“好就业的专业就是好专业”。其中不足10%的同学回答在“热门”的前提下，“兼顾了个人理想”或“爱好”。仅占总数4%的同学回答曾经为追求人生理想填的高考志愿。此外，在“热门”之中，同学们还会比较集中筛选一些毕业后上岗待遇好、工资高的专业，又进一步收窄、集中了专业范围。

可是临了往往事与愿违，毕竟读书不是种庄稼，没办法一季、半年或一年一调整。本科四年、研究生两到三年、硕带博七八年毕业后走进人才市场，即便侥幸躲得过“热门成冷门”之变，也难躲过僧多粥少、“一碗难求”的艰辛。就算你运气好抢到了饭碗，那行当、那待遇也有可能风光不再。我们调查时发现：不少偏远地区的农民因教返贫的家庭正在日益增多。为什么？大学生读书成本越来越高，毕业后收入却往往赶不上在外打工的兄弟父老。就算是研究生毕业，情况也好不到哪里去。

以2014年纳入国家招生计划的新入学研究生秋季学期收费为例：原则上每年硕士生不超过8000元、博士生不超过10000元；而在出口端有统计显示，2014年高校硕士毕业生的就业起薪月薪分别为：2000以下占4.92%，2000元—4000元占25.68%，4000元—6000元占30.62%，6000元—8000元占18.33%，8000元—10000元占14.75%，10000及以上占5.7%。

一位人才市场研究者受访时表述：“看看十多年来大学生就业，最受追捧的几个专业都让人哭笑不得。经济学热吧，热！即使幸运挤进去，不少人当了会计或营业员；公检法热吧？热！可早就人满为患了，你挤得进去？还有什么播音主持、影视编导都是让年轻人热血沸腾的岗位，就算你拿的是传媒大学、电影学院的学士、硕士毕业证，还得照例去给电视台栏目组当临时工或去影视剧组跑龙套，就那样还得要点路子。还有学商科的去卖保健品、搞传销，学计算机的在网吧里当管理员，学物流管理的去快递公司、学电子商务的开淘宝店，学动漫设计的帮人做山寨动画……这些并不少见！”

另一位大学教授则感叹：“如今的大学成了赌场，没有定力，今天房产热，增开房地产专业，明天企业管理人才吃香，赶快开 MBA 班，我们学校八年之内就变换过近二百个专业。今天办明天撤，明天办后天撤，乱成一锅粥，形成不了稳定、有特色的教学体系。这样做谁受害？学生呀！”

针对多年中国学生重名校、奔“热门”的现象，中国科学院院士、前英国诺丁汉大学校长杨福家教授调侃：“什么时候我们有一半学生不想进北大、清华了，就说明我国的教育改革取得了突破。”

四、分配社会资源表里不一，文凭相同命运两样

造成中国学历贬值的另一个不得不说的原因，就是已泛滥成灾的在职学历教育。大量“注水”硕士、博士出炉，虽说其中一些手持学位证书的落马老虎、巨富、明星并不存在与在校学生分抢就业机会，但是不可忽视的是，那些“灌水”学历、学位不仅稀释了本该经过数年寒窗才能最终获得的学历“浓度”，降低了学历的“含金量”，更增加了人们对高等教育学历的不屑与蔑视。

中国人民大学顾海兵教授指出：博士“大跃进”超越了博士教育资源，不仅是教育界对社会的不负责任，更是对国民教育资源滥砍滥伐。不仅难以保证博士生的质量，还会带来博士生就业难问题，出现“高学历，低就业”现象。

岂止于此？同样一张文凭，拿在王益、刘铁男、王立军等人的手里，可以飞黄腾达、加官进爵；拿在富商、明星手里可以“混圈子”、“塑金身”；而拿在那些吃过“十年寒窗苦”、拼过高考“独木桥”、靠着全家人的血汗钱熬得硕士、博士学位的普通学子手里，一朝就业宛若一再贬值的纸币。这样的比照，不只是影响高等教育的声誉，更让我们的社会公平性受到严峻挑战与质疑。

同时，官员博导的大量涌现，他们对权力与金钱的崇尚，对学术精神的漠视，大学的官向思维与“化腐败为神奇”的作为，势必践踏普通学子的求学初心与理想，甚至影响到他们的生活信念和是非观念，此等现状，引起不少大学“良心”们的担忧与焦虑。《民法学》国家精品课程负责人、西南政法大学民商法学院博导谭启平教授在该校博士、硕士授位典礼上谆谆寄语：“今天的母校既不是 211，更不是 985，没给你们带来多少荣光；但明天的你们，也不要因为双规、犯罪或重大负面新闻而让母校和作为老师的我们感到蒙羞。”

不足百字，万语千言。这是一次多么沉重的毕业致辞！毕业季，本应该是大学园丁们用鲜花般的诗语，为踌躇满志即将走出校门的年轻学子送上祝福，而这位忧心忡忡的法学教授却用如此冰冷坚硬的法律语言寄语自己的学生。是苦？是痛？是悲？是恨？

再看看两所美国大学校长在2015年毕业典礼上的致辞。

普渡大学校长米切尔·丹尼尔斯的毕业致辞是："我们生活在一个人们急于把他们的想法变成权利和特权的时代。但现实并非总是如此，总有人要在一个自由独立的国家履行职责和责任，这就是公民，他们各司其职，拥有孝顺等美德，同时也引领社会的变迁！"

哈佛大学校长德鲁·福斯特的毕业致辞是："这是一个自拍，还有自拍杆的时代。仔细想想，如果社会里的每个人都开始过上整天自拍的生活，这会是怎样一个社会呢？世界只是暂时属于我们，我们肩负着过去和未来的责任，真正的我们要比我们自己和我们的自拍照要广博得多。而大学的责任正在于此——用我们共同人类遗产号召大家去开拓未来！"

相同的时代，共同的主题。毫无疑问，在大洋彼岸的大学校园里也有污泥浊水，也有阴晴圆缺，但我们从三位教育工作者的字里行间，却品味出两种迥然不同的文化境界。也许对于中国的教育工作者来说，在"沉沦"、"彷徨"、"呐喊"过后，更需要一番卧薪尝胆式的思辨：中国教育如何浴火重生？

后记：从"打工皇帝"唐骏的落幕到EMBA的兴起，自21世纪初，在我国"正统"高等教育体系之外，已逐渐形成一条与之平行的学历教育副线。这本来是值得称道的高教新格局，但值得注意的是，在不长的时间里，这条副线迅速聚集了中国上流社会的部分精英——位高权重的高官、身价过亿的巨富、大红大紫的明星。他们于高档娱乐、联谊之间，构建一种在"圈学"基础上的新生产力逻辑，以"同学之道"改造"大学之道"，以金钱地位打破"科考"陈规，悄然冲击、"打劫"了我国现有本属于大众共有的教育资源。

究竟这种"改造"、"冲击"、"打劫"是福是祸？尚不得而知。我们不妨暂且套用万能的自然法则——"物竞天择，适者生存"来等待历史揭晓答案。还是那句话，治好了和尚的歪嘴，念出来的自然是"正经"。

第六章 战而论道：高校精英中国梦

曾几何时，“精英”一词近乎成为国人的笑柄。且不论一些自诩“精英”如何昙花一现，但任何一个国家和民族的复兴，断然离不开一批知识精英的奋斗与奉献。在中国教育陷入困境之际，有三位心高志远、身体力行的大学校长，在不同的时段，用不一样的方略、一样的良知，以一己之力，为破时艰、百折不挠、踽踽独行，被称为高校改革“三剑客”。

刘道玉：珞珈山下啼血鸟

“在我看来，他是一名战士、一个冲在最前面的战士，有理想、有担当，也有失策、有失误。于是，他烟尘满面，伤痕累累，却义无反顾、勇往直前、跌倒又爬起来。”

——易中天

2012年4月22日上午9点，天安门东—长安大道北—北京饭店会议大厅。

一场名为“理想大学”的座谈会开幕。与会者绝大部分是中国教育界知名人士——全国人大常委会委员、中国民主促进会中央委员会副主席、中国教育学会副会长朱永新，全国人大常委会委员辜胜阻，中科院院士、中国科技大学前两任校长、时任南方科技大学校长朱清时，北京师范大学前任副校长、中国

“理想大学”专题研讨会

教育学会会长顾明远，上海师范大学前任校长杨德广，浙江师范大学教育科学学院院长眭依凡，21世纪教育发展研究院院长杨东平，北京大学中文系教授、博士生导师钱理群，知名学者易中天……

在30余名与会人员名单中，不乏国家级领导机关的高等级职衔者，仅全国人大常委就有两名，至于“前任”、“现任”一些知名大学的校长、副校长则更多。记者有闻，他们无一例外都是以个人名义参加今天的会议，他们接到的入会通知并非出自教育部或其他什么政府部门，只是一封不到两百字的私人邀请函：

“余年近八旬，且右耳失聪，右手已不能书写，基本上是一个残疾的老年人。但我不甘寂寞，心中教育改革的炽热之焰未灭，追求理想大学的情结仍没有消失。于是，准备积个人30多年的经验、教训、学习心得和未来大学教育的期盼，着手撰写《理想大学》一书。为了使其更完善更合理，特此在大纲写成之初邀请众多教育界、学术界的权威人物召开研讨会……”

仅凭一封私人邀请信，何以聚集数十位中国教育界的“大咖”云集北京，且为他区区一部刚有提纲的书稿不惜“金口玉言”、高谈阔论？提起这封邀请信的签名者刘道玉，在当今中国社会恐怕知之者已经不多，但在教育界，知之者还大有人在。关于刘公道玉其人，先看一张百度名片：

刘道玉，1933年11月生，湖北枣阳人，著名教育家、化学家、社会活动家。1977年，出任国家教育部党组成员兼高教司司长，为高教战线上的拨乱反正和恢复统一高考起到了很大的作用。1981至1988年担任武汉大学校长，是当时中国高等院校中最年轻的一位校长。1988 年 3 月 6 日，刘道玉被国家教委干部局负责人奉命宣布免去武汉大学校长职务。现任刘道玉教育基金会会长。

这是一张语言隐晦、字字玄机的名片。一位曾对当代中国教育改革起过“很大作用”的原教育部官员，一位最年轻的中国高校校长，一位曾受到两任中共中央政治局常委赞扬、称之为“中国高教改革‘四进士’”之一的先锋派人物，为何无过遭贬、被“免去武汉大学校长职务”？

对于自己的政治宿命，刘道玉本人倒是早已从早期的愤懑之中平静、沉寂下来，有如此刻，他端坐一隅，紧锁眉头、歪着脑袋，用手窝住仅存微弱听力的左耳，不时恳请发言者“大声点！”《中国青年报》到会记者动情地描述：“不知道他究竟听清楚了多少发言者提出的意见和建议，然而，只要在瞬间凝望一下这位紧锁眉头、面部神情严峻而忧郁的老人，一种尊敬、感动与痛惜相互交织的复杂感情便油然而生……”

何止那位记者，面对眼前这位耄耋老人，在座诸公谁不心存怜惜与景仰？

朱永新教授发言：“一个年近 80 岁的人，依然能像年轻人一样，充满着激情，充满着改革的冲动，充满着壮志未已的情怀，这使我想起了精卫填海的故事，自己永不停步勉力而行地去创造，的确是有些悲壮而美丽……”

杨东平教授发言：“今天听刘校长讲理想大学，激动人、感染人。在历经磨难之后，刘校长对中国教育的未来还依然充满这样高昂的理想，还身体力行地去宣传、去改变，这在我们的社会是一种难得的稀缺资源……”

易中天教授发言：“刘校长成为武汉大学抹不掉的记忆，中国教育绕不开的话题，并不因为他一贯正确，更不因为他完美无瑕，而仅仅因为他代表着一种精神，他甚至只是这种精神的符号和象征。这种精神，就叫‘改革’……”

刘公邀办此次座谈会，断然不是为了听各位同仁的溢美之词。会上，他充满忧患意识的发言——“当代大学的五大危机”——重重叩击着各位入会仁人志士的心。正是在这种反思气氛下，北大教授钱理群慷慨陈词、语惊四座：“我们的一些大学，包括北京大学，正在培养一些‘精致的利己主义者’，他们高智商，世俗，老到，善于表演，懂得配合，更善于利用体制达到自己的目的。这种人一旦掌握权力，比一般的贪官污吏危害更大！”这段话当晚被与会者发上博客，几小时之内阅读、转发者达数万人之多，差不多成为 21 世纪中国教育批

一封个人邀请函，数十位中国教育界“大咖”云集北京

判主义的经典段子，至今仍被大量热用。

这次时长不足6小时的座谈会，尽管不显山、不露水、未惊动官方、未通知媒体，却没少引起国内外媒体的高度关注，被称作中国非官方高校改革者“抱团取暖”、高调宣示改革决心的一次“闪会”。也有好事者传播：“这次座谈会刘道玉又杀了一次‘回马枪’！”

不管好事者散播此话的目的是甚，刘道玉退休后向教育部门“杀回马枪”的确不止一次了。有人将刘道玉比作“中国教育改革的‘出头鸟’”，此喻不无道理。熟悉他的人说，自1977年参加邓小平主持召开的“科学教育座谈会”，并参与提议废止“四人帮”大学招生“十六字方针”、主张立即恢复高考开始，无论身处台上台下，此公在中国教育改革的每一个重要节点从未掉过链子。

◆受命雪耻，逆“缘”度人

1981年8月22日，《人民日报》头版转发了“新华社”的电讯，报道了“国务院任命刘道玉同志为武汉大学校长”。消息说：“他是我国解放后自己培养的大学生中第一位担任大学校长的人，也是我国高等院校中最年轻的一位校长……”对于这次任命，我本来没有思想准备，现在又面对着《人民日报》所引起的轰动效应，我更是无所措手足。一夜之间，人们议论纷纷，记者轮流采访，四面八方的信函也纷至沓来。

当时，我真有点叫苦不迭，这回真的要把我放在炉子上烤了。本来我辞去教育部的官职回到珞珈山（武汉大学校址），是要从事我的化学教学和科研业务，没有想到回来不仅没有摆脱行政管理事务，反而还把我推到了校长的位置。不过自古华山一条路，上任了我就不能退却。既然报纸上说我是“年轻校长”，就得有年轻校长的样子——朝气蓬勃，立足改革，“卧薪尝胆，十年雪耻”，改变武大“老牛拉破车”的落后状态。

刘道玉踌躇满志地上任了。此时的武汉大学，已从民国时期中国五大名校的排位，跌落至当时教育部直属23所大学中的第22名。上任之初，刘道玉在全校师生大会上发出“我们武大要10年生聚，10年雪耻”的誓言，并宣称“要以越王勾践复国之志，卧薪尝胆，复兴武大！”

当我们拖着满满一车石灰转来时，碰上了辛甘，她带来了一个中年人。我悄声问辛甘：“你请来的是谁啊？”辛甘也说不清楚。原来她闯进校长办公室时，屋里只有这个中年人。她正在气头上，便把满腹牢骚倾倒到他头上，并要求他当个录音机，将自己的话原原本本转告校长。她走出办公室后，才发现这个中年人跟在她后面。他到底是什么人呢？看上去，四十五岁左右，中等个子，一张结构极平常的脸孔，平易，自然。一身学校老师中最常见的打扮：朴素、干净，很像是一个干练的办事员呢。我想，辛甘带了校长办公室的大员来，匡筐助学金的问题，或许可以解决了。

中年人在帮助我们完成运输任务后，参观了我们的房间。他深有感触地说：“唉，让学生们住这样一派败落景象的宿舍，校长千真万确是应当负责的！”

辛甘朝他行了一个少先队员的举手礼：“为你这句话，我对你表示衷心的感谢！”

辛甘走近他，居然顽皮地扳动着他的肩膀：“你叫什么呢？校长办公室的秘书？还是主任？”

“我叫路石，本校校长……学校不能正确地使用人民助学金，迫使经济上没有来源的学生，为吃饭、买书操劳，我这个校长，是渎职啊！”

匡筐激动地握住校长的手，轻声说：“校长，别这样说，真的，看到我们学校有你这样的校长，我真高兴，高兴……”

辛甘开怀大笑：“你不是说我们的校长年迈力衰、精力不济，很可能是挂虚名儿的吗……”

这是20多年前，武大中文系才女喻杉在她的处女作《女大学生宿舍》里，对初次遭遇校长路石的一番描述。不久，这部畅销大中学校的长篇小说被搬上银幕，首映式就在武大礼堂。这里的观众都心领神会：剧中人“路石”的原型就是上任不久的武大校长刘道玉。

几年后，另一位名叫李为的女博士在她的回忆文章里写道：

“正是电影《女大学生宿舍》中美丽的校园风光和壮志凌云的校长吸引了我报考武大，而我刚跨入美丽的珞珈山校园，便碰到校长。我的好奇心驱使我一定要看清他的样子。我快走几步想跟上去，但他走得更快，我追不上，只看清了他的侧影。他昂首挺胸，目不斜视地看着前方，好像在思考着一幅未来的画卷。他左手拿着黑色的公文包，右手搭着西服上装，上身白色衬衣，配深色领带，金丝边镜框在阳光下熠熠泛光。神情严肃，举止优雅。他的步履和眼神透露出的沉稳、敏锐、精干、坚定、自信，他的形象和气质给我的第一印象是：外交官……”

刘道玉，就这样走进武大学生们的眼里、心里。可女生们当时怎么也想象不到的是，这位刘姓校长远非她们描述的那般温文尔雅之士，倒更像一头蓄意闯阵的野牛，于珞珈山下东奔西突，将武大，乃至武大以外的高教领地闹得天翻地覆、鸡犬不宁。接下来由他造下的“故事”，那就堪称“步步惊心”了！

【故事1】上任不久，经济管理系领导向他举荐了一位在经济学研究领域崭露头角的青年人——杨小凯。可按当时说法，此人无大学学历，却有严重的“历史问题”——“文革”期间，他因撰写《中国向何处去》一文，被康生点名为“反革命分子”，判处10年徒刑。他的学问，主要来自“监狱大学”。

“人才难得！”一声感叹后，急于为“复兴武大”建构学者型教师队伍的刘道玉，趁去长沙开会之机，向到酒店看望他的湖南省委书记毛致用表达了起用杨小凯的想法，并“狮子大开口”：一，杨小凯的问题发生在湖南，希望湖南省委一定给他彻底平反，不留尾巴；二，杨小凯的专案材料不得进档转到武汉大学；三，把杨小凯的妻子一起调入武汉大学，以免造成新的两地分居。

开明的毛致用书记欣然接受刘道玉的提议，并指示湖南省委组织部协助武大办理杨小凯调动手续，但“平反”一条因当年给此类案件“定罪”的相关领导尚在高位，尚待时日。尽管此事留有“尾巴”，但刘道玉仍旧让杨小凯以披枷带锁的“戴罪之身”来到珞珈山，并破格提拔他为武汉大学经济管理系的讲师。这件事即便在以改革著称的武汉大学，当时也引起很大争议，给他留下“招降纳叛”的话柄。

事情到此并未结束。1982 年 7 月，美国普林斯顿大学计量经济学中心主任邹至庄教授来武汉大学讲学，与杨小凯进行了广泛的学术讨论，对杨小凯的才华和学术成果极为欣赏，表示要邀请他去美国普林斯顿大学攻读博士学位。但是，此动议交武汉大学党委会议时，受到绝大部分党委常委的坚决反对。客观地说，彼时彼地，站在反对者的立场上看，杨小凯的“反革命”恶帽未摘，送他去到西方国家求学，不是无异于“放虎归山”吗？

刘道玉的个人意见被否决后，他建议杨小凯找邹至庄教授，利用他的影响力给中共中央高层直接上书。很快，他便收到总理外事秘书李湘鲁的信函，授权武汉大学直接办理杨小凯出国留学手续。有了这把“尚方宝剑”，刘道玉得以撇开武大党委，给杨小凯去美国留学开亮绿灯。

杨小凯出国不久，一场清除精神污染的运动在中国掀起，武汉大学的左派们高调“缺席批判”杨小凯，矛头直指刘道玉。为了让杨小凯安心读书，早日学成归国助他完成“复兴武大”蓝图，刘道玉特地上京找李湘鲁秘书，托他写信给杨小凯“稳定军心”。李秘书在写给杨小凯的信中轻松、幽默地说：“那些左派总要找一些事情来做，否则恐怕会有点寂寞，你们完全不必介意，虽然有点讨厌……”次年五月，刘道玉又帮助杨小凯的夫人办妥去美国陪读手续，在精神上给了杨小凯极大的安慰。

经过 5 年苦读，杨小凯在普林斯顿大学获得博士学位，并在哈佛大学完成博士后研究。为报答刘校长的知遇之恩，1988 年，杨小凯离开美国，欲践行当初“学成回国、服务母校”的承诺。没想到此时正好赶上刘道玉被一纸罢免校长职务。

“既然无法报答老校长的知遇之恩，我回武大还有何益？”曾被武大“左派”们纠缠不休的杨小凯，改道远赴澳大利亚。其后以卓越的研究成果，被莫纳什大学评为终身教授，并当选澳大利亚社会科学院院士，成为改革开放以后，近 30 万中国出境留学生中首位获得国外院士衔职的著名学者，此后两次获诺贝尔经济学奖提名。极少为中国人喝彩的美国媒体也曾高调评价：“杨小凯是华人经济学家中最有希望问鼎诺贝尔经济学奖的人！”

此后，杨小凯并未忘记出国时的承诺，曾回武大讲学并探望已退休的刘校长，想以另一种形式报效母校。但他的一番热心肠不敌一些人的“冷屁股”，不仅不让他讲课，而且还派人日夜监视他的活动。无奈之下，杨小凯只能愤而离去，自此不归，直至英年早逝。

【故事 2】“一诺千金”似乎是武汉大学一脉相承的传统校风，无论新老学者都有遵从。但在不同时期，碰上不同的校长，他们的命运和能发挥的光热却大不一样。

著名法学家韩德培教授，1942 年毕业于加拿大多伦多大学获法学硕士学位，接着又以特别研究生的身份转往美国哈佛大学法学院继续从事研究工作。1946 年，韩德培拒绝了刚成立的联合国的工作邀请，应我国著名国际法学家、时任武汉大学校长周鲠生先生之邀，回国到武汉大学担任法律系教授与法律系主任。1957 年，韩教授被错打右派，1960 年摘帽后返回武大，而此时法律系已被并入湖北大学，凡“右派分子”对方一个不要，学校只好安排他到外文系教外语。

刘道玉上任后，曾笑言武大被动留下无人收纳的韩德培教授是“因祸得福”，他多次登门造访，诚邀韩教授出山重建武大法律系。与此同时，北京大学也多次向韩老抛出橄榄枝，希望他能去北大法律系任教。何去何从？尽管回国后在武大咽尽人生苦水，但韩老没忘第一次选择回国时对老校长周鲠生的承诺，加上感动于新校长刘道玉的求贤若渴，老先生再一次选择了武大。在他的旗帜下，很快聚集了一批优秀教师，迅速将停办 21 年之久的武大法律系重新建立起来。

刘道玉对重生的法律系情有独钟，称之为武大的“王牌系”。在他的努力下，韩德培教授不但恢复了法律系主任职务，还加入了中国共产党。为表彰韩老对武大的贡献，刘道玉亲自跑教育部，请得蒋南翔部长特批，将他从三级教授提升为二级教授，这在当时可谓是“打破规矩”之举，在中国高教界被传为佳话。一时间，各地各界的法学人才纷纷主动来信应聘，其中不乏早年毕业于武大法律系的校友，大家都希望聚集在韩德培教授的旗下，“重铸武大昔日辉煌！”

刘道玉为韩德培教授白寿赋诗

对此，刘道玉充满诗意地写道：“如果说法律系是武汉大学的一块水晶，那么它在反右、文革中已经被打破。所幸晶体虽破，但晶核尚存。这晶核就是德高望重的著名国际法学家韩德培教授。我坚信用不了多久的时间，就会在他这个晶核的周围生长出一块美丽的巨大的晶体来。”

事如人愿。1984 年，法律系在恢复五周年之际升格为全国重点法学院，下设两所——全国综合性大学中第一个国际法研究所和亚太地区最大的环境法研究所，各自承担了多项重点科研任务，为国家起草了多个法律文件，并代表国家参加在荷兰海牙召开的国际法大会。与此同时，韩德培教授还创立了具有中国特色的现代国际私法学理论体系，成为新中国国际私法的一代宗师，先后担纲中国国际法学会名誉会长、中国国际私法学会名誉会长，被誉为“中国法学界的镇山之石”。

【故事 3】在珞珈山的此类传闻中，争议最大的莫过于“五个本科生换一个易中天”的故事。

1978 年，在新疆乌鲁木齐钢铁厂二中教书的易中天，只有高中文凭直接考取了武汉大学中文系古典文学研究生。由于入学名额是占用新疆自治区“委培生”的指标，而且签有毕业返回的合同，故在 1981 年毕业分配时，毫无疑问地返回新疆就业。这可急坏了易中天的导师胡国瑞——他早就将这位天资聪慧的门生作为国学传承人精心培养，假若没有合适的人文环境，他担心会埋没弟子的前程，故以学校急缺这方面的人才为由，找到刚上任不久的校长刘道玉，建议设法让易中天留校给自己当助手。

拿到今天，可能这档子事不算太难，可在当时情境之下，改变一个占用少数民族地区定向委培指标的学生毕业去向，非同小可。刘道玉仔细读过易中天的毕业论文和处女作《〈文心雕龙〉的美学思想》，认定该生“前途无量”，便着人迅速联系乌鲁木齐教育局。结果可想而知，乌市理直气壮断然拒绝了武大三番五次的“无理要求”，理由充分：1. 该生录取占了委培生指标。2. 该生带薪读书三年，拿的是我们发的工资。

既然商量未果，易中天就得回新疆参加分配了。这下子，比他自己还急的是恩师胡国瑞，他气急败坏地电告刘道玉：“我已逾古稀之年，后继无人啦，绝不能‘杀鸡取卵’，希望校长一定设法将易中天留校！”

“我也是一个爱才者，完全支持胡先生的要求。1981 年 5 月，我利用到北京出差的机会，到教育部学生司汇报，李力群处长接待我，虽然她很同情我，但她说，事关民族政策大事，她不能做主。但她给我指出了一条路子，要我去找蒋南翔部长，请他出面与新疆方面协调兴许有可能解决。蒋南翔部长秘书刘益清是武大校友，我通过他安排，直接向蒋部长作了汇报。蒋部长听后说，此事我已知道了，新疆方面王恩茂书记也出面了，坚决不同意武大把委托培养的研究生留校，这事有点难办啦！当然，大学人才青黄不接，后继无

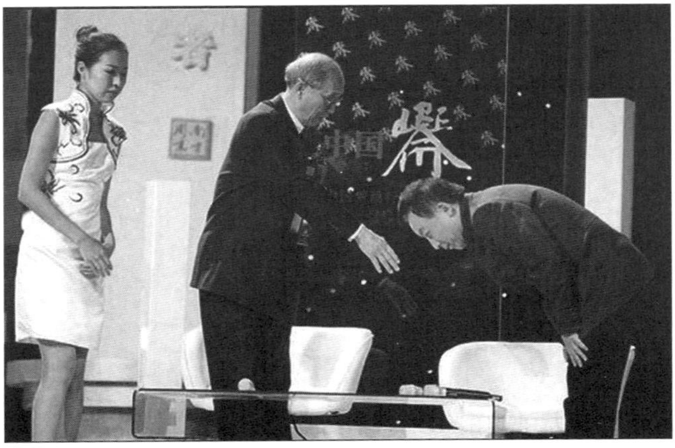

易中天向恩师刘道玉鞠躬

人，也是个很棘手的问题。他凝思片刻后说：“我建议你们与新疆达成一个君子协议，他们同意易中天留校，你们每年多分配几个毕业生支援新疆，这样两边都照顾到了。”我完全同意蒋部长的建议，当年我们分配5个本科毕业生到新疆，从而换得了易中天留校，这事才圆满得以解决……”

易中天留校了，后来成为武大中文系副主任，成为讲课最受欢迎的教师之一。刘道玉被免职后，易中天调至厦门大学，后经央视“百家讲坛”走红，成为媒体竞相追捧的文化学者。不过至今有人仍在为当年被“交换”支边的五位“人质”叫屈，直批刘道玉“违反政策、意气用事”，“逆缘而行，有仁无义！”

虽说这些批评不无道理，但在刘道玉心里，大丈夫立身于世，若图标新立异，势必要“伤风败俗”、“逆天行道”。

◆标新立异，逆“天”行道

“很庆幸自己求学是在刘道玉时代的武大中文系，而不是现在这个充满市侩气、俗不可耐的文学院。”

——方方（著名作家，湖北省作家协会主席。1982年毕业于武汉大中文系）

“我们这一辈人只知道一个著名的中国大学校长：刘道玉！”

——邹恒甫（世界银行研究部终身高级经济学家，1982年毕业于武汉大学经济系）

“当时的武汉大学，领导生活简朴，作风民主；师生思想活跃，言论自由；研究生论文答辩，可以当面顶撞评审委员；本科生学术演讲，校领导坐在下面洗耳恭听。校长、副校长、书记、副书记的家，敲敲门就进去了。教员上课，学生开会，讲什么，怎么

当年武大作家班的老同学相约看望老校长

讲，没有人横加干涉，自由、民主、开放。”

——易中天（著名学者，武大历史系研究生毕业）

“我当时以为大学就是那么上的，大学毕业后才知道，我撞上了这么牛的一个好校长，他给了我自由。后两年我没在学校呆，因为学分制，老师不能硬性点名（签到），新闻系的学生，三年级就放你出去实习，回来考试就行……非常自由！”

——窦文涛（香港凤凰台著名主持人，毕业于武汉大学中文系）

以上几位，全是当今中国学界大名鼎鼎的思想“叛逆者”。刘公道玉有何魅力，使得他们不惜“歌功颂德”、满口溢美之词？有道是“物以类聚，人以群分”，自然是那位“任性”校长当年的所作所为，令各位高足刻骨铭心。

【故事4】1981年底，刘道玉收到一封学生来信：

“亲爱的校长：当我写这封信时，简直苦恼到了极点！我自幼喜爱文学，做梦都想当一名作家。然而，乔太守乱点鸳鸯谱，却把我录取到了生物系，尽管生命科学是当前的热门，可是我对它却没有一点兴趣。每当我学习解剖课时，我想我也是一只兔子，现在不也是被放在砧板上，被人用手术刀一刀一刀地宰割吗？校长，请你救救我，不要把我再当作兔子……”

经过了解，写这封信的学生名叫田贞见，来自鄂西山区的土家族子弟，1979年以全县第一名的好成绩，被武大生物系遗传学专业录取。可是，学生物不是田贞见的兴趣所在。对他来说，与其在实验室里解剖兔子，不如爬格子、写小说更有意思。

田贞见告诉记者：“当时我想到转系，可没有先例。那时候的教育体制都是一榜定终身，校与校之间、专业与专业之间很难调整。我找生物系的领导，他说不可能。我又找中文系领导，中文系也不愿意接收我。我痛苦了很久，只好拿起笔向刘道玉求助。”

“看了这封信，我的心情难受极了，难道我们的教育就这样残忍吗？为什么要强迫学生学习他们不喜欢的专业，又为什么不允许人们选学他们喜爱的专业呢？我切身体会到，没有爱就没有教育，不尊重学习者志趣的教育是屠宰心灵的教育。这状况不能再继续下去了，禁区一定要打破……”

连田贞见都没想到，自己转系的“非分”想法竟然通过校长特批得以实现。这位不愿意躺在实验室里当“兔子”的学生，立即以全部精力投入课业与写作，毕业后更是佳作连篇，成为一名优秀报告文学作家，作品曾获中宣部“五个一工程”奖，后出任武汉作家协会副主席。

受访时，提起当年的幸事，田贞见仍兴奋不已：“刘道玉提出的一句口号就是‘尊重学生的志趣’。武大非常自由，学生们非常有激情，干了许多稀奇古怪的事。校园里出现各种各样的社团和刊物，每个星期三的晚上，各个系‘不安分’的学生都聚集到学生会议室，高谈阔论、热闹非凡。讨论的内容新颖且广泛，从毕加索到原子弹，几乎无所不包！”

田贞见如愿转系，此事带给刘道玉一些更深层次的思考——

“不少社会青年来信，因为一次高考失利而失去上大学的机会。我还常常收到一些普通大学或专科大学的学生来信，反映在普通大学与重点大学的学生之间，缺乏平等竞争的机制……虽然我是恢复高考制度的策划者之一，但随着形势的发展，（看到）它的某些弊端也逐步地暴露出来了。如：一考定终生是否有失公允？完全以分数高低取人是否会埋没创造性人才？经过反复思考，我终于从诸多元素中合成出一个新产品——插班生制。”

1983年9月，刘道玉将一份试行插班生制度的报告送进教育部，大致内容为：凡是自学到大学二年级水平的社会在职人员，电大、业大及外校学生愿来武大插班者，通过灵活的考核，可以到武大插班。通过这个制度，一批非重点大学中出类拔萃的学生，以及社会上自学成才并有突出建树的青年，也可以来武汉大学深造。

时隔半年，没有回音。刘道玉又亲自跑到部里去汇报，但得到的答复是：

“此事无先例，需慎重，待研究后再答复你们”。

“一等又是三个月，不得已，我再次进京陈述：‘改革就是做前人未做过的事，应当允许失败。何况试行插班生制度并不一定会失败，即使成不了材也不会出废品，难道统招的大学生个个都能成为人材吗？’经我这么诘问，教育部的负责人也觉得有道理，表示同意，但还需国家计委批准。我趁热打铁，径直找到国家计委，我的改革热情感动了计委负责官员，同意招收插班生，并纳入国家拨款和分配计划……”

一项崭新的高校制度改革之举，于意外之中发生、落地，被媒体广泛称作“学习的解放运动”。武汉大学新的转学、转系、插班制度，很快吸引了全国大专院校的学生。一时间，北大、同济大学、中国科技大、武汉医学院等都有学生转学武大。对此刘道玉如是说：“平心而论，我们的学术水平和师资力量不一定赶得上他们，但为什么这些学生向往武汉大学呢？就是因为我们有比较自由民主的学术环境、尊重学生志趣的气氛……”

改革新制不仅吸引了学生，还催生了许多极具个性的老师。一位武大退休老教师受访时告诉记者：“那时候的武大，教授治校、学术自由的局面已经大体形成，校长尊重教授，教授尊重学生，一些为教学服务的行政部门自然不敢造次……”

当然，这一切与那位极富个性的校长刘道玉脱不了干系。有人笑言：“在校园里，刘校长走路有人随，吃饭有人陪。”随从者、陪饭者，指的都是学生。他明令手下，老教授有事不让来办公室，自己登门拜访，学生到访不得阻挡。对于学生们的要求，只要他认为合理，都会不厌其烦、竭尽全力去帮他们解决，有时候处理问题甚至非常“任性”。

【故事5】历史系大学生王小村，从15岁开始研究动物头盖骨，在转学制实行后改读生物系。目的达到后，又不安于学习，经常旷课去神农架找野人，扬言捉不到野人自己就留在原始森林当野人。到了毕业季，王小村有两门必修课不及格，按学籍管理规定，只能发给他大学结业文凭，不能颁发毕业证、授予学士学位。

王小村对此表示不服气，拿了一大摞在学术刊物上发表的调查报告、研究论文来到校长办公室，向刘道玉发问："校长，是分数重要还是论文重要？"

刘道玉回答说："两者都重要，不过一般来说，分数是考试知识的记录，而论文是研究能力的体现。"

"您一贯提倡把培养学生的能力放在首位，学生自认为符合校长提出的要求。因此，希望校长特批，准予给我颁发合格毕业文凭和学士学位证书。"

"多么聪明的学生！以我之矛攻我之盾，以达到看似不合法但又合理的要求。当然，我很欣赏他的才华，发表了这么多野考论文的学生怎么不能毕业呢？于是，作为特例，我批准给他颁发了毕业证书和学士学位证书，这也是我任校长 8 年中唯一的一次破例……"

刘道玉的"任性"并未到此结束。王小村准予毕业后，分配到湖北省肿瘤医院癌肿研究所工作，也算是专业对口。没料想未过两年，他又带着一大堆新发表的论文到武大找老校长，提出更让人为难的要求："校长，癌肿研究所对我不太合适，我希望调回母校工作，以利于我今后的发展。"

刘道玉回答他："你要调回学校工作，必须征得生物系领导的意见。当年破例给你颁发毕业文凭系里一直持反对态度，你想回生物系工作难度很大。"

说归说，做归做，刘道玉爱才心切，加上武汉大学科研工作一直薄弱，他有意接收王小村调回武大。但征求生物系领导意见时，大家一致拒绝接收，理由充分："毕业时两门主课不及格，本来就是一个不合格的学生。把他调回来当教师，只能是误人子弟！"

多次协调未果，但"任性"的校长刘道玉似乎认定了这棵苗会长成大树。他约请生物系的领导长谈，诚恳地说："我们在对待王小村的评价上，的确存在不同的看法，尽管你们不同意，但我还是要把他调回来，你们可以保留自己的意见。至于王小村是不是一个人才，我们暂不作结论，观察他五年，如果他的确是一个人才，那是母校的幸事；假若他成不了才，那只当在我们 2200 个教师队伍之中又增添了一个不合格的教师，你们可以唯我是问，我也愿意就此向你们检讨。”

简直是一场人才“赌局”！幸好胜者又是刘道玉。

王小村于1984年调回武汉大学生物工程研究中心，次年就应邀参加在匈牙利召开的第14届国际肿瘤学术大会，宣读了学术论文并获得好评。会后，他被聘请为英国皇家化学会的会员和牛津大学出版社海外评审委员。三年后，一个险些连学士学位也拿不到的王小村，居然被著名的哥伦比亚大学医学院邀请去做博士研究生，毕业后又被英国牛津大学脑科学研究所聘为客座教授，现任闻名美国的生物传感公司（法摩康公司）总裁。

“学生是大学的名片！”事入佳境，我们方从刘道玉的这句话语中领略到他“任性”的理由。在他执政的几年中，打破常规为武大培养的“名片”又何止故事中的几个人？那些从“插班生”中走出来的著名作家、经济学家、翻译家，从各个专业走出去的著名学者、教授遍布世界各地，他们几乎每个人都有一段以武大为场景的生动故事。

有记者评述：刘道玉的行事风格经常不按体制内游戏规则出牌，有时候甚至像一名江湖侠士，游走于规则之外。吊诡的是：尽管有些事当时会遭到众人反对或不理解，但他都行得通，而且还最终“占了理”。据此，有人解密：这一切，均得益于他回武大之前在教育部身居要职，且与朝中大员多有交往，故纵有行事欠妥，上峰对他也多有忍让与迁就。

无论此推断有几分准确，但人事旺衰终究难违物极必反的恒定大道。

◆枪打“出头鸟”

1988年3月10日，《中国青年报》头版刊登了一条短消息。全文如下：

武汉大学领导班子调整

【本报武汉3月9日电】最近，武汉大学领导班子进行了调整。6日下午，在该校中层干部会议上，国家教委干部局负责人传达了国家教委党组的任免通知。

54岁的化学教授刘道玉被免去校长职务，58岁的数学教授、原武汉大学副校长被任命为校长，原中共湖北省科教部副部长任心廉任党委书记。

有关负责同志在讲话中指出，武大校长易人属正常换届。

此则百余字的短讯一出，舆情愕然。其中有意突出比照的两个数据，更给这条看似平常的人事调动新闻，涂上几分神秘莫测的色彩。

据该报一名编辑回忆："当时我们在北京编辑部的人，都知道这条消息是（报社）学校部主任精心操作的。此条消息篇幅虽然极小，却依然引起了新闻界及各方面的注意。当时的中国人民大学新闻学院把这条消息当成典型的教学案例。主讲老师分析说，这条消息可以说是一篇最典型的客观报道，文中没有一个字的评论，没有一句带情绪的话语，通篇所引述的全部都是一个个具体的事实。然而细细体味，读者还是可以从中看出作者的意思和倾向性。可以说，不着一字，尽得真义……"

那位编辑所言的"真义"是什么？明眼人一看便知——在武汉大学的各项改革刚刚风生水起的时候，54 岁的领军人物刘道玉横遭"无厘头"式罢官，取而代之的却是一位 58 岁的副校长。这显然与官方所称"正常的人事变动"相距甚远。那么，问题究竟出在哪里呢？

众所周知，在"正常"情况下，我国现行体制内的官员升降，不外乎几方面因素：政治立场、是否守法，此外还有年龄、业绩等。公开资料显示，前两条似乎此公无责，年龄无需多说，业绩更是人尽皆知：他在担纲武大校座的六年任期内，促成了六大新制度的诞生——学分制、主辅修制、双学位制、插班生制、自由转专业制、政治辅导员制、转导师制、学术假制和贷学金制，这些制度有一些陆续被其他高校采用。

此外不可否认的是，20 世纪 80 年代初，刘道玉在武汉大学刮起的那一场改革旋风，的确在短时间内重振了武大的"校威"——文科产生了一批在全国有重大影响的学者型作家，理科获国家发明奖的数量名列教育部直属综合大学第二名。教师学术研究蔚然成风，成才者众。学生思想活跃、敢为天下先，社团数量与活跃度均居全国高校之首。武大成为中国高校改革的一面旗帜，积聚青年才俊的高地，被媒体广泛指称"高教战线上的深圳"！

据此，参照长期以来我国干部任免制度"无过不罢官"的现状，不少媒体挺身而出，替刘道玉抱打不平："刘道玉，中国教育改革的'出头鸟'"、"刘道玉罢官内幕"、"谁向刘道玉射'冷箭'"……类似标题满天飞。

舆情未必代表真相。我们不妨看看当事人有何说辞。

时值春节前夕，消息传出，全校哗然，业内震惊。校内外为我请愿的信函纷纷寄到北京，质问这是为什么？虽然这些于事无补，但是为我鸣不平的深情，却使我得到了极大的慰藉。正如一位教授对我所说："道玉同志，你被免职是因为你的观念超前了，改革的步伐太大了，致使那些'九斤老太们'不能容你。"我心想，是呀，我 32 岁任副教务长，39 岁任党委副书记，45 岁任教育部党组成员兼高教司司长，48 岁任大学校长，54 岁被免职。所以，有人说，我是个超前的人，不仅教育观念超前，而且任职和离退也都超前了。

7 月 9 日上午，教育部人事司负责人安排我与教育部的主要负责人见面，并说那位负责人是诚恳的，是专程从北戴河赶回来见我的，希望我消除误会，有话当面说清就是了……谈话当然没有结果，最后不欢而散。

8 月 10 日上午，安排我去接受李铁映同志的会见。我们是第一次见面，彼此寒暄了几句，他首先打开话题说："这一次请你来是个人间谈谈心，主要是想听听你对教育形势的看法，特别是希望你谈谈教育改革的建议，对国家教委工作的意见。同时，也想就你的工作安排问题交换一下看法。"

既然已经出了题目，我就本着实话实说的态度讲了以下的意见：

首先，我介绍了武汉大学 8 年以来教学改革的情况。总的说来，我们思想解放，改革步子迈得比较大，紧紧围绕着教学制度改革这个重点，创建了 6 种新的教学与管理制度，使教学质量大大提高了，学生的素质全面提高了，毕业生深受社会特别是沿海开放城市的欢迎。此外，还进行了科学研究体制、人事制度、后勤工作体制等方面的改革，使学校出现了欣欣向荣的局面，科研成果和学术著作获得了前所未有的丰收。

其次，对全国教育改革形势也谈了我的看法。我认为，全国教育改革的步伐严重滞后于经济改革，1985 年通过的《教育体制改革决定》基本上没有落实，教育经费不仅没有增加，而且绝对值的比例下降了。教学领域的改革根本没有列入国家教委的工作日程，以至于旧的教育观念、教学制度、教学内容和教学方法在我们学校教育中占着统治的地位。不客气地说，教育战线在全国是最保守的，其原因就在于国家教委保守，主要负责人不放权、不改革、不深入基层。

这种情况正如维新变法先驱者梁启超所说："变法不变本源，而变枝叶，不变全体，而变一端，非徒无效，只增弊耳。"今天，我国的教育改革形势正是如此，如果不采取有力措施，其前景则是令人忧虑的。

再次，关于武大的所谓领导班子调整问题。我认为，这次班子调整是不民主、不公正、不分是非的。工作组在长达21天中，不仅没有进行广泛的民主测验，而且只找了6个教授个别谈话，置全校95%以上师生员工的意见于不顾。所谓正常换届，也是不符合实际情况的，我的任命本无任期，如果一定要4年换届的话，那也没有到期，而且与我同时任职的一位61岁的女副校长仍保留职位，却要免去一个励志改革、年方54岁的校长职务。对此，我口不服心亦不服，校长我可以不当，但我要求说明原因，分清是非……

李铁映同志耐心地听完了我的介绍，中间基本上没有打断我的讲话。待我讲完以后，他针对我的讲话，一一作了表态。他说：

"关于武汉大学的改革，方向是正确的，成绩是主要的，教育界的反映也是好的。你富有改革精神，事业心强，工作作风踏实，密切联系群众，这些都是必须肯定的。至于武汉大学领导班子的调整，我完全不知道情况，因此我说不清当中有什么问题。不过，既然已经调了就要面对现实，承认现实。我希望你向前看，改革的成绩是任何人也否定不了的，是非将来自有公论，现在就不必再提了。我觉得重要的是把你的工作安排好，继续在改革中发挥作用，工作实践将说明一切。

至于你的工作，你自己可以选择，来北京也可以，去沿海城市也可以，到国外大使馆当参赞也可以。不过，我希望你到北京来，最近准备成立一个教育改革与发展规划领导小组，在国务院直接领导下工作，建议你来抓这项工作。怎么样？如果你现在定不下来，回去考虑后再作决定也可以。"

时针已指向12点了，谈话进行了3个小时，似乎应该结束了。于是，我说："铁映同志工作很忙，感谢你拨冗接见。至于你谈到的工作安排建议，我还需要认真考虑再作答复。"

"好吧！今天就谈到这里，以后有事再联系。"

至今，刘道玉遭免职的原因被媒体炒了十几年，被关心他的人猜了十几年。

有人认为他改革过于激进，触犯了某些高层的利益，也有人认为他性格太硬，在政治上“过于单纯”……说法五花八门、莫衷一是。我们之所以原原本本引用刘道玉的自述，并不意味对其间事实的百分百认定，只是想让读者能从若干细节中，立体化感知刘道玉——他的愤怒、他的怨艾、他的委屈、他的报国无门……

但是作为旁观者，我们不得不指出：尽管多年来，刘公始终将“壮志未酬身先退”的原因归咎于自己“功高盖主”，并且列举出在诸多办学方略上与教育部领导意见相左的事实。但显而易见的是，八年间，他的一系列改革举措及要求，大部分都得到国家教委或教育部的支持与默许，哪怕有些“支持”不无勉强。对于他的某些“任性”，教育上层似乎也表现出难得的包容与忍让。从这一点看，他比其后同样在高教改革道路上孤军奋战的中科大、南科大校长朱清时，显然要幸运得多。

可慰此公的是，在被“雪藏”的27年间，他先后被国内外多家媒体与民间组织授予多种荣誉，如：“网易首届中国贡献者”、“中国教育风云人物”、“中国改革开放30年30名社会人物”、“武大蔡元培”、“杰出大学校长”、“永远的大学校长”、“中国梦践行者”、英国剑桥名人中心“20世纪银质功勋章”，外加一枚“法国最高（总统）荣誉勋章”。

让我们感动的倒不是这些生不带来、死不带去的勋章与荣誉，而是多年后，当我们在武大校园采访时，所接触的每一个学生都告诉我们说：“刘道玉是武大的精神力量，是我们永远的校长！”这倒应了那句大慈大悲的话语——“公道自在人心”。

1988年9月1日，又一个新学年开始。仿佛与改革者刘道玉前世有缘的《中国青年报》，再一次将这个重要日子的头版头条给了已离任半年的刘道玉，请他向全国的青年朋友们致以《新学年寄语》。落款用括弧特别注明：“作者是武汉大学原校长、教授。”

为什么要把如此珍贵的版面提供给已经下台的刘道玉？据当时的学校部主任回忆：“我认为李铁映谈话的内容是积极的，充分肯定了武大的改革。我想请刘道玉给全国大学生写一封信，做一个隆重的再亮相。我原以为会在一版右下角的位置见报，没想到安排在一版头条。影响很大，有点改革者归来的意思。”

报纸发出后，遥远的珞珈山下一片欢腾。毕业于武大的女博士李为在博客中动情地记叙了当时的场景：

“新学年开学这天，暑气尚未退去，早晨突然从广播中传来了刘校长给全国大学生写的‘新学年寄语’。此时的刘道玉已不在校长的位置上，可是《中国青年报》居然请他来发表寄语，而且还登在头版头条。就在那一刻，珞珈山似乎沸腾了！每一扇窗户都被打开了！枫园的、桂园的、梅园的、樱园的很多同学都把头探出来，大声叫道：‘快听，刘道玉的寄语！’这样的场面绝无仅有……”

另据武大校友们传言：那年春节过后，武汉下了一场非常大的雪，武大新操场右边一棵300年的大樟树突然被连根拔起。学生们借题发挥说，珞珈山的“大树”倒了……

一晃十年过去了，《中国青年报》仍惦记着那位已经“头染霜、鬓如雪”的“寓公”刘道玉。1998年，报社编委会研究纪念改革开放20周年的报道计划，对改革开放20年来的大事记、风云人物一一进行梳理。在选择教育界的典型人物时，大家不约而同地想到刘道玉。“在教育领域颇有争议的他，在本报编辑部恰恰是最无争议、获得一致通过的人物。”编辑们如是说。

12月21日，该报著名栏目《冰点》，刊登了记者采写的长篇报道——《从大学校长到小学校长》，又一次把刘道玉拉回读者的记忆中：

“从大学校长职位离任已10年之久的刘道玉，应聘出任了武汉新世纪外国语实验学校的校长。这是一所民办性质的学校，年过六十的刘道玉带着他的教育理想躬身在基础教育的试验田里辛勤耕耘。三个春夏秋冬，刘道玉每天清早从武昌珞珈山赶到70公里外的汉口郊区谌家矶，他不仅管理学校日常的教学活动，而且亲自上讲台给初中学生上他新开的课——《创造学》。他依然保持着从前的作风，关心学生，尊重学生，肯定和承认学生的多样性、因势利导，因材施教，对学生和家长的任何一封来信他都会认真地给予回复……”

"运交华盖欲何求，未敢翻身先碰头"。正当读者为闲不住的刘道玉又找到一块教改"试验田"感到宽慰时，他的第二个教育改革之梦再次坍塌——这所办学近六年，"创造教育"特色鲜明、师资力量一流、教学质量上乘的学校，因董事长趁刘道玉两次入院手术之际掏空金库外逃，导致教学工作无法正常运转，被永远定格在"中国教育诉讼第一案"的被告席上。愤怒的债权人强行封门，700名学生等不到寒假就被遣散，倒霉的"前武大校长"、"现中学校长"刘道玉，拖累妻子一起被债权人围追堵截，不得不偷偷搬进学生帮他们找的临时"避难所"——华中科技大学紫菘公寓。

一个北风呼啸的寒冬之夜，倔强的花甲老者刘道玉与妻子蜷缩在一处尚未装修的毛坯房里，百感交集、相拥而泣……

又一个十年过去了，年逾古稀的刘道玉再推力作——《拓荒与呐喊：一个大学校长的教改历程》，往事再现、历历在目。令人欣慰的是，摧心的岁月，未能销蚀一直战斗在教改前沿的刘公之信念——新书封面上显目地题用了宋人王永的诗句："子规夜半犹啼血，不信东风唤不回！"

◆对话：这样执著究竟为什么？

记者：翻阅您的一生，就像读一部情节跌宕起伏的小说，如果将这些故事分分类，您自己觉得属于悲剧还是喜剧呢？

刘道玉：我这一生，喜剧不是绝对的，悲剧也不是绝对的，我是悲喜交加的人生。

记者：据我所知，您这一生面临上演喜剧的机会更多，可都被您自己放弃了？

刘道玉："杜鹃夜半犹啼血，不信东风唤不回！"

刘道玉：人生本来就是不断的选择，刚从苏联回来时，周总理建议我去军事科学院，如果当时去了，我可能成为一个将军了（笑）。

记者：听说您回武大的第二年，组织上又找您谈话，调您担纲武汉市委副书记、市长，这是地方官呀，可您还是拒绝了？

刘道玉：我跟考察组的负责人开玩笑说，湖北、武汉乃鱼米之乡，现在市民们抱怨有米无鱼，如果要我当市长，恐怕会弄得市民们连米也没有吃的。那个舞台不适合我，我只有在武大这个小舞台上呐喊。后来任穷同志把我的意见汇报给耀邦同志，耀邦同志说："既然他不愿搞，就不要为难他了。现在高等教育也十分缺少干部，他有志于高教改革，就请他留在大学搞吧。"

记者：这些让人羡慕的机遇都被您放过，在一般人眼里，简直是匪夷所思。为什么？

刘道玉：我说话从不隐瞒观点、不留余地，做事不留后路，这样的性格即使勉强做官迟早也要倒台；再一方面我个人的志趣热爱教育，希望在大学这个平台上施展自己的抱负，推行创造性教育，培养创造性的人才，这是一个伟大的实验场。

记者（笑）：还是中国知识分子清高的通病吧？当大学校长，特别是重点大学校长，不也是当官吗？而且官儿还不算小，起码是正厅吧？

刘道玉：问题是我从来没有把校长当作官，而是把它当作一种义务。我受过教育，教过书。我热爱教育，热爱青年，崇尚改革，因此愿意为它作出牺牲。这一点，我的改革经历可以佐证。

记者：那您怎样理解大学校长这个职位？

刘道玉：大学校长首先应该是一个教育家，他要懂得教育理论、懂得教育规律。一个有智慧的大学校长，就是赋予大学灵魂的人，他应该有自己办学的理念，有自己独特的办学思想，并以此去影响学校，去影响一代人，而不仅仅只是上传下达。

记者：如果按您这种理解和要求，当代中国有多少大学校长是合格的呀？

刘道玉：现在大学校长都是"空降兵"，只对上面负责，不对下面负责，不会真心地去研究教育，只会说官话……因为干部官僚化，不是把校长视为职业而是视为官位，就产生不了真正的教育家。中国不是没有人才，只是没有人才自荐、推荐、遴选的机制。按照考核和选拔干部的办法，即使有优秀的人才，也不可能被选拔到校长岗位上。

记者：您认为自己是一名合格的大学校长吗？

刘道玉：我不敢自诩是有智慧的人，但绝对是一个有强烈事业心的人，我做了我该做的事情，可以做的事情。随着时间的推移，对我的争议越来越少了，对我的认可越来越多，包括当时对我搞改革有不同看法的人，甚至有批评的人，后来也认为我带着武大前进了，而不是倒退，那个时候是武大的黄金时代。

记者：国民对目前教育现状的评价有很大分歧，乐观者看到的是我国中学生在一些重大国际赛事上的排名，还有大学不断晋级的世界排名；悲观者看到的是我国创新人才匮乏的现状，您怎么看？

刘道玉：中国教育目前的状况是处于狂躁和浮肿的状态，虽然我国中学生考试成绩名列世界前茅，大学在世界排名节节上升，但那都是量的叠加，丝毫反映不出我国大学的真正学术水平。如果中国大学没有众多的诺贝尔奖的获得者，没有诸多国际公认的学术大师，没有国际公认的科学学派，不能培养出国际公认的学术领袖，即使《泰晤士教育周刊》把北大和清华排在世界前10名，但他们始终不能算是世界一流的大学。

记者：您认为现阶段中国高校改革的瓶颈在哪里？

刘道玉：第一，很多搞教育的不知道改革、不懂得改革，出了改革的假命题。20世纪90年代初，是中国高等教育发展史上的一个重要拐点。高等教育界呈现了超常规的发展，西方发达国家往往需要50到100年才能完成的高等教育大众化，而我国仅仅用8年的时间就实现了。大家以为教育发展就是教育改革了。

记者：难道不是吗？

刘道玉：发展和改革是两个概念、两个范畴，两个不同质的问题，发展是数量的增加、规模的扩大，改革是质的问题。

第二，创造本是一流大学的灵魂，而现在的中国大学连“创造”的影子都难以捉摸。一些高校行政化现象较重，官本位思想当道，名师评选作假、教育评估造假、学术剽窃风波不断，经济贪腐现象令人痛心。高等学术殿堂本是全社会的道德高地，人们尤其难以容忍（从那里）飘荡出的每一缕乌烟瘴气。

第三，中国现在社会大多数人还置身改革之外，他们所思所想还是应试教育，还是怎么择校、怎么培优、怎么考高分、怎么上重点。所以在这种情况下怎么能够推动真正的改革？

记者：您认为高校改革怎样才能突破瓶颈？

刘道玉：首先，需从教育部放权开始，恢复大学的独立性。没有独立性，建立现代大学制度就无从谈起。“文革”前教育部直属的高等院校为23所，78年为34所，现在为76所，越来越集权！大学无个性，“千人一面，万人一格”。

其次，招生体制必须改革，统一高考在现在已经不适用了；教学与管理体制也要改革，八十年代，连北大的教授都想来武大，高考状元志愿报武大，成功就在体制改革；再有就是要改革本科培养专业人才的单一模式，要着眼培养通才、创造型人才。

记者：如果将您提出的这些作为高校办学目标，似乎还相距甚远？

刘道玉：所以，创新我国教育价值观刻不容缓。应该使教育回归到本来的功能上，启蒙人、解放人。从这个基本点出发，呵护自由、培育兴趣、掌握知识、启迪智慧、树立诚信、享受快乐。必须反对灌输式的教育，反对分数挂帅，反对文凭至上，反对功利主义，反对一切商业行为对教育的干扰，使教育回归到“原生态”。

记者：我看过关于您的两本书，一本是以您为原型的小说《女大学生宿舍》，一本是您的自传。在前一部书里，我们读到的是一个踌躇满志的改革者、大学校长路石。第二部书，我们看到的刘道玉，似乎是一位壮志未酬、牢骚满腹的改革者。我们想知道，短短不到八年时间，您到底经历了什么？

刘道玉：先是因为热爱教育当了中国最年轻的大学校长，后是因为太热爱教育，搞改革“思想超前”，成为中国最年轻的下台大学校长。

记者：其实被免职后的几十年，您并没有赋闲当寓公，对吗？

刘道玉：这些年，我患过一次脑梗，得过一次中风，我感到满足的是思维能力还很好，记忆力基本没有衰退。我在任时是一头拓荒牛，埋头耕耘、开拓，被免职以后变成一只杜鹃鸟，昼夜为教育改革啼叫呐喊。我每年出一本书、十篇论文，现在已经出版了21本书，全是谈教育改革话题。右手不能写字，就用电脑写东西，用左手记笔记。

记者：真不容易！听说您手头上正在写作一部新书，叫《理想大学》？

刘道玉：是的，《理想大学》是我最想留给后世的一本书。这本书会反映我对未来教育的理想。

记者：什么样的大学才符合您的理想呢？

刘道玉：我所说理想的中国大学由六块基石构成——以人为本、独立办学、思想自由、学术至上、民主学风、创新不止。我设计了一个教育仓储模式，就像仓储超市一样，那里应有尽有，未来的学生进入这个教育超市，可以自由选购。而我们的领导者就是组织这个仓储超市的各种资源，制定仓储的游戏规则。我们的教师是这个超级教育超市的导购……

后记：2012年，刘公79周岁。根据国人“做九不做十”的习俗，一系列庆祝“永远的校长刘道玉80寿辰”的学生聚会，不顾本人劝阻，在多地隆重举行——

2012年10月8日，羊城广州，两百余名老武大毕业生聚会，庆祝刘道玉80寿辰。

同年10月28日，北京昌平，一百多名武大校友为刘道玉贺寿，发起人是《女大学生宿舍》的作者喻彬。

同年11月18日，上海，在沪武汉校友会数十名同学为刘道玉贺寿。

同年11月24日，刘公生日当天，武汉，三百多名武大校友为老校长贺寿。前武大插班生、著名作家野莽送上的贺礼，是他用三年时间写就的长达80万字的《刘道玉传》。他的学生、日本文学翻译家许金龙，则呈上好友、诺贝尔文学奖获得者莫言题写的贺寿诗：“先生声名重，改革举大旗。敢为天下先，甘做护春泥。桃李遍九州，文章焕万世。八十正当年，百岁众人期。”

有感如此，步入耄耋之年的刘道玉仰天长叹：“人要知足，我非常知足了！”

2012年11月17日，《南方周末》联合东方卫视为“中国梦践行者”颁奖。主持人充满激情地宣读颁奖词：“他是当代中国最值得记取的大学校长之一，也是虽没有权力却有非凡影响力的教育家——刘道玉！”全场所有观众起立，长时间向这位为中国教育改革生命不息、战斗不止的老人鼓掌致敬。

2013年6月，由《科学中国人》杂志主办的“科学中国人年度人物颁奖典礼”在北京万寿宾馆举行。刘道玉作为六位获奖人之一，荣获“杰出大学校长奖”。80老翁刘道玉接受颁奖时铿锵有力地说：“我只认得真理，不认得利害。我会呼吁教育改革，一直到我生命的最后一刻。‘杜鹃夜半犹啼血，不信东风唤不回！’”

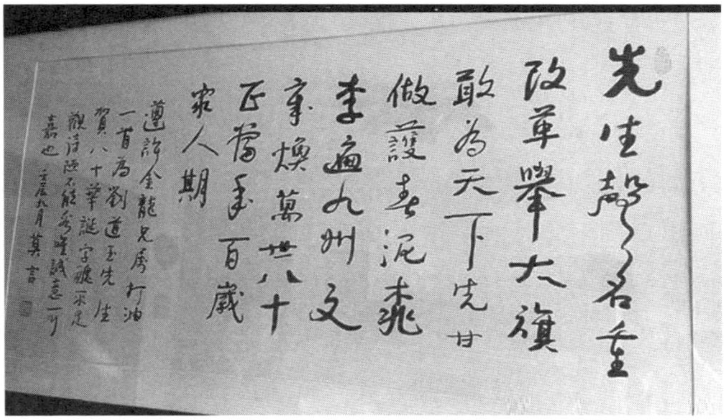

莫言赠诗祝贺刘道玉80寿辰

朱清时：摔碎的“官窑瓷器”

“佛学和自然科学的研究就像爬喜马拉雅山一样，一个从北坡往上爬，一个从南坡往上爬……当科学家千辛万苦爬到山顶时，佛学大师已经在此等候多时了！”

——朱清时

采访时间：2014年1月17日。

采访地点：南方科技大学校长办公室。

受访人：朱清时，化学家、自然科学家，中国科学院院士。南方科技大学创校校长。曾担任中国科学技术大学第七任校长。2012年当选“中国教育年度声音”。

采访人：本书作者。

◆灵山“布道”——“出山”

2009年3月28日，来自世界近50个国家的1700多位高僧大德、著名佛教学者、政要和社会各界人士云集风景如画的江苏无锡灵山，出席第二届世界佛教论坛开幕式，共祈世界和谐、众生安康。一诚、星云、本焕、觉光、图丹却吉尼玛仁波切、惟觉等长老、大师亲驾灵山，更引来大批佛家子弟、信徒。

如此盛大佛事，自是少不了海内外多家媒体的关注与热报。有意思的是，事后我们与若干入会同仁沟通时，大家异口同声地告知：此次新闻报道最大冷门出自佛门之外的一个人物——朱清时。

朱清时，卸任不到半年的原中国科技大学两任校长、国际知名化学物理学家、中国科学院院士、第三世界科学院院士，在分子局域模振动、单分子化学等国际科学前沿均取得十分突出的成果，成为学术界公认的此领域主要专家之一，曾获国际著名学术杂志《光谱化学学报》设立的“汤普逊物理化学奖”。

虽说朱先生此番简历含金量了得，但对于入会的佛门弟子说来，他却与凡夫俗子并无二致。那么，在这场盛大佛会上，他又如何占尽媒界风光？先得牵扯出另一个人物——南怀瑾。是他向大会力荐朱清时入会，并担纲佛学与科学分会场的主席。

南怀瑾，当代中国文化人鲜有未闻其大名者——中国国学大师、佛学大师、教育大家。先生精通儒、释、道典籍，著述洋洋大观，难计其数。仅在台湾居住时，原国民党军政要员何应钦、顾祝同、蒋鼎文、钱大钧及杨管北等人都曾去南公寓所执经问道。他深厚的中国传统文化底蕴与学识，还受到蒋介石、蒋经国父子的赞赏与推崇。

由这样一位德高望重的佛学大师鼎力推荐入会，加上朱先生自有的俗家光环，自必也能吸引不少记者的关注。可此后朱清时于佛教界名声鹊起，却还得归功于开幕当日他在佛教论坛上的一番高谈阔论。

会议第二天便有媒体发布消息：“2009 年 3 月 28 日下午，在无锡举办的第二届世界佛教论坛上，朱清时院士以爱因斯坦统一场论和霍金的‘弦论’，与佛学经典《成唯识论》的‘藏识海’进行比较研究，发表了精彩的演讲——《物理学步入禅境：缘起性空》，引起听众的极大兴趣，大家对这一惊世骇俗的论点报以热烈的掌声。”

另有外媒转发驻会记者评述：“作为国际著名物理学家和教育家，他立足于现代物理学的最新成果与佛教、哲学相结合，探讨了物质与意识的本质意义，轰动中外听众。他说，‘我们今天对生命起源的认识、对宇宙起源的认识，释迦牟尼佛两千五百年前就已经指出来了。'他用幽默的语言调侃：'佛学和自然科学的研究就像爬喜马拉雅山一样，一个从北坡往上爬，一个从南坡往上爬，总有一天两者要会合的……当科学家千辛万苦爬到山顶时，佛学大师已经在此等候多时了！'"

朱清时用佛法解释物理学，语惊四座

在引述此段言论时，不少宗教网站与宗教界人士发表评论："这一论点彻底动摇了二十世纪以来作为主流认识论——'唯物主义'的理论基础……"而在界外，这一论点则受到不少贬责与声讨。有批他是"伪科学家"，宣扬"唯心主义"的，还有建议取消他科学院院士资格的。林林总总，褒褒贬贬，一度成为舆论时景。

我们对朱清时此番演讲以及此后所引发的社会舆论纷争并无多大兴趣，但对一位成就于实验室里的自然科学家，如何投入一位"半路出家"的佛学大师门下却颇感好奇。放眼古今，与佛结缘之人鲜有释迦牟尼那样的自彻自悟者，不乏缘起心路不畅的凡俗之人，朱清时应属后者。

2004 年，朱清时连任中国科学技术大学校长，因拒绝执行大学扩招的政策，力排众议、主导中科大成为全国唯一一所"不扩招、不扩建、不圈地"的重点大学，并在学校行政管理、教学体制上进行一系列有悖潮流的改革，被业界誉为"中国最牛大学校长"。但也因此而影响到上上下下的利益，导致教职员工消极怠工，改革施政屡屡受挫。惶惑之间，朱清时自述："内心起了一种愿望，觉得中国社会需要一种信仰来支撑。佛学不管怎么样，它教人行善，教人畏惧因果，对社会是一件好事，我自己是一个自然科学家，但对中国佛学有了一种内心的尊重。有人向我推介，南老师不仅是中国传统文化，而且是佛学最高水平的代表。我也很想用现代自然科学发展的各种成果给佛学当初预言的自然界的各种情况两者联系起来，做一个对比，所以我就去拜访南老师了。”

朱清时说：“我们从中午一直谈到晚上吃饭，谈了整整一下午，谈的主要内容就是佛学、现代科学、生命科学。谈完之后，在吃饭前，南老师就给我手书了唐朝杜荀鹤的一首诗：‘利门名路两无凭，百岁风前短焰灯。只恐为僧心不了，为僧得了尽输僧。’这首诗充满了南老师对我的关怀和开导，我知道南老师希望我能把精力投入到科普上。从那以后，我每年一有机会就到南老师那里去，接受南老师的教导，听南老师讲课讲经。”

文学的魅力在于它在某种不定式语境下的多解，哲学的魅力则在于它困顿于绝对与相对之间的无解。究竟南大师赠诗的禅意是否真如朱清时所参悟？有没有可能被引申向完全相反的方向？尚不得而知，但文章结束时，读者一定会看得明白。

就在朱清时参加佛教论坛期间，另一空间正在发生一件与他有缘之事。著名国际猎头企业罗盛咨询公司，正式向雇主——广东省深圳市南方科技大学校长遴选委员会提出校长候选人名单，他们从全球200多位知名大学校长、教授、学者中遴选出5位候选人提交给南方科技大学校长遴选委员会。后经16位委员充分讨论评审，以无记名打分投票的方式，推荐原中科大校长朱清时为南科大拟任校长第一候选人。

那日，刚结束灵山演讲回到合肥家里的朱清时接到猎头公司约谈电话，他听完意图和招聘程序后，当即谢绝与之见面。深圳市政府得知这一情况，马上派出市委常委、组织部长、南科大校长遴选委员会主任王穗明带队，前往中国科技大学走访朱清时，向他阐述南科大的办学理念，并表达市委市政府希望他竞聘南方科大校长候选人的诚意，并邀请他去深圳实地考察，还答应朱清时省略竞聘所需的流程。

感动于改革前驱深圳市政府的诚意和决心，朱清时将自己在中科大十年未竟之愿作为条件提出——“学校不设任何行政级别，校长兼书记，行政权力不介入学校管理，实行‘教授治校’……”朱清时开出的条件被深圳市府全盘接受，代市长王荣向他表态：“放手去干，你全力以赴，我们全力支持！”

2009 年 9 月，朱清时从王荣市长手里接过聘书，正式担纲南方科技大学创校校长。在给深圳市政府递交的办校方案中，朱清时明确提出：办一所前所未有的大学，以机制创新匡正中国教育积弊。由此，朱清时将要施行的高校改革，将中国的大学教育问题推到了聚光灯下，也让南科大迅速成为全社会瞩目的焦点。

创校校长朱清时在南科大正式成立大会上致辞

◆开山之战

2010 年 3 月，春寒料峭，全国各地高中毕业生刚过完春节就开始备战一年一度的全国统考。就在大部分主流媒体依老套路宣传报道各地学生备考情况的同时，一则近乎振聋发聩的新闻竖反旗于高教擂台之上，标题为："南方科大校长朱清时致考生及家长的一封信"。（节选）

尊敬的各位同学、家长：

深圳市委市政府为南科大确定的目标定位是："参照香港科大建校的模式，一步到位地建成一所高水平的研究型大学。"

在过去三十年改革开放的历程中，深圳人已经懂得，改革不可能不与旧的规章制度发生冲撞，改革不能一味靠等批复，深圳精神就是"敢闯"。南科大决定把"自主招收高二学生"，"自授各类学位和文凭"作为教改先行先试的内容，以期回归大学的办学自主权，为我国建立现代大学制度探路。

三十年前，第一批丢掉铁饭碗下海人的勇气、小岗村人分田到户的激情，鼓舞着我们决心迈出今年自主招生的第一步，从目前已经完成高三上学期课程的优秀学生或其他已经学完中学课程的优秀学生中招收一期教改实验班，在毕业时授予南科大的学士学位。

为了确保教改实验班顺利进行，我们希望每位自愿报考的学生及其家长都能充分理解这项改革的意义和实际情况，并与每位学生和家长签订协议书，以确保他们参与教改试验班完全自愿。

南科大的教改实验可能会遇到许多困难。但是，大学能自主招生、自授学位，才有真正的办学自主权，才能推进我国现代大学制度的建设，这是我国高教改革的必由之路。

在中国高教改革中，南科大迈出的一小步，将是我国高教改革的一大步！有理想的同学，我们热烈欢迎你参与这个实验！你和我们一起度过的四年时光，必将成为你终生骄傲的经历！

南方科技大学校长朱清时

朱清时校长热情洋溢的公开信，由各媒体迅速扩散。次日，公开信的一些主题词成为大大小小报纸的通栏标题：

“南科大将打破中国高考大一统格局！”

“南科大自主招生、自主考试、自授文凭！”

“南科大终结大学行政化！”

“南科大迈出的一小步，将是我国高教改革的一大步……”

对于社会舆论来说，这是一场真正意义上的“教育革命”，开创了以国际化标准改革中国高校体制的新纪元；对于广大学生家长而言，则是一次兴奋不安的两难选择。高兴的是在“高考独木桥”之外，终于多了一条可供孩子们选择的“便道”。担心的是这条“便道”并未得到国家承认，没有教育部统一颁发的文凭，这就意味着孩子们今后的就业不会一帆风顺。

朱清时的这封公开信在国际教育论坛上也引发高度关注。国际权威的《科学（SCIENCE）》刊发专文，称南科大正在“成为国内高等教育改革的风向标”。

在国内外舆论一片叫好声中，朱清时开始了继中科大未遂改革之后的新一轮尝试。他于花甲之年告别相依为命的太太，只身前往深圳赴任，为的是能够全力以赴、背水一战。追踪记者多有感叹，朱清时此行，大有“风萧萧兮易水寒，壮士一去兮不复还”的悲情。

2010年10月，朱清时在南科大主持“自主招生、自授文凭”招生说明会上首次公开露面。刚开始，学校只准备一个可容纳两三百人的阶梯教室，没想到听会者竟来了近千人，临时增加两间教室座位还是不够，有的家长站在过道里，窗外也挤满了人。朱清时被眼前的景象所打动，慷慨激昂地连讲三场。将近结束，有人提问：“南科大什么时候才能获得国家教育部批准？”朱清时握拳挥手大声作答：“我们不再等了！”铿锵有力、掷地有声，很多家长听完演讲后当即替孩子领了报名表，连夜填写。

旋即，在广东、山东、四川、安徽、河南、湖北、湖南、福建八省份，同时出现一场别开生面的“高考”。当7页试卷加1页草稿纸发放到考生手中时，大部分人都傻眼了——没有作文、没有英语、没有文科试题，两套试卷看起来有点像智商测试，又有点像公务员考题。尤其是第一道题，让考生们乐得发蒙：“在7分钟内从1写到300，不能涂改。”

“没搞错吧？这是高考题？有没有更深的涵义？我半天不敢落笔。”考生小林事后向记者描述当时的感受。

试题中还出现了九宫格、立体图形比较，骰子复原等各类“智力”、“想象力”测试。比如，给出某不规则立体图形，请考生说出它有多少个面；一个立体图形，把它转到另外一个位置，请判断哪个图像不属于原来的立体图；给出一个展开的骰子图案，上面标满符号，请判断当它被折叠起来时，哪一个会是它的原形……

“考题非常新颖，和高考完全是两种感觉，根本不需要做什么准备，备考也没用，因为考题几乎没有涉及高中知识。”一位青岛考生告诉记者。

福建一位考生出考场后眉开眼笑地说：“总分100分的试题，考试时间2个小时，大部分同学不到1个小时就做完了！”

考试结束后，各地媒体站在不同的角度纷纷表述了相同的质疑：“这样的考题过于简单，选拔性不强，能体现学生掌握知识程度的差异吗？”为了求证自己的质疑，有一家报纸还如法炮制，组织自家7位记者按规定时间从1写到300，结果出乎意料——无一全对。另有一家电视台记者则找来包括小学生、大学生、保安、白领在内的6人进行模拟考试，结果在7分钟内写完300的有4人，但没有1人做到不涂改。

学生们的考分未见公布详细结果，据内部人士透露：在100多位考生中，拿满分的不足10人。“大部分考生主要失分点在‘7分钟内从1写到300’这道看似简单，却极易出错的考题上。”

同年12月中旬，在南科大所在地深圳，另一场被民众称作“天才较量”的复试再次吸引了人们的眼球。考生是16名稚气未脱的少年，最大14岁，最小只有10岁，他们都是参加全国统考成绩达到“一本线”的“超常生”。

开考了，第一堂考试由来自苏州大学的王文英教授主持，他给每位考生发一张白纸，郑重其事地说：“请大家在纸上画一棵树，并用文字描述自己的作品，然后交卷。”

第二堂考试由著名物理学家陈应天教授主持，他当场介绍马赫和牛顿有关加速度和运动相对性的争论后，让少年们向两位大师的观点发起质疑……

“比高考好玩多了！”少年考生们走出考场后，都嘻嘻哈哈地告诉为他们“陪考”的父母。

南科大的首届自主招生考试在一片争议声中落下帷幕，有如它的某些科目命题，只有思辨过程，没有标准答案。

在回答记者提问时，这幕大戏的总设计师、总导演朱清时这样向外界“揭秘”：“考题分别从记忆力、想象力、洞察力、注意力以及逻辑推理能力五个方面对考生进行考察。”他还透露：“出卷时曾找来一些专家做过预试，大致知道题量和难度是多少。如果一个学生能够在两个小时里全部答对或者全部答出这些题目，证明他的创新素质相当高。”他揭示：“写数字1到300这道题很简单，但很经典，一般人坚持不了七分钟高强度地集中注意力，做这道题的时候思维容易跳跃。”

经过一系列测试与面试，南方科技大首届“实验班”自主招录了来自全国13个省份的45名学生，其中女生14名，男生31名，最大的18岁，最小的11岁，其中不乏类似中科大少年班学生那样的“天才儿童”。记者随机采访部分同学与家长后发现，“圆梦”和“自家孩子不适合传统教育”这两条，分别是他们选择南科大的最大理由。

来自广东、未满14岁的王嘉乐即是其中一员，他在录取中科大之前曾参加2010年全国统考，以648分的成绩超出该省重点本科线20分。王嘉乐受访时告诉记者，自己之所以放弃高考成绩报考南科大，是因为打小就想当数学家，但喜欢的东西实在太多。南科大大一、大二不分科，给了他更多的思考和选择时间。

同样，来自深圳宝安中学的沈刘行，在拿到南科大入学资格前两天，就已获得中科大的入学资格，但全家人衡量之后，最终放弃了中科大。沈刘行的家长告诉记者："之所以作出这样的选择，是因为高中老师早就评价过儿子思维新奇，不适合传统教育。"

16岁的陈杳来自浙江瑞安，她告诉记者，自己选择南科大的原因，是读过朱清时校长的公开信以后，觉得他提出的培养创新型人才理念，可以帮助自己实现当科学家的梦想。再加上大一、大二不分专业，以及8∶1的师资力量，更促使她和父母下定决心。陈杳的父亲则告诉记者，女儿是应试教育的"叛逆者"，从小到大都是按自己的喜好学习，没上过一个辅导班或培训班，对奥数之类更不感兴趣。

有一位男孩的回答让我们有些意外，颇具浪漫的英雄主义色彩："我只为人生一件大事而来，就是今后让我的后代知道：我参加过中国的教改！"

记者询问家长们是否清楚这一届学生可能拿不到国家承认的文凭，大家都说知道，并且与学校签订过同意接受自授文凭的协议。我们注意到：大部分家长之所以不那么在乎学历文凭，是因为他们早已为孩子定好了出国深造的目标，南科大全英文的教学方式，似乎更加有利于孩子将来考上国外大学。还有的家长表示："只要孩子出色，就算拿不到国家认可的学历也没问题。"尽管如此，但仍有少数家长对拿不到国家颁发的文凭心存纠结，不过也表示："有得必有失，既然已经选择了，就不管那么多了。"

南科大标新立异的自主招生和"去行政化"的高调宣言，很快得到本已对现存高考制度、高校体制恨而无奈的社会大众的热情支持，朱清时由此被评选为"2009年深圳年度新闻人物"。在社会舆论的强烈推动下，2010年12月底，多次申报办学无果的深圳市政府，终于收到国家教育部发来的批文，同意筹建南科大，筹建期为三年。

欢欣鼓舞之后，姗姗来迟的批复也为南科大决策者们投下一抹不祥的阴影——如果按照此项批复，意味着需要等到三年筹备期过后，南科大才够资格正式招收学生。可既然开宗明义本校是“自主招生、自授文凭”，何妨一鼓作气开场唱戏?

“我们不能等，改革不能等！”朱清时当机立断“闯红灯”。万众瞩目的南科大义无反顾地直面挑战教育部的权威。

2011 年 3 月 1 日，南科大未等得教育部首肯，自行接纳首届 45 名实验班新生正式开学。为新生授课的，是从全球遴选出的一流师资——超过 60% 的教师是世界排名前 100 名高校的博士，约 90% 的教师曾在美国、欧洲、中国香港及其他发达国家或地区的知名高校工作，对世界学术界的发展和前沿研究有充分的了解和参与。这样的师资队伍，即便国内著名大学也是不多见的，这也更提升了人们对南科大未来的信心和预期。

3 月 16 日上午，刚从北京参加“两会”回校的朱清时，热情洋溢地为首届教改实验班学生开课——举行题为《如何培养创新型人才》的讲座，讲稿经媒体整理发表后长达 17000 余字，堪称他上任南科大后最长的“施政演说”。

尽管其时南科大面对的仍是非红非绿的黄灯，但站在讲台上的朱清时似乎显得神清气爽、踌躇满志，他热情地告诉同学们：“在两会上，南方科大成了共同热点，无论是全国人大，还是全国政协开会，一旦讨论到教育问题就提到南方科大、讨论南方科大。有好多政协委员给我一个新思想，说‘你们南方科大不要重点培养科学家、工程师，你们应该把学生培养成大学校长，以后的中国大学就有希望了！’”

朱清时还向学生们介绍了在“两会”期间接受香港凤凰台采访时的对话：“主持人问我，‘你怎么有信心把你们这 45 个学生都培养成为世界一流的人才啊？’我回答他们，‘第一，因为我知道世界一流人才该怎么培养；第二，我知道现在全世界都在关注南方科大，关注南方科大这些学生，所以我们的学生有很好的机会！”

近两小时的演讲，有勉励、有要求、有方法论、有世界观……不断被学生们的掌声打断。

◆科学家 PK 政治家

两个月后的 5 月 27 日上午 10 时，距离高考只剩下 10 天。在北京西单大木仓胡同中国教育部北楼二层报告厅，本年度高考例行新闻发布会正在举行。

新华社记者刘奕湛开门见山抛出一个大家都关注的问题："最近有消息说，南方科技大学 45 名教改班学生今年必须要参加高考，请问这个事情是不是属实？教育部为何不支持南科大的自主招生？"

这个问题的背景是：一个月前，虽然教育部批准了南科大三年筹备期，但并未将南科大列入当年自主招生的高校名单。按规定，新生必须"回炉"参加高考，再根据考分重新录取，才有可能在毕业时拿到教育部颁发的学位证书。

台下记者、台上官员的目光刷地聚焦到新闻发言人续梅身上。她曾经是《中国教育报》记者部主任的新闻发言人，当然深谙其中机锋——来者不善！

续梅捋了捋短发凑近话筒："……任何高等教育的改革探索，我们都会大力支持，同时也希望学校能够办出特色、办出水平……"接着话锋一转："任何改革首先要坚持依法办学，要遵循国家基本的教育制度，以制度来保障学生的合法权益。"

台上台下，傻子都能听懂这套官方辞令的内涵：南科大的新生必须参加高考"回炉"，否则毕业时就拿不到国家承认的文凭。而此前从南科大高调宣称"去行政化"，到宣布自授学位，教育部始终没有任何表态，不批准也没叫停，因此多数舆论认为南科大作为中国教育体制改革试点，似在教育部的默许之中。故此次新闻发布会刚结束，全国媒界一片哗然，大家在唏嘘感叹的同时，静候当事人的反应。

第二天一大早，《新安晚报》记者夏丽霞突然接到一个电话："喂，小夏吗？我是南科大的朱清时。"

朱校长？夏丽霞有些意外，因为就在前一天，回合肥开会的朱清时还拒绝了她这位老相识的专访要求，称"不接受国内任何媒体的专访"。难道，是教育部的表态"逼疯"了他？夏丽霞即刻赶到朱清时下榻的合肥世纪金源大饭店。

次日，一篇檄文式的专访出街了，朱清时借助媒体"绝地反击"。平日里说话十分稳重的他，此次受访时的话语充满火药味：“如果改革都要按照条条框框来办，那么就没有今天的深圳特区；如果教育界改革被这些条条框框约束，就没办法前进！”

朱清时回应：“别人要造豪华别墅，你要求人家先盖个猪圈？”

“南科大做的事情并没有别出心裁的地方，南科大做的事情是全世界一流大学都在做的，比如自主招生、自授学位。靠真本事，不靠国家颁发的一纸文凭证明学生的能力，正是南科大改革的关键。”

“中国这么大，对于南科大的教育改革，学生又这么欢迎，全社会和家长都纷纷叫好，想进行一点教育的改革为什么就不让试？为什么要一下子强行扭转？”

“教育部不承认南科大的招生资格，所以我们的学生是非学历教育，你就可以别管啊，让我们自主招生、自授学位。我的学生，不需要你教育部的高考！”

“行政干预，南科大不接受……”

当然，朱清时的怒发冲冠不可能让教育部撤销“原旨”，不过，也许念及朱校长德高望重，高考委员会网开一面，特许南科大在校内开设两间考场，免去实验班45名学生回原籍参加高考的奔波之苦。但，对此似乎无人领情。

教育部新闻发布会后三天，南科大全体实验班学生通过媒体向社会发表拒绝高考公开信（节选）：

所有关心我们学校发展的人们，最近的事情让大家纠结了。现在，我们学校遇到了前所未有的困难。最紧迫的（是）高考问题。教育部做出这项决定，我们是可以理解的，同时也是难以接受的。

南科大从呱呱坠地就打出了自主招生、自授学位的响亮口号，这是我们学校的特色和努力方向，也是我们引领文化、强调个人自主发展的最重要的保障。这是我们45名同学共同的价值观念，是把我们团结在一起的共同信念。在现在的情况下，我们为中国的教育改革做出了最大的牺牲，放弃了一切，甘愿成为一些人眼中的小白鼠。

我们学校的建校本意即是此，既为教改探路，也为培养创新型人才寻求经验。在这里的同学绝大多数都怀着这样的心态：即抛下铁文凭，捡起真本事。我们都抱着“实验”的心态，在培养自己的创新思维和独立思考精神上作出努力。我们的老师，也在积极地向我们传达着这样的信号。有同学梦想成为中国的爱因斯坦……

我们对自己的选择坚定不移，对南科大的未来充满希望。但是我们同时也是无助的，我们仅仅是学生，我们需要大家对我们学校有一个既不过度悲观也不过度乐观的看法……

来自南科大的学子

对于学生们的公开信，校长朱清时表示理解。他说：“这45个青年拿他们一生的前途来参加我们的教改实验，有个浙江的孩子本来就放弃了保送浙大的机会，来参加我们的教改实验，现在突然叫他们去参加马上要举行的高考，从道义上说不过去嘛。成绩好不好姑且不说，回去参加高考就是回到了体制内，实验还有什么意义？”

另外还有一种未经证实的传言，学生们的罢考公开信发表后，据说有关部门私下传话，只要实验班的学生按规定在开考后10分钟领卷，就算他们参加高考，100%都可以录取。对此，朱清时在受访时说：“他们的想法是，给学生这么多好处，白白给一个国家承认的文凭，你们还不要呀？结果，学生还是理想主义，坚守我们来就是为做这个实验的……他们甚至比很多成年人、官员和老师，都要有勇气得多，我觉得那些官员和老师在他们面前应该汗颜。”

对教育部门这种做法，很多媒体站在不同的角度予以谴责，认为无论允许学生不回原籍考试，还是只要考了就录取，都违反了高考公平。

在舆论哗然中，2011年高考如期而至。深圳市领导直接找朱清时谈话，宣布市里决定要南科大遵照教育部的文件，让这45个学生参加高考。朱清时据理力争无济于事，只好被动执行“老板”的决定，他让手下为学生们准备好两间考场，让愿意参加高考的学生参加考试，自己则回避到合肥老家休假。

6月7日上午，全国考生步入高考考场。守候在南科大周边的记者们发现：学校为那45位孩子准备好的两间考场虚位以待，可开考15分钟后，仍旧无人进场。监考老师按照考规收回课桌上的45份考卷，南科大首届实验班45名学生今年的高考资格被自动取消。记者当日联系朱清时和南科大新闻发言人蓝海，他们的手机均无法接通，而学生们似乎早有默契，一半同学请假回去了，一半同学窝在寝室里看书或给家长、高中同学发e-mail、聊QQ……

记者随机采访了几位“罢考”的学生，他们如是说：

“来南科大就读之前我们就考虑好了，在文凭和能力之间我们选择后者！”

“学校会给我们发自己的文凭，只是没有教育部的学位证而已。还说不定谁发的文凭更管用呢！”

“毕业后就去国外读研，然后自己再创业，不需要教育部的文凭！”

“相信校长，如果真的失败了也没有什么可担心的，校长会给我们指明出路……”

还有的孩子揶揄道：“既然国家明文规定不准异地高考，现在让我们破例属于违法，所以我们不能参加！”

记者还得知，学生们的行动得到家长们的支持。朱清时对此深感欣慰，每每感叹：“真正理解我的，正是这些孩子和他们的家长！”

果真这样。“罢考”事件发生后，天真的孩子们觉得媒体的报道伤害了他们的校长和南科大，有些人对记者的采访态度冷淡，不愿配合。

尽管深圳市政府对朱清时支持学生罢考之事有看法，但在高考风波平息后的2011年7月1日，仍颁布了《南方科技大学管理暂行办法》法规，第一条赫然列明：“保障大学办学自主权”。对此，书生气十足的朱清时认为南科大初战告捷，拿到了“去行政化”的“尚方宝剑”。

◆死穴

什么是宿命？宿命是绑在凡人身上的一枚定时炸弹，常常于你最得意的时点被上帝引爆。自主招生、自主录取、上级对罢考事件的通融、取得“去行政化”的“尚方宝剑”，尽管开局艰难，但改革举措获得压倒多数的舆论声援……一系列令人欢欣鼓舞的初战告捷，将朱清时的希望之火点燃。可开学不久，刚领受“自主办学”的“尚方宝剑”没几天，南科大便接到深圳市委组织部一纸公文——“关于公开推荐选拔南方科技大学(筹)副校长等领导干部的公告”。文中明确将南科大副校长职位定位“正局级”，这无疑是要撕下南科大“去行政化”的改革标签。面对来自南科大内部和社会舆论的质疑，深圳市委组织部不解释、不妥协，坚定地委派了一位“正局级”副校长入驻南科大。

训难道还不够惨痛和深刻吗?!
“高校去行政化”不能
沦为哗众取宠的口号
世界公认的一流高校都有一个庞
大的规范的专业的层次分明的问责清
晰的行政管理体制。这些一流大学的
行政管理体制只有一个功能:服务。服
政化，只是一个彻头彻尾的伪命
伪口号。
“教改实验班”是
为口号服务的人质
“教改实验班”从开始到现
来没有一个课程培养大纲和方

三教授公开信

6 月 16 日，三位来自港科大的教授李晓原、李泽湘、励建书向朱清时提交辞呈，并在媒体上发布联名公开信《要改革不要口号》，声称自己与校长朱清时存在办学理念上的严重分歧，内容大致概括为：“自主招生，自授文凭”绝不是高教改革核心；鼓动学生“不参加高考”不是改革而是“文革”；“高校去行政化”不能沦为哗众取宠的口号；“教改实验班”是为口号服务的人质；校长不能脱离监管为所欲为；无制度设计不足谈改革，等等。

尽管朱清时有意淡化三教授辞职事件，对外只是简称他们辞职的真正原因是薪酬未能如愿，但此事对他的内心无疑是一次沉重打击。他向记者坦承：在此期间，他多次去看望南怀瑾，接受老人的开导。

“他（南怀瑾）讲了一个故事，说抗战时期，在成都有个银行，老板很有钱。每天晚上都要查账对账，做到凌晨三四点。他们隔壁有一对卖豆腐的小两口，每天很早起来，一边磨豆腐一边唱歌，十分快活。银行老板的太太就抱怨，他们怎么那么快乐？我们怎么那么苦？老板说，‘我马上让他们快活不起来’。

说着拿一包银子扔过去。银子落地哐当一声后，歌声就没有了。两口子得了银子，开始想保本赚钱做生意，从此没了快乐。”

朱清时觉得，南怀瑾让他的心“找到了宁静，逐渐把很多事情放下。不再恐惧什么事，不会在意困难和打击。使我能不为个人得失忧虑，一心去追求我所认为的真理”。

继三教授辞职事件过后，依据《南方科技大学管理暂行办法》，由市政府主导成立了南科大理事会，拥有聘任、解聘校长，审定学校所有重大事项的至高权力。这本也是国际惯例，但随后公布的理事名单却让人跌破眼镜：理事长是深圳市市长，一半以上的成员是厅局级官员，学界仅占1/4。

你喊你的“去行政化”，我不声不响地架空你——政治家永远比科学家棋高一招！对此，朱清时傻了眼，从一开始就支持南科大“造反”的社会舆论几近沸腾。有人醒悟：“原来高调创办南科大，只不过是深圳官员延续改革口号的一场政治秀！”

在第一次南科大理事会公开亮相后，中国网络电视台举行了一次“您对南科大的改革有信心吗？”的网上投票，24.75%的网友表示“没有”；12.63%的网友表示“说不清”。至于阻碍教改的因素，30.07%的网友认为是“相关部门”，54.9%网友认为是“体制痼疾”。

那段时间，面对众家媒体约访，朱清时能躲则躲，躲不过则用近乎官场上的语言搪塞：“这是中国现实下的一种必要的选择，如果不让市长当理事长，理事会的权威可能有所削弱，它的决议市政府承认吗？比如南科大的预算，理事会通过后政府同不同意？财委认不认账？所以还是由市长当，这是目前必要的一步。改革不可能一步到位。”

私下与记者攀谈时，朱清时也坦言：“如果知道会出现这么多的困难，当时绝不会答应出任校长。但已经走到这一步，绝不会放弃。在南科大低潮的时候，如果我抽身离开，那就无异于逃兵了。越困难，我就越坚定，一定要走出困境！”

接下来，南科大就像一艘在两位船长掌舵下的船，歪歪扭扭地行驶在朱清时剩余的任期。

2012年，朱清时服从理事会决定，将南科大招生计划并入全国统考，并上报按“4 + 3 + 3”的模式录取（即统考成绩占40%，自主考试成绩占30%，平时成绩占30%），但遭到教育部的否决，批复方案是“6 + 3 + 1”模式（顺序如前）。

至此，南科大首届实验班完全自主考试、自主招生、自授文凭的办学模式仅存一届便成绝唱。尽管朱清时对最后的妥协作出种种解释与辩解，但止不住诸多媒体的大呼小叫，或曰：“南科大改革之火熄灭！”或曰：“继中科大改革失败后，朱清时再走华容道！”

南科大一位教师受访时，将陷入困境中的朱清时比作堂吉诃德：“他满怀理想主义色彩，却挥舞着一柄生了锈的长矛，一心要探索中国高教改革，到最后，就连最基本的招生权利都未被赋予！”

一直关注南科大的21世纪教育研究院副院长熊丙奇则公开发表文章称：“南科大今年实行的招生，不能算是自主招生，而是按计划集中录取，这意味着南科大的自主招生改革受阻……”

有人说，此时此刻，假若朱清时不屈服“老板”（深圳市政府）的压力，采取对抗或对抗不了就辞职的态度应对，那么他至少还算得上一位“壮烈牺牲在改革火线上的烈士！”但是，人们忽略了朱清时的个人成长史，从一名被分配到青海西宁山川机床铸造厂当工人的大学毕业生，到第一批被国家选派出国留学的普通科研人员，最后成长为一位世界知名的科学家、中科院院士，虽主要归功于他的个人奋斗，但毕竟还是浸泡在体制营养液里的一棵大树，即便参天，也脱离不开“组织培养”。

其实，高智商的朱清时院士又何曾不明了自己的“体制情结”？他在受访时曾自嘲：“我看过华君武的一幅漫画，画里一个老头，一生都在一个坛子里生活。后来这个坛子被敲碎了，他自由了，但是他在潜意识里还是那样子（做蜷缩状）。现在我们被行政化的人有机会可以自由了，可还是习惯于被领导，缺乏一种独立思想……”

朱清时个人和社会的局限，更没能躲过另一个人的“法眼”。2012年9月22日，朱清时最后一次拜访南怀瑾。南先生抄录了秦末隐士黄石公的《素书》送给他，并嘱他每日诵读：“贤人君子，明于盛衰之道，通乎成败之数，审乎治乱之势，达乎去就之理。故潜居抱道，以待其时。若时至而行，则能极人臣之位；得机而动，则能成绝代之功。”希望他能够明白事物兴盛和衰败之理，通晓事业成败之规律，清楚社会发展趋势，审时度势选择去留。数日后，南怀瑾先生去世，他手写的这幅“天书”，一直为朱清时悬挂于办公室。

我们在翻阅朱清时相关资料和采访他本人时，注意到他在退休前后与南怀瑾来往甚密，每年都会去苏州拜访南大师数次，直至老人去世。我们还注意到，在朱先生的性格之中，虽不乏坚毅、执着、精进，却也时常显露出犹疑、妥协与迂回。至于是出自科学家的睿智，还是政治家的“隐忍”，抑或佛家的“弃执著”，也许局内局外人会有不同的说法和演绎。有一点可以肯定的是，从担纲中科大首座开始，尽管朱清时坚持教化本真、锐意改革时弊，被外界称作“中国最牛大学校长”，但在诸多光环之下，他却总显得那么形单影只、踽踽独行。

给孤独的心灵找一处休憩与慰藉，也许才是“朱子见南子”的真正缘由。然而，对于一位有强烈使命感的人来说，宿命绝不会在他们倒下之前到达。

2013 年 11 月，在麻省理工学院主办的国际基因工程大赛上，南科大学生战胜来自世界各地的 204 支队伍，取得一枚金牌。接着又在美国大学生数学建模竞赛中，荣获国际一等奖。学生们的每一项成功，对身心疲惫的校长朱清时都是一种安慰，让他临近黄河边，依旧“心不死”。此后，他在接受上海一家媒体采访时说：“南科大的推进，就像我早期做的实验，有如痴如醉的感觉，我正在看着自己理解的教育真理，如何一步步变成现实。”

事与愿违，2014 年 1 月初，南方科技大学召开干部大会，宣布省委决定：任命原市委常委、公安局长李铭为中共南方科技大学委员会书记，担任此职务才 3 个月的朱清时被免职。消息传出后，敏感的媒体惊呼：“‘书记校长一肩挑’悄然废止，朱清时的校长职务进入倒计时。”朱清时在接受媒体采访时也不止一次流露：“我还要不要走下去？我还能不能走下去？”

几天后，南科大为第一届教改实验班的学生举办了低调的毕业典礼暨学位授予仪式。校方没有通知媒体，并封锁了所有入口，任何人都要凭学生学号才可进入。当日，在合肥家里休息的朱清时专程赶来深圳，但没有出席毕业典礼，只参加了学生和家长们在典礼之后的庆祝活动，并跟他们合影。

◆ “我是中国妥协最多的校长！”

朱清时：“这是我人生最艰难的五年！”

2014年1月17日，本书作者在南科大校长办公室专访朱清时。

办公室兼作午休室，显得简单而零乱：一张桌子、一堆书籍录像带、一张单人床、一只氧气罐。房间里最醒目的是一面五星红旗和已故南师怀瑾先生手书的秦末道家黄石公之奇作《素书》，虽然二者风格不搭，横亘斗室倒也别具风光。

记者：朱校长，走进您的办公室，就感觉得到这五年您过得不轻松啊？

朱清时：我的颈椎动脉有部分堵塞，只要压力一大就大脑供氧、供血不足，所以办公室常年放着氧气瓶。

记者：这五年中您感到压力最大的事情是什么？

朱清时：高考事件算一个，我当时面临两难，不能表态。如果我让学生去高考等于是我们失言了，后来学生抵制高考，上面有意见，接着又是港科大的三个教授出走，写公开信，再加上创校团队内部的意见也很复杂。当时是最困难的时候，真的差点翻了船。

记者：那个阶段不少人，甚至包括您的朋友都替您捏把汗，认为万一你的实验失败了拍屁股走人，可是那些参加教改实验的“小白鼠”的前途会怎样？

朱清时：这是他们不了解情况。我们教改实验班1/3以上的学生，在全世界任何大学，包括哈佛、牛津、麻省理工的本科生中间都是出类拔萃的。另外剩下的人中至少一半，在国内的高校中也都是很优秀的。即使是最后的这部分人，成绩不是太好，但他们如果毕业，也都会成为社会欢迎的人才。我没有花很多时间去辩论，咬着牙坚持下来的。那段时间，药盒里的安眠药的确消耗比以前更多。

记者：您现在身体状况怎么样？

朱清时（笑）：想到快退下来了，睡得好、吃得好，后果就是衣服都不合身了！”

记者：回想五年前您“出山”的时候，提要做三件事——“去行政化、自主招生、自授文凭”，现在评估一下，这三项哪些实现了？能给多少分？

朱清时：“去行政化”还走得不快，现在只能走到××分（笔者注：极低分，采访稿在《羊城晚报》发表之前，应朱校长要求先交校办审查，被改成“60分”）。一开始我们把“去行政化”作为自己的使命，但真要去做，困难就很大。有很多时候为了前进不得不向行政化压力投降，不得不迂回斡旋，但在校内管理部分我们做了该做的。

记者：南科大刚成立不久，深圳市就颁布了《南方科技大学管理暂行办法》，其中也有去行政化的内容，实际上并没有起到“防火墙”的效果？

朱清时：刚开始大家没有经验，南方科技大理事会理事长是市长，三分之一理事都是政府官员，因为政府官员都很强势，所以他们在理事会都占有主导权，这样使学校的办校自主权很受限制。

记者：政府出钱办公立大学，是否大学难免要受政府干预？

朱清时：不是。在美国有很多好的公立大学，像加州大学；英国及欧洲大学大部分最好的学校都是公立的；我国民国时代的大学也基本上都是公立的。公立大学靠政府拨款，但是它有立法，政府不能干涉它的办学自主权。做到这点，公立学校也能按照教育的规律办事，而不是谁出了钱谁说了算。

记者：您担任中国科技大学两任校长期间，因力排众议，主导中国科技大学成为全国唯一一所“不扩招、不圈地、不扩建”的重点大学，高调批评教育部某些违反教育规律的“评估”，而被业界誉为“中国最牛大学校长”；受聘领衔创校南科大后，又因高举“去行政化”、“自主招生”、“自授文凭”大旗，办学理念与教育部以及行政“老板”屡生冲突，被媒界称作“中国最具争议的大学校长”。您怎么看这些称呼？

朱清时：我实际上是中国妥协最多的校长，我遇到很多事情不能不妥协。

中国高校的行政权力干预无孔不至，教授治校已经完全消失。

记者：在中国教育改革进程中，您扮演过四种角色：斗士、烈士、改良派、改革派，如果四选一，您会作何选择?

朱清时：我想我是改革派吧，斗士也可以，在很多人眼中觉得我是一个斗士。

记者：从某种角度讲，“斗士”的称号您当之无愧，因为您担任两所科技大学校长期间，一直在与某种强大的体制主导对着干，这样做您从未考虑过后果吗?

朱清时：现在看来这些跟我的经历有关，我很年轻时就当院士，以后也没接受行政官僚的熏陶，所以还是年轻院士那种思维，认为对的就一定坚持，你要坚持就要做好被摘掉乌纱帽的准备。

记者：也有舆论认为，作为斗士，您一路走来经历的妥协太多，您自己也这么说。所以，站在历史的角度看，您最终会不会成为中国教育改革过程中的一名“烈士”呢?

朱清时：“烈士”还不至于。南科大至少做了两件大事，一是推动“自主招生，自授文凭”的试验，二是在高校去行政化上做了诸多尝试。如果我们南科大这五年改革失败了，那么中国的自授文凭一二十年内无人再敢做了。南科大走的是中国教育必由之路，南科大肯定早晚要成功，但不必在我，也不必在我的任期内。

作者：与最初来南科大时的雄心大略相比，您今天的心境是否有较大的落差?

朱清时：我来南科大是为了回答钱学森之问，“为什么我们学校总培养不出杰出人才?”这五年我遇到的困难，如果我们走投无路了，实际上也就回答了钱学森之问。

作者：从反面回答是吧?能具体说说吗?

朱清时：我的回答是，中国大学已经偏离原点太远，已经不再是一个学术机构，变成了一个行政机构。中国大学上不去，有深层次的机制问题。

作者：这五年对于您个人意味着什么?

朱清时：南科大的五年，我为了高等教育改革的梦想在奋斗。五年的时间很短，但也做成了一些事情。还有一些未竟的理想，要等将来才实现。这五年，挑起南科大这个担子，无论是爱好、生活，还是身体，自己都付出了很多代价。

作者：从在中科大到南科大，您似乎一直都在明知不可为而为之，因此大家都认为您是一位理想主义者，通过这五年您觉得自己是否变得现实一些了？

朱清时：五年前我意气风发，觉得理想就在眼前，确实没有想过会经历那么多的困难，没想到教育改革远比经济改革难得多。经济改革达成共识花了二三十年，教育改革说不定会更长，就像攀登珠穆朗玛峰，以前离得远，会说我一定要到达那个顶峰，但是真正去爬，才晓得道路都是迂迂回回的。

作者：您说的这段话，让我想起五年前您在灵山佛教论坛上发表过的一段著名演讲："当科学家千辛万苦爬到山顶时，佛学大师已经在此等候多时了！"

朱清时：……

结束此次采访后不久，南科大实验班学生王嘉乐、何明浩分别被英国牛津大学和伦敦大学录取为博士、硕士研究生。7月9日，南科大留守校长朱清时为两位提前毕业的学生颁发南科大自授文凭与学位。事后，他抑制不住内心的兴奋，分别打电话将此消息告诉多路记者，"半个世纪以来，终于有一所中国大学自授文凭学位，南科大走出了第一步！"

"校长相当开心，过来与我们击掌相庆！"王嘉乐受访时高兴地说。他很理解校长，"看见有学生能走出去、获得社会认可，就是实现了他自己和我们的梦想！"这位17岁的世界名校博士生还自豪地向记者表述："我们在南科大做了别人没做过的事，看到别人没看到的东西，让社会意识到教改的重要性，这样的经历是宝贵和值得骄傲的财富！"

何明浩也告诉记者："能够成就学生，校长就很开心！"这位话语不多的高材生也向记者表述："不管压力再大、不管情况再困难，只要自己认为对的教育理念，校长都会去坚持，没有太多杂念，这让我们都很感动！"

数月后，这些自称"教改小白鼠"的实验班学生陆续收到世界名校录取通知书：张众录取于英国剑桥大学，吴子珊录取于耶鲁大学直读博士，张文超录取于以色列第二大学术机构巴伊兰大学攻读数学博士，李荣鹏录取于南加州大学最喜欢的专业，通晓被四所名校录取，最终选择了去加州理工学院，范紫藜同时被加州大学圣地亚哥分校等五所大学录取，沈琉星获五家名校录取，杨鑫同时被马里兰大学帕克分校等四所大学录取……

到本文截稿，南科大唯一一届自授文凭的40名毕业生，除去11人申请延期毕业，为继续申报国外名校继续完善课题外，有21名学生被国际名校录取，录取率达到72%。对此，朱清时高兴地说："就是清华北大的毕业生，也没有这么高的比例！"

值得一提的是，尽管朱清时上任南科大校长以来，社会舆论对他毁誉不一，但在南科大的学生当中，我们能听到的几乎全是赞美声。

"校长就是想要回到教育本身的、纯粹的东西，让我们摒弃太多形式上的东西，实实在在学到一些本领！"

"校长让我们学会独立思考，不盲从。有时候老师讲课出错，我们会在网上辩论到深夜！"

"这所学校经历的事情很多，带给我们学生从容、自信的气质。我也许不知道真理在哪里，但我有勇气去坚持认为是对的东西……"

从孩子们独立、自信、自由的人格初成，我们似乎看到一些蔡元培校长治下的北大学风，而这一切不正是现代教育的本质吗？

2014年9月1日，朱清时于南方科技大学礼堂，发表告别演讲。此次演讲一共只有寥寥1503字，与2011年初创南科大时充满激情的17100字演讲稿相比，无论从字数与字里行间透露的气势自是天壤之别。尽管此后朱清时在各种公开场合接受媒体采访时，不愿承认失败，甚至不愿接受"惨胜"的说法。

演讲结束，一位2014级新生突然站起来，向朱清时发问："朱校长，您过去说，'我们都是坐在火车里的人，突然发现火车走错方向了，但是这个时候谁也不敢跳车'。您为什么做了一届就卸任了，您提前跳车扔下我们，我们的路要怎么走？"

在场记者描述："提问学生眼中润湿，眷恋而不掩彷徨和愤懑，现场响起掌声。这种下意识的现场反应其实有些尴尬：毕竟，孩子拷问的是一位已经为学校鞠躬尽瘁的老人；毕竟，离职非老校长本愿……"

片刻沉默过后，朱清时答非所问地："我自己也有自知之明，南科大的工作很操心，也很繁重。很希望有年轻、精力充沛、富有改革意识、更有声望的人来担当重任，谢谢你！”此时，满场学生安静地起立鞠躬。站在台上的朱清时，也默默向学生们三鞠躬……

首届教改实验班学生自费印制的T恤

对于朱清时的离任，绝大多数媒体和教育界知名人士都不加选择地结语为“南科大改革的终结”。朱清时的朋友、著名教育家朱永新受访时直言：“又想改革创新，又想得到体制认可，就会陷入困境。你要参加教育部的游戏，就得服从游戏规则，如果一开始就打出旗号，什么都不要，只要一所理想中的大学，按自己标准选拔人才发放文凭，就不是现在这样。”

中国教育科学研究院研究员储朝晖则进一步指出，“把朱清时与蔡元培作一比较，他们面临的问题是一样的，都是官僚体系与专业的冲突。但是蔡元培的压力要远小于朱清时的压力，蔡面临的只是一个学校内部，朱遇到的是则是一个深入到我们国家肌体的管理体制。”

后记：我们报告发生在教育领域的时代误局，书写了若干局中之人的不同命运——或宿命于“愚”，或宿命于“昧”，或宿命于“惑”。“愚”者受制，“昧”者受困，“惑”者受累。唯有朱清时，一个功成名就的科学家、一位能感悟佛学光芒的思想者，他在人境与梵境中交航，在物理学与哲学间参度，并试图将两个梦合二为一，但终究因涉世未深、出世尚浅，埋没于一个本可为却无可为的时局之中。正如他的老友、书法家刘正成所言：“他是一位罕见的理想主义者，是我们这个时代易碎而价值连城的‘官窑’瓷器！”

杨福家:“新洋务运动”进行时

洋务运动，是19世纪中国“洋务派”进行的一场引进西方军事装备、机器生产和科学技术以维护封建统治的“自强”、“求富”运动，为中国近代化的起步开辟了道路，是中国近代化的开端；时隔两个甲子，一场低调高效的“新洋务运动”，在中国长三角五大经济区之一的浙江省宁波市悄然掀开序幕……

采访时间：2014–2015年。

采访地点：浙江省宁波市诺丁汉大学（简称“宁诺”）。

第一现场受访人：“宁诺”老师、学生多名。

第二现场受访人：杨福家，中科院院士，著名核物理学家，曾任复旦大学、英国诺丁汉大学校长，2004年任宁波诺丁汉大学首任校长至今。

采访人：本书作者及其他。

时至今日，我们去武汉大学采访，同学们必提的首要还是“永远的校长刘道玉”；去南方科技大学采访，同学们张口就来的依旧是“创校校长朱清时”。正如一位老师笑谈：“在没有新的‘校偶（像）’出现之前，他们还将继续充当学校代言人！”奇怪的是，当我们进入宁波诺丁汉大学时，这里的同学最先向我们炫耀的并非他们的创校校长杨福家，而是一群被误称为“诺丁鸭”的灰天鹅。

从英国诺丁汉大学迁居宁波的“诺丁鸭”

是杨福家的名头不够大？似乎不

是——中科院院士，著名核物理学家，原复旦大学校长，原英国诺丁汉大学唯一没有爵位的两届连任外籍校长，可谓声名显赫。是业绩平平？似乎也不是——当年让刘道玉校长享誉中国教育界的“武大改革”那些破冰之举，五年后多半被武大“自行了断”，但在宁波诺丁汉却从来就算不得什么新鲜事，更不谈惊天地、泣鬼神；朱清时校长在南科大举步艰难、事倍功半的“去行政化”、自主招录的高校“革新变法”，早他五年已在宁波诺丁汉瓜熟蒂落。

那么，当前两位校长被媒体炒得沸沸扬扬之时，作为中国高校改革“三剑客”之一的杨福家，何以被校园里的几只“诺丁鸭”抢去风头？

低调有低调的道理，高调有高调的来由。

据说，一群被称作“诺丁鸭”的灰天鹅来自英国诺丁汉大学本院，曾在老校区荣受英国女王“亲切接见”且被封爵。随着宁波市获得诺丁汉大学冠名权，有几只被封爵的“诺丁鸭”被“陪嫁”至宁波诺丁汉校园。自此，在我们的礼仪之邦，“鸭爵”们受到的礼遇自是较母邦有过之而无不及。

“宁诺”男生不无骄傲地告诉我们：“每年高考结束后，各大高校出怪招争夺生源——晒校长、晒名师、晒女神、晒厨师、晒美食……我们什么都不晒，就晒‘诺丁鸭’！”

“宁诺”女神无奈地抱怨：“这一伙‘神兽’简直有点横行霸道，尤其喜欢攻击穿着艳丽的漂亮女生。碰上它们行人止步、车辆让行！”这并非说笑，我们在校园里就亲眼看过几位靓女被“诺丁鸭”扑腾追赶，作鸟兽散。

“宁诺”的保安则向我们透露：“诺丁鸭”是校园里最受爱戴的元老级生物，如有虐待损伤行为，索赔金额昂贵，还要给予开除处分。“附近有一只大黑狗追咬过‘诺丁鸭’，被门卫列入终身禁止入校的黑名单。”那位保安还笑言，这些无法无天的鸭子，可以在任意时间大摇大摆地闯进教室、宿舍、食堂、球场，甚至是校长办公室……”

“宁诺”一位年轻教师对校长“落选”代言人作出非常“哲理”的评述：“在这所校园里，校长们由于各种原由来来去去，而‘诺丁鸭’作为某种异域文化的象征物或许可以长期存在下去！”他还说：“这不是文化入侵，是文化交融。21 世纪人类大趋势！”

2015 年，本书作者采访了成功引进“诺丁鸭”的传奇校长杨福家。

【第二现场】

记者：我们知道，从2000年至2012年，您曾两任英国诺丁汉大学校长，是什么时候、出于什么想法决定创办宁波诺丁汉大学？

杨福家：我有幸当了12年英国诺丁汉大学校长，逐渐懂得什么叫“博雅教育”，自然而然的，我也在思考这种优秀的教学体制可否移植到中国来，其间陆续发表了不少这方面的文章，当时有的文章还非常受关注，包括中央领导人都有批示。但（领导）关注过后，依然没有高校付诸行动。

记者：所以您就亲自上阵试试水？听说您写《迷惑》一文是因为受到某种精神刺激？

杨福家：2004年，我在美国《纽约时报》上看到一则新闻，中国四川一所农村高中有个名叫郑清明的优秀高三毕业生，因为家庭贫穷拖欠了学校600元学费而不被允许参加高考，在深深的绝望和悲哀中卧轨自杀了。我是在外国一个美丽的大学校园里，在外国同行面前读到这则消息的，作为一个曾经当过中国大学校长的中国人，无地自容啊！

记者：那个18岁的孩子是被一列开往北京的特快列车撞死的。时至今日我还记得采访记者的感叹，“我看到的是被快速向前行驶的中国经济快车落下的几亿中国农民！”

杨福家：在郑清明卧轨两个月后，另一位姓张的女孩子，以615分的成绩考入中央民族大学，这本来是一件欢天喜地的事，但母女俩却为筹不到8000元的学费抱头痛哭。事后，母亲悄悄上街贴出一张卖肾的告示。

英国著名油画家 Keith Breeden 花费三年时间绘制的杨福家肖像。为此，他与时任英国诺丁汉大学校长的杨福家交流超过30小时。

此事被女儿知道后，哭着喊：“妈妈，我不要你卖肾，我不上大学了……”我很难过，为了得到一张大学的书桌，一个学子付出了自己鲜活的生命，一个母亲要舍弃自己身上的器官，我们的大学怎么啦？我们的教育怎么啦？

几个月后，我从英国回到国内，迈入曾经非常熟悉的大学校园，感觉到一阵阵热浪扑面而来——扩招、并校、圈地、更名……校园一个比一个大，大楼一幢比一幢高，大学城一座比一座宏伟……当时我就想啊，争创世界一流大学本是好事，但这就是国家和民族所呼唤的世界一流么？当很多贫困学生接到入学通知书，却因付不起学费无法去报到时，我们有什么理由超大规模扩建校园，建造豪华的“标志性”大楼？“豪华”和一流并无关系，对优秀贫困学生的关怀与否，倒是评估一所高校是不是一流院校的一个因素！

记者：这些观点您在那篇文章里做过颇带感情色彩的阐述，而且针对性很强，公开发表后即在高校校长圈引起震动，也引起中央高层领导人的重视，而且作出批示。那几年，您在国外的时间相对更多，为什么还要写这篇得罪人的文章？单纯是出于一位教育工作者的情怀表露吗？

杨福家：我知道这篇文章会得罪一些人，但是我想讲真话，这出于一个人的责任感。

我写这篇文章是希望引起有关领导的重视，我们的社会主义大学，除了“大楼、大师”外，更需要“大爱”！

记者：您所说的“大爱”具象是什么？

杨福家：这种大爱起码包括两个层面，就国家和社会而言，应该建立起一种帮助所有考上大学的贫寒子弟上得起学的机制，而不再有郑清明式的悲剧；就高等教育的主体——大学而言，应该彻头彻尾地体现“以学生为中心”。

记者：依据国情，有了中央高层领导的批示，总会有人跟风去办吧？为什么您这个建议者非得亲力亲为呢？

杨福家：（中央领导批示后）有人说，你说得容易，做起来难。既然如此，那我可不可以自己来做一所大学，给大家看看？非常幸运的是，2003年1月5日，宁波万里教育集团董事长徐亚芬赶到上海找我，提出他们想与英国诺丁汉大学合作，搞中外合作办学，愿意建设硬件。

记者：英雄所见略同？

杨福家：真是和我的想法一拍即合。我当时说了三句话，第一句：“好主意，但是我无权现在回答你，因为需要诺丁汉大学理事会共同做决定”；第二句提出十字方针：“非盈利、求平衡、追求卓越。”我希望这个学校是民办的，但是要寻求平衡，否则没有可持续性；第三句：“我可以保证，我们办学不会拿一分钱到英国去。”这是一个郑重的承诺，对祖国，对家乡！

记者：大家都知道，在中国办教育得有政府背景和资源，像朱清时院士创办南方科技大学，就完全依托深圳市政府。不过，听说当初杨校长和武大老校长刘道玉都认为朱校长不应当用深圳市政府的钱办学，为什么？难道政府投资真是一锅“烫手的山芋”？

杨福家：其实当初宁波市政府曾表态，他们也愿意出资，但我们还是选择了民办。为什么？如果学校收了政府的投资，就很难保障其独立主权，美国最好的大学几乎都是私立大学。最后我们还是坚持民办，（现在）成了宁波诺丁汉一大优势——没有“婆婆”。如今中国的大学都是“婆婆”太多了。

记者：可是据我所知，宁波诺丁汉900亩建设用地，全都是当地政府免费提供的。这是不是意味着政府投资不是不可以要，看你怎么要？

杨福家：这件事的真实情况一般人很难想象。当时我们计划招4000名学生，宁波方面说可以给学校900亩土地。没想到英方不要，6次谈话6次拒绝，因为英方认为按照中国的法律10名学生1亩地，4000名学生400亩地，他们怎么能够接受900亩呢。按照法律办事，这是英国文化中非常强的因素。最后的折中方案是，中间划一条河，这边的400亩算资产，另外的400亩搞运动设施等。

记者：不知道您是否听过有一种批评的声音：“英国人是借杨福家来赚中国人的钱”？

杨福家：他们不知道好的学校不是为了钱，后来的事情全部兑现了我当初代表英国诺丁汉所作的承诺，万里（教育集团）与英方签约几个月后，英方单方面宣布，鉴于宁波方面目前有困难，平衡根本做不到，为了补偿，他们在三年内再给（宁波诺丁汉）拨款5000万。这个突然的决定，把徐亚芬（万里集团董事长）感动得不得了！

记者：（笑）这种情况的确匪夷所思，既反应了中西方的文化差异，是不是也预示了合作双方在诸多理念上还将有不少的碰撞，需要有适当的磨合？

杨福家：接下来还有一个矛盾，学校要不要党委？英国人根本不理解什么叫党委，英国诺丁汉大学工会组织曾经质疑：为什么在我们中国校区，要有中国共产党组织？我回答他们，在中国，青年加入共产党是人权的一部分，如果没有党委，青年学生加入共产党的权利被剥夺了。你们是保护人权还是剥夺人权？

记者：这件事我们一直觉得有点诡异。刘道玉、朱清时两位校长先后曾为去行政化、争取办校主导权而与当地政府乃至教育部闹得脸红脖子粗，而在这里，杨福家校长却主动要将“党委”请进校园，而且党委书记由当地教育局长担任，这到底是“请君入瓮”还是“引狼入室”？

杨福家：客观讲，我感到在中国的环境下党委很重要，但需要改变它的职责。宁波诺丁汉党委和国有高校的党委职责完全不同，首先，要监督高校守法，这是英国人支持的；其次，有责任协助老师做学生的思想工作，英国人也很重视学生的思想工作；第三，英国人做不到，我也做不好，就是有党委可以更好与当地政府沟通；第四，学校党委没有人事权，党委书记参加理事会，但理事会总人数有15人，中方7人（除去党委书记无一政府官员）英方7名，加上我，谁也不能一手遮天。

记者:（笑）校长也不可以？

杨福家：校长也不能一手遮天，比如校长无权任命财务长、教务长，必须由理事会任命，实现了权力制约。财务长如果发现校长不对，直接向理事会汇报。我是法人，但是我把具体的管理权力基本上交给了英国方面。比如招生，碰到各种家长找关系、打招呼。在复旦做校长的第一年，我也经历过类似的情况。当时有一个人跑来说，他儿子要进来，却不参加高考，说是上面的部委会给他儿子一个名额。我是绝对反对走后门的，想规避，也有顶不住的时候。但是在宁波诺丁汉，英国管理者最大的特点就是按章办事。

记者：校党委的结构模式又是什么路数？

杨福家：党委会三分之一是校外人士，三分之一是教授党员，由学生党员选出来的，三分之一是学校领导层的负责人。

记者:（笑）这么看“宁诺”党委更像是在为学校理事会打工？

杨福家：慢慢地，大家发现党委是有用的。比如申请科研基金、与政府部门打交道，党委都可以起重要作用。后来，不少外籍教师带家属来中国工作，想找点事情做，或遇上其他生活方面的困难，也会主动找党委帮忙。我们一位外籍校长想申请一个中国科研项目，也请校党委给他出主意想办法。

【第一现场】

记者第一次走进“宁诺”的印象是：没见着司空见惯的大铁门、牌楼、门岗，更没有威武的石狮子，取而代之的是一块巨大的天然麻石，和谐地“镶嵌”在绿色的草地和树丛中。石头上面分别镌刻着中英两国文字的校名——宁波诺丁汉大学。从麻石右移十几米，是一条通往校园的水泥道，若不是中间横着一根限制机动车通行的起降杆和一间不起眼的小门房，你压根儿不会以为这是一所知名学府的大门。

不用登记、无人查询，我跟随两只巡游到此的“诺丁鸭”，大摇大摆地进入校区，边走边想杨福家校长那些反对大学盖豪华大楼的激烈言论。在他的一亩三分地里，我会看见什么？

宁波诺丁汉大学校门

与其说这是一所大学，倒不如说更像是一处“另类森系”园林社区。穿过“自由出入”的大门后，果然见不到庞大的校区，也没有高层“豪华大楼”，看不见令人眼花缭乱的现代建筑物，眼前是一幕接一幕的青草地。绿色是这个校园的主调。

进入校园不到一年的大一女生Ada在行政楼的拱门下边接我，她是我来“宁诺”采访之前在校区网站上认识的。Ada是个杭州姑娘，去年以高出全国“一本”线近40分的成绩被“宁诺”录取。她告诉我，她的英文名字Ada是接到“宁诺”录取通知书后“千辛万苦、绞尽脑汁”

取的，意思是快乐、美丽。“因为大家都说，没有地道的英文名字，就不算完整的诺丁汉女神！”

这位女生兴奋地描述：“填写志愿时我先参观过‘宁诺’，当时一看见这座中世纪晚期的哥特式钟楼，我就‘哇’——决定报考这里了。完全是英国诺丁汉大学本院的建筑风格！白天看还不觉得怎么样，入夜后特别美，华灯初放，钟楼塔顶熠熠生辉，就像一顶金光闪闪的博士帽悬挂在星空之下。”

记者：“太夸张了吧？就因为这座钟楼报考的‘宁诺’？”

“当然不是啦！”Ada 补充说：“招生老师向我们介绍，‘宁诺’原封不动地采用英式教育制度，教材、教学资料全部与英国本院共享。一线教师 80% 以上全是地地道道的老外，还有很多外籍同学，全英语教学。毕业后颁发英国诺丁汉大学和中国教育部签发的双重文凭……一句话，除开学校地址在中国，学费比本院低得多，其他与‘英诺’完全一致！当即我就打电话给爸爸：‘搞定了，第一志愿，宁波诺丁汉，第二志愿，宁波诺丁汉！”

快乐的Ada还告诉我，“宁诺”的本科体制分为2+2与4+0两种模式，“2+2”即学生前两年在宁波诺丁汉大学就读，后两年在英国诺丁汉大学就读，学费按照英国诺丁汉大学当年国际生学费的特殊优惠价格收取。“4+0”即为四年都在宁波诺丁汉大学就读，第三年有交换生和海外学习机会。“我选择‘2+2’，大三开始去英国本院混两年……”

“您得睁大眼睛仔仔细细、日日夜夜盯着看，才能感觉到我们‘宁诺’的建筑魅力哦！”Ada 真是个很好的“导游”，经她提醒我留意到：钟楼前方并排着两个大小相同但设计风格迥异的公园，一边亭台楼阁、小桥流水，地道的中式园林；另一边则见低矮的灌木、随风摆动的芦苇丛，一派英伦风格的田园风光。

我们绕着校园转了一圈，从建筑到文字、语言，无不吐露出两种文化、两种思维的交融与碰撞。有些段落还真像走在英国的土地上——英文比中文字大多了，英语比汉语使用频率高多了，校内小商场的牌子和学生食堂窗口上，索性没有中文。

第二天下午，我被获准体验一堂名为“translating cultures”的大三课程。

虽然说大学毕业多年，但从小学到大学的课堂场景仍历历在目——可容纳四五十人，甚至更大的教室，几十个脑袋如向日葵般地齐刷刷盯着讲台上的老师……但当我走进TB215教室，这些经验刹那间被颠覆——教室里16张小课桌被随意拼成4张方形大桌，16名不同国籍的男女学生自由组合，分成4组团团围坐。

宁波诺丁汉校园里的英式塔楼和中式园林相得益彰

同学们告诉我，各个小组有人搜集资料，有人承担PPT制作，有人写课题报告，有人负责现场表达。团队作业在班级交流后由老师打分，团队中每个参加者的分数是一样的，这种设计体现了团队的整体性。

这堂课的老师是国际交流学院的助理教授保罗·马丁博士，一位标准的爱尔兰帅哥。按照学校规定，“宁诺”的学生需要用英语作为学术语言阅读相关教科书和学术期刊、参加小组讨论、完成老师布置的相应课题等。课堂气氛非常活跃，师生全英语熟练对话，不时传出会意的笑声。

“translating cultures”的中文意思是“文化翻译”，即对多种族文化传统的解析与诠释。这堂课同学们讨论一个非常“学术”的问题：“Colonialism, the other and orientalism”（殖民主义、东方主义和其他）。马丁教授已经提前把讨论资料通过网络发给大家准备，今天一个小时上课内容，直接就是讨论。

讲台似乎只是放外套的地方，马丁教授很少“就位”，老是绕着学生们走来走去，或介绍讨论主题，或倾听学生们的争论。

“看过发给你们的案例吗？跟我聊聊你们的观点？”教授在一组学生前面停住，好笑地蹲在地上，微笑着、仰视着，期待学生的回答。坐在位置上的“向日葵”们没觉得“太阳”绕着他们转有什么不妥，吧啦吧啦地各抒己见。

“很好，但是……”马丁教授听着学生的陈述，又抛出另一个问题，犹如苏格拉底之问，启发学生们不断向纵深处思考。

半个小时过去了，4 个组问完一圈，教授回到讲台边，点开电脑连上优酷网，投影幕布上开始播出美国电视连续剧《马可波罗》的宣传片。这部电视剧以西方人的价值观和审美角度，讲述传奇冒险家马可波罗卷入 13 世纪中国的一场战争的故事，剧中展示了性爱的阴谋、政治的欺诈和宏大的战争场面。

炫目的短片放完后，教授向大家抛出一个新的问题：“从里面找出几处中西文化碰撞的元素来。”第一组的一位欧洲女生先作了两分钟发言，高度赞扬这部影片所体现的西方英雄史观。紧接着第二组一位中国男生发言，他认为多处镜头反映了西方人过于渲染自身的强大，以及对东方人的刻意矮化。

“为什么你会这么认为？”教授问男生。

“马可波罗被安排在宣传画的正中心，拿着剑戟一副英明神武的架势，脸上还打了高光聚光，而后面的军队却面目模糊，似乎马可波罗不仅不是个帮闲的，反而是个战斗大神男一号，而实际上根本不是‘酱紫’（网络语：这样子）嘛！是人都知道，这场战争跟他没半毛钱关系，而是他身后的蒙古军队！喧宾夺主……”这个脚边摆着 MUJI 纸袋“书包”的男生，叉开双腿，双臂枕着脑袋，一一分析起来。

“你说得很有趣！观察也很细致，不过，你得说服我，你这番观点，不是出于种族立场的过敏反应哦！”老师做了个鬼脸。“来吧，Lisa，你是俄罗斯人，说说，Tom 他是不是瞎掰的？”教授“挑事儿”。

“我觉得 Tom 掰得挺有道理，你看这里面马可波罗牛得一塌糊涂，连可汗的妃子都爱他，but！事实却是：蒙古人当年把俺们揍得屁滚尿流！”Lisa 的发言引发哄堂大笑。在七嘴八舌之中，东西方文化冲突的内核，借着马可波罗的名义，触得到、摸得着。

“这样上课是不是很好玩、很轻松啊？”下课后，我询问一位正在收拾电脑的中国女生。

“哪里轻松啊？”那位来自天津的姑娘耸耸眉头，烂漫的脸上挂着几分西式夸张：“老师讲课时间不超过 1/3，大多数时间以学生讨论为主。尽管很多问题争来争去没有标准答案，但为了准备课堂发言，一小时课堂我们得花上五六个小时在网上搜寻与论题有关的全球案例，准备三十多页纸的资料，然后以小组为单位，提炼观点，寻找解决方案，经过分工合作，完成由数据和观点支持的演讲 PPT。”

当我问及“宁诺”教学方法与国内其他大学的传统方法有什么不同时，一位受访的大四男生回答：“批判性思维是我们‘宁诺’学生与传统大学学生的一个重大区别。老师不希望我们背诵教科书里面的答案，而是想知道我们对这些问题的不同看法。不希望我们总是说‘yes’，希望多听到我们说‘no’。鼓励我们多提出一些跟老师或教科书观点不一样的论点，并且努力去证明自己是正确的。开始我们很不习惯，在高中时这样做会被视作不礼貌行为。

“第二个区别是我们最后的成绩不光是个人论文，还有小组论文。尤其是期末考试，小组论文要占非常大的比重，大概有 40%。老师希望得到的是一个过程，我们经常一起讨论，分享各人的体会，你有好的答案藏着掖着是没有用的，必须与大家分享才有好的成绩。通过 1+1>2 的过程，培养了我们的团队协调、合作精神。这对我们毕业后找工作会有帮助，很多雇主会需要应聘者具备这种尊重同事的团队合作能力。”

“跨国生源、合作团队，来自全世界不同地区，语言、文化、思维习惯等方面，交流起来会不会有比较多的障碍？”采访一位中国籍学生会干部小刘时，记者问。

“有的有的，我们学校就像一个小联合国，一点点小事都可能引发争执，动不动就去学生会、学生事务办公室投诉。”

“什么事情最容易引发争执？”

“我们接到投诉最多的是‘歧视’。”

“歧视？谁歧视谁？”

“比方说，一个大讲堂，哪怕只有两个外国学生坐着，如果其他学生不说英语说汉语，这两名外国

小课堂

学生马上会提出抗议：‘歧视！’有时候学生社团发中文海报，有国际生看不懂，也会去投诉：‘歧视！’后来学校作出规定，海报必须用双语。更搞笑的是有时候我们中国学生发邮件搞聚会，外籍同学也会投诉、抗议！”

“产生矛盾了怎么办？”

“没什么，学生会，还有学校学生管理机构都会及时出面调停、沟通，然后相互理解、磨合，下次办事就会周全点，尽量避免误会。”

【第二现场】

记者：表面上看，“大课堂”与“小课堂”只不过是形式上的区别，“宁诺”从创校开始即采用这种模式，究竟是服从于教学内容、效果，还是仅仅服从于英国诺丁汉这块牌子？

杨福家：我做了这么多年复旦大学校长，现在回想起来，当时对教育不太懂。在英国做了12年的校长，我才发现小班课是个重要的课堂。小班课关注的是学生与老师的互动，而这是大班课绝对做不到、网络上课也很难实现的。小班课比大班课更难上，因为大班课只需要老师讲、讲完就走人，而小班课要随时应对学生的各种各样的问题。这种小班教学，正是牛津、剑桥等世界上最优秀大学通用的教育模式，你要想成为国际一流的学校，就必须走这条路。

记者：除去班级人数之外，教育理念上的差异是不是更需要中国大学去弥合？

杨福家：好的大学，不是把学生的大脑当作被填充的容器，而是待开发的火种。同学们的差别不是在分数上，而是在火种上，老师的责任是要帮助学生发现自己是什么样的火种，然后把它点燃。

2010年9月，英国首相布朗到一所小学给孩子们上课，这个小男孩当场指出了他的拼写错误，当布朗表示还想查下字典确认的时候，这个小男孩当场用幼稚的声音表示：“布朗先生，你不用查了，我可以保证我是对的！”这个小男孩后来获得全校表扬，得到了首相和校长的重点表扬，成了学校的小名人。但是在中国估计会受到批评，这也是我们老师们应该注意的。

还有一个事例：钱学森的老师和他争得厉害，老师到后来都有点恼了，说他都讲了多少次了，然后把书往地上一扔就离开了。但是，第二天，钱学森的老师、一位那么有名的火箭专家，跑到钱学森的办公室，冲他鞠了一躬，说

“你是对的，我错了”——只有这种精神才能培养创新的人才，才能符合今后发展的需要。

记者：以上两个事例，如果换到我们国家很难办到。几千年来，我们的学校教育崇尚师道尊严，老师的话就是真理，即便有错也要死保面子。这里面不光是教育理念，还有文化上的差异吧？

杨福家：我认为中西方教育最大的差异是，西方教育倾向以学生为中心，中国教育在很大程度上是以老师为主导。不管是在哈佛大学还是在普林斯顿大学，谁都不代表真理，老师也不一定有真理。而走进我们的中小学教室，看到的景象往往是：学生一个个像军人那样端端正正坐着，通常只有老师有讲话的权力，没有学生质疑的机会。

记者：我们都是本土传统教育模式的过来人，小学如此、中学如此，到了大学突然颠了个倒，让学生有质疑精神，会不会为时已晚？

杨福家：一点也不晚。我们的实验证明，即使中小学所受的教育完全是中国式的传统教育，但进了宁波诺丁汉大学学习半年以后，几乎所有的学生都发生了巨大的转变。他们上课积极提问，常常主动反驳老师，乐于表达自己的看法。记得2012年，美国耶鲁大学干细胞研究所所长林海帆教授来学校演讲，听演讲的大多数学生是非生物专业的，但他们提问不断，现场气氛非常热烈，其中还有一位学生当众指出了演讲中的一个错误。林海帆教授大为惊讶，说这样的情况是他在中国的大学中首次遇到。

记者：您认为培养什么样的人才更符合“宁诺”的定位？

杨福家：宁波诺丁汉大学正式成立的时候，英国副首相来种了一棵树，国务委员陈至立也种了一棵树。我们学校培养的学生，不是这棵树单独产生，也不是那棵树产生，而是两棵树产生的果实。我们这个学校就是要培养出有国际视野的、能够懂得西方文化也懂得中国文化的学生，今后能够成为中西方文化交流的使者。

记者：什么是你们的办学理念？

杨福家：诺丁汉大学的办学理念，是要办世界一流大学。

记者：怎么理解“一流大学”这一概念？

杨福家：看一个大学是不是真正的一流大学，一方面要看学生在大学毕业之后，是否会得出“这个学校改变了我的一生”的结论；另一条是大学能否给教师足够空间，让他们非常安心地做学问，没有任何压力。一流大学应肩负这样的使命：以育人为本，施行博雅教育，培养“做人第一，修业第二”、把国家利益放在首位的合格公民。

记者：我们注意到您在多次谈话中都提到了“博雅教育”，我们知道，这种教育模式在西方很多国家，特别是美国比较提倡，您怎么理解“雅博教育”？

杨福家：我提出的博雅教育有五个要点：1.“博”，要有广博的知识，文理互通；2.“雅”，做人第一、修业第二；3.小班授课，发现学生心中的“火种”、倡导争论；4.丰富的第二课堂和社会实践；5.教师“育人第一”、突破体制之困。现在四点在宁波诺丁汉得到实现，限于英国高等教育的细分化，我们还要在“博”方面继续努力。

记者：谈到这里，我感觉您的办学理念似乎与国内众多名牌大学有所不同，他们更注重把办学目标锁定在培养精英人才上？

杨福家：1997年，我应邀参加全美高校领导会议，在那次大会上，哈佛大学的一位领导就讲：“如果所有的大学都是哈佛，这个社会就崩溃了！”同样，如果我们培养出的学生都拿诺贝尔奖，这个社会也要崩溃了。要有个完整的概念，我们要让所有的同学都快乐地发挥自己的特长。

记者：实现办世界一流大学的雄心，关键是什么？

杨福家：办学校最关键的就是quality（质量）。我常常说，“quality，quality and quality”（质量，质量、还是质量）！没有质量，什么都是虚的。

记者：如何保证您所说的“质量”？

杨福家：保证我们的质量，首要的是有好生源。我们招生没有硬性指标，没有合适的指标就宁可少招一点。为充分鼓励优秀学子报考我校，2014年面向全国范围提供“李叶耀珍奖学金”及“入学优秀奖学金”，奖励金额分别为40000–80000元/学年。此外，为了让家庭经济困难的优秀学子也能享受世界优质教育资源，2014年学校面向浙江省考生设立了“圆梦计划”奖学金，给符合条件的考生免收学费、住宿费及书本费。

保证教学质量的第二个重要环节是老师。我们的老师在全球招聘，招进来的时候当然会看老师的科研水平，招进来之后，试用期一年。我们的薪水很高，不仅比国内高校教授薪水高，甚至比诺丁汉大学本院还要高，老师们很珍惜这个机会。因为学校目标是以“学生为中心”，教师的主要责任不是发表文章，而是必须把育人放在第一位。因此老师们都是全心全意教学的，很多老师9点钟上课，提前一个小时就等在教室里，学生们到了就可以向老师请教问题。如果老师的教学搞不好、同学投诉，他就得走人了。而当下高校老师们都是铁饭碗，收入和科研、项目挂钩，怎么可能以学生为本？

记者：像宁波诺丁汉这样的大学，显然不会以学生的考分为标准来检验教学成果，那么，有什么标准来检验您所说的教学“质量”呢？

杨福家：让QAA（英国高等教育质量保证机构）来倒逼你提高教学质量。现在的中外合作大学比较多了，但只有我们是发英国诺丁汉大学本院一样的文凭。本来宁诺可以直接拿中国教育部的文凭，但是我坚持必须还要拿英国文凭。你要发英国诺丁汉大学文凭，就自动纳入QAA的监管控制系统。这套系统不是校长、副校长可以改变的，我们很多卷子和成绩都要到英国去复审，他们会非常公正地评价你。

记者：除开可以借以保证、检验学校的教学质量，发英国文凭还有什么好处？

杨福家：发英国文凭的好处，可以让我们的学生更容易被全球认可。（现在）宁波诺丁汉的毕业生不是进很好的企业，就是进国外名校深造。牛津校长告诉我，以前他们的学生大多数是清华北大的，现在还有宁波诺丁汉的。宁波诺丁汉的学生有个长处，就是有团队合作精神，愿意把自己的成果和大家分享。宁诺有集体课程考察，就是整个学生小组拿一个成绩，培养学生相互帮助、为集体奉献的精神。

记者：也有人质疑，宁波诺丁汉的学生接受外国教育、拿外国文凭，八成学生出国留学，会不会变成“出国预备班”，培养了“假洋鬼子”？

杨福家：坦白说，一开始我也有这个担心。但11年过去，我发现并没有。许多学生和西方交流后，告诉我他们更爱国了。回国的人也很多，根据校友会数据，大概有90%的学生意向学成后回国。

记者：回来后的就业情况怎样？

杨福家：非常抢手，即便国际金融危机对我们就业也没有多大的影响。很多用人单位觉得我们的学生有国际视野，又了解中国文化，能力比较强……

【第一现场】

2015年10月20日晚，中国国家主席习近平和夫人彭丽媛，出席英国女王伊丽莎白二世在白金汉宫举行的盛大欢迎晚宴。

晚宴中，有一对夫妇的出现引起记者们的关注——英国诺丁汉大学现任执行校长大卫·格林纳威和夫人，他们是唯一受邀出席的大学校长。席间，大卫校长感谢习主席对宁波诺丁汉大学的创建给予了大力支持。

这条由新华社与BBC（英国广播公司）同步发出的新闻，无意中让原本在国内默默无闻的宁波诺丁汉大大“火”了一把，成为众多媒体、家长、学生的追逐对象。经记者调查证实，大卫校长对习近平主席的致辞并非客套之语，这所鲜为人知、在国内显得独特另类的低调大学，的确从一开始就受到习近平等中国党政领导人的支持。宁波诺丁汉大学的中方合作者、浙江万里教育集团董事长徐亚芬向记者透露过若干细节：

2003年，在宁波诺丁汉大学尚在提案阶段时，时任浙江省省委书记的习近平听取徐亚芬汇报后即明确表示：“想法很好”。

2004年1月30日，习近平来到宁波考察工作。他一见到徐亚芬，就马上关心地问起学校的筹建情况。徐亚芬一一汇报了筹建进程，习近平表示对诺丁汉大学建成充满期待，要求以积极严谨的态度做好创办工作。

2006年2月23日，宁波诺丁汉大学校园整体竣工，习近平应邀出席落成典礼，并即席发表热情洋溢的讲话：“今天的天气虽然还有一丝寒意，但是春天已经到来，春耕播种即将开始。此时此刻，我

2006年2月23日，时任浙江省委书记的习近平出席宁波诺丁汉大学落成典礼并发表讲话

们怀着喜悦的心情在这里播下一颗希望的种子，一起在生机勃发的港口城市宁波，见证宁波诺丁汉大学新校园的落成……宁波诺丁汉大学的创建和成立，开创了我国高等教育与国外优质的高等教育资源相结合的先河，为中国教育走向世界创造了一种新的模式，也为浙江省高等教育发展注入了新的活力……”

徐亚芬女士还告诉记者：这些年不少国家领导人亲临学校考察、指导工作，如前中国国务院总理温家宝、国务委员刘延东、全国人大副委员长陈至立……

载入“宁诺”史册的事件更多，如：

英国女王为宁波诺丁汉大学两任执行校长授勋。

时任英国首相布莱尔访华期间，特地在中央电视台通过卫星与宁波诺丁汉大学的学生进行实时对话，称宁诺为“中英文化交流的最大项目，是英国在中国设置的最大文化交流窗口”。并接见两名宁波诺丁汉学生，允诺“宁波诺丁汉大学学生与英国诺丁汉大学学生的就业完全具有同等机会”。

时任英国副首相约翰·普雷斯科特曾为学校落成揭牌，主持开学典礼，并偕同中国人大副委员长陈至立共同种下两颗“象征”树苗……

不知道是“宁诺”刻意的低调，还是因为它与名目繁多的中国名校排行榜沾不上边，在习近平主席此次访英之前，很少国人知道这所大学的存在，“宁诺”如同一艘英制潜水艇，在中国领海悄然驶过十年航程，一朝露出水面，硕果累累让人吃惊。

自2004年9月招收第一批本科生开始，截至2014年，“宁诺”先后送走7届本科毕业生、9届硕士毕业生、2届博士毕业生，总计7000余人。其中本科毕业生超过60%赴国外院校读研，当中又有约70%进入牛津、

时任英国副首相普莱斯科特参加学校落成典礼

剑桥、帝国理工等世界100强大学深造，超过20%进入世界排名前十强的顶尖大学院校读研。其余学生直接就业，大多依所学专业进入世界500强企业、世界四大知名会计师事务所、四大国有银行、外资银行等。

我们在整理“宁诺”学生采访录音时，为孩子们对母校发自内心的评价所震撼：

“我敬重这所学校里的每一个人，无论他们背景如何，有没有一个拥有三只对冲基金的爹，都不重要。对每个人来说，考试挂了就得补考，补考不过就得休学、转学或退学。论文抄袭就得判零分、受警告，说不定还得退学。奖学金百分百按成绩来，没什么平时表现、社团活动、邻里关系、党性高不高一说。我认为这是公正！”

“在一个正常的教育制度下，基本没有什么“霸道”的人，大家都‘长着一张没被欺负过的脸’，即使很多人有着深不可测的背景，但大部分人都希望因为自己的人格和能力获得其他人的尊重，而不是别的！”

“说实话，自由是我最喜欢‘宁诺’的一点——我的大学我做主。从大一开始，没有军训，也没有早自习晚自习，每周大约十几课时，其他学术时间自己看书、写论文、准备考试查资料，我没和辅导员喝过茶，没参加过任何比赛。除了上课、考试和上seminar（研讨会），没被强制要求过做任何事情，没写过检讨，没为了分数或者想要保研讨好任何老师（实际上也没机会讨好），没因为学生社团饭局被灌过酒。”

“在这所大学里，我成功地规避了任何让我觉得无聊的事情，省下来的时间做了很多我喜欢的事情，比如大学参加过一个社团，打算从一而终做到毕业。比如暑假寒假做一些媒体类的实习，比如练练书法下下棋、逛遍宁波吃好吃的，从没为了任何事情放弃我的尊严或者浪费时间。我信任别人，并且被别人信任，我享受孤独所创造的体验。如果有一种制度让人可以站着说话不卑不亢，专心做自己的事情不受打扰，我觉得它肯定不是一种坏制度。”

“作为一个大四的学渣，我确实感谢这所学校教导过我的教授们，他们启迪我去思考一些真正重要的东西，如：商业社会如何运作？商业怎样由表及里地给这个世界带来最广袤的改变？自由是什么？独立为何物？如何做一个体面而有教养的人？如何享受生命中最重要的一些事情？还有人体的延伸、艺术与文学之美、最广泛的同情与最深刻的爱……”

一位正在剑桥大学攻读经济学硕士学位的校友，谈到“宁诺”四年感触颇深：“母校带给我的收获弥足珍贵——在撰写论文的过程中，我学会了专注、冷静、踏实和耐住寂寞；在团队项目中我学会分享、抗压、激励和信任；每一场讲座、每一节研讨课、每一次海外交流，都提升了我们在口语、辩证思维以及团队协作等方面的竞争力，让我受益终身……”

在“宁诺”建校十年之际，英国高等教育质量保障署经过实地质量评审后，正式在其网站发布了评审报告：“宁波诺丁汉大学是一个令人瞩目的成果，其在短短不到八年的时间内已经实现了办学宗旨，让中国学生不出国门就能接受世界优质的高等教育。从课程、教学方法、体系、语言和资源配置来看，宁波诺丁汉大学采用英国诺丁汉大学的办学模式和标准，其学术水平以及学生的学习质量与英国诺丁汉大学一致。学生所接受的教育是在中国可实现的最具英国特色的教育。”

【第二现场】

记者：采访了很多同学，大部分人说得最多的主题词是“自由、公平、质疑”，这让我想起您常说的一句话：“当大多数学生毕业时发出‘这个学校改变了我的一生’的感慨时，这所大学便是当之无愧的名牌大学……”至今为止，您听到“宁诺”的学生有过此类评价吗？

杨福家：我在宁波诺丁汉大学工作的头两年，收到的学生来信就超过了我在复旦做校长六年收到的学生来信数量。他们在信中很关键的一句话就是：“学校改变了我们的一生。”

作者采访杨福家校长

记者：大学校长的工作千头万绪，为什么您如此在意学生们这方面的反映？

杨福家：高校就应当以学生为中心，注重培养学生独立思考、自由表达、敢于争辩、追求真理的个性，点燃学生心智的火焰，把受教育者内在的潜质开发、启蒙出来，让学生积极主动地去追求新知。如李政道所言："要创新，需学问，只学答，非学问，问愈透，创更新。"这样培养出来的人，便有可能是全面发展的人，站在巨人肩上的人。

记者：一直以来，我国高校在培养创新型人才方面的能力备受诟病，您觉得问题出在哪里？

杨福家：现在的问题是，国内大学纷纷实行所谓的量化管理，一个教师每年的论文数量、科研成果，甚至论文被引用的次数，决定着他的待遇、名望和升迁，怎么可能以学生为本？英国大学从15世纪开始就实行导师制，每个学生从进大学那天起，就有人关爱他。我去耶鲁大学看到学生就住在导师旁边，晚上可以去导师家拜访。经常与大师们在一起，学生们受到的熏陶是完全不同的。北京一所大学的有位研究生说，已经毕业了，连导师的面都没见过。现在国内大学教授兼职之风盛行，当然也有他们的苦衷，学校里发的那点工资不能保证他们过上体面生活，这样子中国教育搞得好吗？

制约创新人才培养的另外一个关键因素，就是为适应高考，文理在中学就分家了，这违背了创新型人才培养的要求。要培养真正有大成就的人才，必须给同学广博的知识。钱学森是世界著名科学家、空气动力学家，但他同时十分喜欢弹吉他，有艺术爱好。另外还有一个拿诺贝尔数学奖的人竟然是大学历史系毕业的。不要把学生限制在狭窄的范围里，文理科要结合。

记者：以高考为核心的教育体制，其弊病早已显现，学生从小受到家庭、学校、社会三重压力与束缚，很难养成创新型思维。

杨福家：美国孩子放学了，父母会问："你今天问了（老师）多少个问题？"而中国孩子放学了，父母会问："你今天考了多少分？"中国没有形成质疑的环境，孩子从小就不敢提问，没有问题怎么会有创造？

记者：在这方面，我的确感觉到"宁诺"的学生与其他传统大学里的学生，有比较大的区别。

杨福家：是的。他们敢质疑，做事情更主动、更自信，更有创业勇气。举个例子，有一次我和一个同学聊天，他说他们正在努力把马云请到学校演讲，公司（阿里巴巴）已经计划派高层来“宁诺”考察。如果在复旦，可能学生就会让校长、书记去请马云；再举一个例子，“宁诺”有几个同学找到了很好的工作以后，又辞职组建了一家飞盘公司，刘延东（国务委员）还把他们的飞盘当国礼赠送（外宾）。

记者：很多人认为“宁诺”很难复制，不具备推广性。您对此怎么看？

杨福家：这个模式要真正做好，不容易。一是外方真正有远见，要在中国扎根办学而不是只为挣钱；二是中方要有开明思想，充分发挥对方长处。到现在为止，好的中外合作大学还不多，只有成功的例子多了，我们才能说前景广阔。

记者：有人提出应该把中外合作大学作为中国教育改革的实验田，您赞成吗？

杨福家：不能说是教育改革试验田，但可以称为“教育改革范例”，我们现在也已经起到这个作用了。

但是，中外合作大学只是中国高校教育走向世界的一步棋，还说不上是主力。主力还是要靠当下名校，他们应该从我们的案例中得到启发。在此我还要重申：高等教育的结构是复合的，当心中国教育有个不好的导向，家长们总是要孩子读名校，而美国有60%的学校是职业学校，成绩足够进哈佛的，有人偏偏选择烹饪学院。纽约服装学院、美国电影学院，都是世界一流的。我认为要大力宣扬职业学校，当下中央已经多次强调职业学校的重要性，但是大家的观念还远远跟不上社会需要。

记者：如果说中国教育改革的主力军是当今所谓名校，可能有不少国人会不以为然，因为这么些年来，鲜见国内名校在这方面有所担当。大家能听到的是“创建世界一流大学”的口号，能看到的是学校名气越大，圈地越大、扩招越多。“盛名之下其实难副”？

杨福家：一流大学不是奢侈品，而是（社会进步）必不可少的发动机。建世界一流大学靠什么？肯定不是靠大楼、靠圈地。在世界大学排名的各项指标中，并没有校园面积或校内建筑面积这类项目。

记者：靠“历史悠久”？

杨福家：我在复旦大学当校长接待过以色列已故总理拉宾，当时拉宾总理自豪地介绍:“以色列只有550万人口，领土的60%是沙漠，90%是干旱地。但我们是农业强国，高科技强国。”我问他什么因素使以色列如此强大？他回答一句话:“以色列有7所一流大学。”

以色列最早的大学是1924年才建立的，不到90年，在本土作出巨大贡献的以色列科学家接二连三获得诺贝尔奖。论土地面积，北京与以色列差不多；论人口，上海是以色列的3倍；论环境，我们60年和平，他们战火不断；论历史，我们的大学诞生得比他们早，京沪两地都有百年老校，却没有一所可与以色列那7所大学相比。

记者：您认为差距在哪里？

杨福家：作为现代大学，做事要有规范，要依法办事，包括宪法、教育法等。在这些法律基础上，各所大学都应该有自己的“宪法”，即大学的章程。其实,《高等教育法》早就明确规定，各学校必须要有章程。但是，现在有多少大学有章程？谁是按照章程办学的？如果各大学有了自己的章程，教育部就不必什么事情都亲自去管，而是放手让大学自己去做。唯一需要教育部做的是监督大学是否依法办学。

记者：很多大学领导都抱怨教育部管得太多太死，缺少自主办学的客观氛围，您怎么看？

杨福家：怎么自主办学？不是来自个别人的恩赐，而是来自法律的授权。实际上，西方大学的章程不需要批准，只要它没有违反法律就行。美国的教育部就无权干预大学事务，大门口有两句话:“教育公平，教育质量”，这是它要管的事情。在中国的特定情况下，大学的章程可以请人大批准，只要获得批准，就按照章程办事。其实“民主办学”也是《高等教育法》里明确规定的，只是大家不太注意罢了。

记者：西方一些著名大学的校长都在世界范围内招聘，而不是由教育部来任命，所以他们受命于大学，大学的责任所在是学生，这样的体系是不是更能够保障学校的教育质量？

杨福家：国内的大学实行校长任命制，把行政化色彩带到高校里，这是造成今天大学氛围不好的一个重要原因。把一些大学的校长定为副部级，表面上是尊重，实际上是贬低。在国外，大学校长绝对不是副部级，教育部部长都对他们很尊敬。美国现任国防部长罗伯特·盖茨以前就是一位大学校长，他接到国防部长任命后写了一封信说，我热爱这个学校，但是国家需要我，我更热爱我的国家，我必须走。韩国的一位大学校长直接被任命为总理。日元上的人物福泽喻吉就是庆应大学的校长，并非王室成员。

当然，中国有自己的特殊国情，但是去除大学的行政化是应该的，至少应该把大学体制恢复到解放初的时候，那时大学没有行政级别，不管是复旦大学的陈望道校长，还是武汉大学的李达校长，他们的地位都非常高，绝对是高于部长级的。

记者：也有人担心，校长不由教育部任命，改由猎头公司去筛选，这样就能保证大学去行政化，实现“教授治校”了？

杨福家：什么叫“教授治校”？教授不一定要当官，但一定要有发言权。重点是有一套体制保证，教授，特别是在教学与科研第一线的教授受到充分的尊重，他们在学校有充分的发言权与决策权。在我们诺丁汉大学，教授绝对有权，表现在哪里？如果校长做得不好，30个校务委员会委员中有8名成员认为校长不合格，就会启动一个程序组织调查，而不是说通过教育部的程序来做，因为人家是一个非常独立的学术自治体。换校长要组成12人委员会，6个人是第一线的教授，还有6个人是具有教育经验、与学校没利害关系的校外人士，而所有管理层是不能进12人委员会的，包括现任校长。所以，校长是教授选出来的，必须对教授会负责，如果你不代表他们讲话，党委书记讲什么你就听什么，下次就不选你了。

但是，中国大学负责人都要教育部任命，既然我是教育部任命，我为什么要听教授的？

记者：现在的“宁诺”存不存在行政化现象？

杨福家：不存在。我们的教师地位很高，行政管理人员绝对是服务教师的。

记者：一旦外部条件成熟了，作为大学本体，如何在去行政化的过程中完善自身机制？你们在这方面做了些什么？

杨福家：关键是如何通过制度设计实现权力制衡。再举一个例子，我是执行校长，一个人执行不过来，任命了7个副校长帮助执行。校长权力大得很，今天任命你，明天就可以解雇你，不要任何人批准。但是三个委员会盯着你，多少眼睛看着你，谁敢乱来？把亲戚拉来做副校长？那是根本不可能的，马上会有人提议弹劾你。

记者：一般而言，功成名就的人常常举步三思，害怕一失足而成千古恨。您在投身“宁诺”之前有没有对自己作过风险评估？

杨福家：我没想那么多。我们这代人，国家观念很重，希望为国家做贡献，不管国家有什么问题，都是我的祖国。我的经历让我认识到：中国梦首先是教育梦，教育不强，国家就没有后劲。美国之所以强大，就是教育强大。眼看中国教育现状，我觉得再写文章也没有用，最好还是做出实例来，即使有风险，我也愿意去努力。

后记：“这是最好的时代，也是最坏的时代……”在“宁诺”首届博士生毕业典礼仪式上，头戴黄色流苏帽、身着黑色校长袍的杨福家引用《双城记》的经典语句，为自己的致辞开篇。这位低调而有着强烈使命感的老者，在中国教育改革于深水区顿足不前之时，依仗“天时、地利、人和”——国际声望、高层力挺、地方配合——在自己的故乡与英伦之间成功上演了一场“双城计”。

“双文化”也好，“双城计”也罢，不管看客是否会迷失在飘荡着欧洲幽灵的“宁诺”校园内雾里看花，但可以肯定的是，这座校园设计者的心机，断然逃不出精明盖世的宁波人之法眼，只不过他们从内心乐见其成而顺水推舟罢了。

成败之间看国情

近二十余年，教育已成为国人的一块心病，尽管教育部长走马灯一般换来换去，但此界朝纲无改、光景如旧，无间断饱受全民吐槽与诟病，更少不了国内外诸多公共知识分子及本界有识之士的诟病。然，大多数宏论仅止于空谈，真能投身其中去改变现状者凤毛麟角——有此心没此胆者有之，有胆有识却苦于没有实验基地者有之。由此，隔靴挠痒、城外叫阵也就成为业界之常态了。在这种状态下，刘道玉、朱清时、杨福家成为中国高教改革论坛上的热点，无可替代地成为中国高校改革的开路先锋，就是顺理成章的事了。他们的成败得失，毫无疑问地成为中国高教改革的风向标与晴雨表。

分析此“三剑客”的个人出身与社会背景，我们可以找到不少共同之处：一是身后都有一份不薄的政治背景或学术背景（刘道玉是教育部资深官员、恢复高考制度的功臣，朱清时与杨福家均为中科院院士）；二是头上都顶着常人所没有的显赫光环（中国著名重点大学校长）；三是都怀揣一颗不甘平庸、励志改革高校旧有体制的“野心”；四是都经由中国体制内“重点名校”走过麦城，有过深刻的经验教训。

这些年，“三剑客”在中国高教改革的舞台上究竟上演了哪几出戏？简而言之，大戏总共有三台——去除高校管理行政化、争夺高校招生自主权、创新高校教学体系。

“三剑客”各自使的什么剑法？刘道玉使的“独孤求败”剑法，单打独斗；朱清时与杨福清前期也分别在中国科技大学、复旦大学尝试过刘道玉所用剑法，“败走麦城”后不约而同地改用“国拳”太极——“借力打力”。不过两位所借之“力道”又有所不同，前者“借东风”，倚仗的是深圳市政府。后者“借西风”，倚仗的是世界名校——英国诺丁汉大学。

除开剑法不同，“三剑客”在行事谋略上也大相径庭。刘道玉自一开始就高歌挺进、锋芒毕露。朱清时虽较前者多些弹性，但同样少了些政治家的隐忍，遇事要“科学家脾气”，守死理、不撞南墙不回头。唯有杨福家，自打宁波起事，凡事“有所取，有所不取”。政治上谨守底线、不碰“天线”，策略上“以柔克刚、以退为进”。做派上虽也少不了“跑步进京”、高调游说，但留给人的整体印象却不失谦恭低调、务实求新。由此，他与“宁诺”在较短的时间内，便获得了最大的治校自主权和众多改革同盟者。

结局可想而知——刘道玉兵败武大，朱清时先后失守中科大与南科大，唯有杨福家，尽管至今尚未“盖棺定论”，毕竟风生水起、事半功倍。

我们不妨“且以成败论英雄”。

首先，“三剑客”前期使的都是“独孤求败”剑法，凭借一身正气与孤胆，想在体制内杀出一条“血路”，为中国高校的体制改革树立某种样板，结果无一例外全军覆没，壮志未酬身先退。道理很简单：“此山非你开，此树非你栽。”你要改变此山归属，你要在山上弃旧图新、改植新种，你有“山林权”吗？没有，谁会让你得逞？

接下来，先师刘道玉由于年龄与身体原因，于武大“败走麦城”后即成“寓公”，剩下的岁月与体力，只够做一只为中国高教改革拼力呼喊的“啼血杜鹃”；另外两位则在志向、目标不变的前提下，走了两条道：朱清时从中科大退休后，便应深圳市政府之盛情聘请，出任南方科技大的创校校长。杨福家从复旦大学退位后，则应英国诺丁汉大学之聘，成为那所世界名校的首任华人校长。在此语境下，他受宁波市政府和万里教育集团之托，撮合英国诺丁汉联办“宁波诺丁汉大学”，并兼任创校校长。

值得指出的是，至此，朱、杨二人起点似乎还在一个平面上。但接下去的岁月，二者施展抱负之路却呈现天壤之别。

尽管深圳市政府此前曾信誓旦旦许诺朱清时，放手让他按照自己的方略施展改革抱负，但接下来的外部阻力，尤其是来自教育部的压力，让深圳市政府头疼不已——你要自主招生、自授文凭，教育部偏不承认你办学的合法性。学校一拖几年批不下来，深圳市政府总不能劳而无功长期办“黑校”，也不能花冤枉钱单为你朱清时置办“实验田”吧？有鉴于此，一向立于中国改革前沿的深圳市政府，以行政人员超过半数的学校董事会名义，“非行政化”地否决了朱清时“去行政化”的种种提议，以与教育部联手的方式逼迫南科大放弃仅实施一届的自主招生、自授文凭。于是，你朱清时拿的是政府的钱，端的是政府任命的“饭碗”，本事再大也寸步难行、举步维艰。不出两年，他的所有宏图伟略一样样被软刀子切割成碎片，拖至合同到期，“体面”离岗，南科大的“朱时代”即告结束。

杨福家的“复兴之路”似乎比朱清时顺畅得多。“宁诺”自创校开始，虽然名义上与宁波市政府没多大关系，属于中外联办民营大学，却一直受到宁波市政府、浙江省委的倾力呵护，乃至中国政府的大力支持。上至国务院总理、副总理、国务委员、教育部长，下至省市委书记、市长，先后多人次、高密度来学校考察，对“宁诺”的办学方向充分肯定。至今，宁波诺丁汉大学建校十年有余，校长杨福家虽已年近八十，仍一直担纲该校校长。

比较南方科技大学和宁波诺丁汉大学，再看看朱清时、杨福家两位校长的命运，业界不少人发出感叹：同行同志不同命——1. 两所大学的教学方法相近，无非都在克隆西方名校的教学模式；2. 教学质量相近，从“朱时代”的南科大培养的学生与“宁诺”一样，绝大多数都去了欧美名牌大学深造；3. 两位创始人的教育理念相近，都是以革除现存中国教育体制之弊病，为国家培养创新型人才为己任。

那么，成功的诀窍究竟在哪里？

杨福家赴任英国诺丁汉大学那一刻起，命运就发生了逆转，他不再是复旦大学那位受制于人的“受气包”校长，而是世界名校的首任华人校长，权力盖世的中国教育部管不了他，周围嫉妒群小掣肘不住他，他杨福家为国家争光、为国人争气，无异于另类“民族英雄”！

曾几何时，时任浙江省委书记的习近平亲自参加“宁诺”落成典礼，并发表热情洋溢的讲话；时任国务院总理温家宝与杨福家信来信往，并将其请进中南海促膝谈心，临别时亲自送他下楼……在中国，还有哪位大学校长享受过如此殊荣？

强大的政治效应，自然会转化为杨福家的个人资源，成就其性格魅力。有了这些“通天”资源，他不会如刘道玉那般被“暗拳打死老师父”，54岁黯然“下野”，由一名雄心勃勃的高校改革领军者沦落为珞珈山上的“啼血杜鹃”；有了如此雄厚的“人力”资源，他也不必像朱清时那般“哑巴吃黄连有苦喊不出”，最终“牛顿第二”——知苹果因何而坠落却不知苹果自何而生，无奈而成“有神论者”。

对于朱清时的“败南”，“三剑客”中的另外两位分别在事前事后发出相同的声音——杨福家校长受访时，曾向我们提及：从一开始他就觉

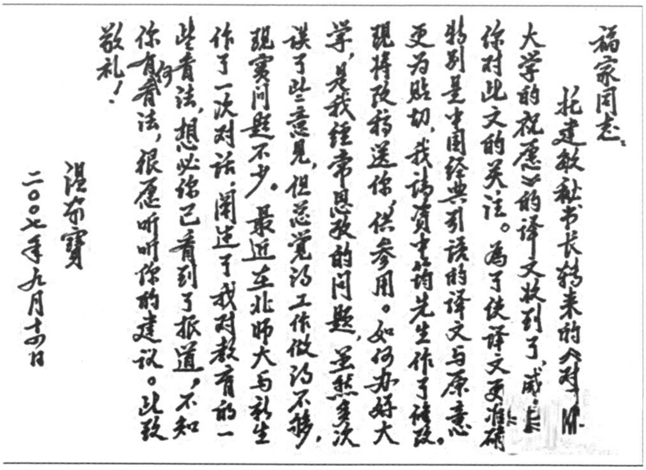

福家同志：

托建敏秘书长转来的《对M.大学的祝愿》的译文收到了，感谢你对此文的关注。为了使译文更准确，特别是中国经典引读的译文与原意更为贴切，我请资中筠先生作了修改。现将改稿送你，供参用。如何办好大学，是我经常思考的问题，虽然多次谈了些意见，但总觉得工作做得不够，现实问题不少。最近在北师大与师生作了一次对话，阐述了我对教育的一些看法，想必你已看到了报道，不知你有何看法，很愿听听你的建议。此致

敬礼！

温家宝

二〇〇七年九月十四日

时任国务院总理温家宝写给杨福家的信

得朱清时用政府的钱办大学会有诸多困难。刘道玉也曾表述，他与朱清时长谈时，如果知道实际情况就会劝朱清时办私立大学而非选择与深圳市政府为伍。另一位教育家、中国民主促进会中央委员会副主席朱永新教授接受我们采访时，也发表过类似看法："毕竟学校是政府投资的，他又要探索，又要按照体制的规则走，这个就比较难一些。但是我觉得他很不简单，至少在体制内已经做到极致了。"

可是，即便经济上不沾政府的边，结局就有根本改变吗？刘公道玉自己从武大下野后，曾在当地主政过一所私立英语学校，且成绩斐然、有口皆碑，可没几年就被关门大吉，真正原因仅仅因为资方的背叛吗？杨福家从复旦大学辞职后也曾率领一批旧部，加盟由台湾一家教育机构与江阴建设投资公司联合兴办的"培尔学院"，仅两年不到，就因施政不畅而率部撤离，导致该校倒闭，可究竟是什么原因造成"施政不畅"？

此后不久，杨福家主导的宁波诺丁汉大学，却一路绿灯、顺水顺风，且十年之后，这个中英合璧的"混血儿"在所有中外合资的同类中脱颖而出、傲视群雄。杨福家在复旦大学力推而未竟的诸多改革宏图，都在这里一一付诸实践。而此时的杨福家还是杨福家，只不过多了一顶英国诺丁汉大学校长的头衔。

综上所述，我们似乎可以得出一些近乎诡异的结论：

中国的高教改革，必须在权力大于教育部的国家领导人支持下方能成事；

中国的高教改革，必须有政治上下通达，西方学术界公认的国际型"洋校长"担纲；

中国的高教改革，必须有西方先进教育理念、教育质量的认证，方能"出口转内销"、立世正名；

中国的高教改革，必须由民营大学率先完成……

以上各条最好条条到位，少一条就有可能事倍功半——这些看似有些荒唐、苛刻的游戏规则，却也颇具"特色"、显现国情。可"三剑客"的不同宿命又让人想不通：为什么会是这样？假如以上规则竟成定理，中国教育改革这场世纪大戏又该如何唱好？

第七章　坐而论道：敢问路在何方？

中国的教育理论家兵分三路——“海、陆、空”。“海军”者为海归学人，多半言必“人家国外”，神聊“西方发达国家”，不分精华糟粕，不顾国情民意，唯“西学”马首是瞻；“空军”者多半既无专业学养，更无教育实践，仅凭空想主义的热情和批判主义妄想，否定过往而罔顾未来，以“抓眼球”为己任；唯“陆军”者，诸君从教多年，对体制内的诸多弊端感同身受，愤而抽丝剥茧、身体力行，从内部攻克堡垒，致力创建教育新秩序。

我们有幸约访了“海陆空三军”的一些代表性人物，皆受益匪浅。本章重点整理出三位“陆系”专家学者的对话，从不同角度探讨如何修复饱受诟病的中国教育生态，如何助长教育正能量的聚集与发扬光大。

熊丙奇：教育生态与悖论

一方面是政府对教育的高度重视，出台一系列针对性强、现实指导意义重大的法律法规。但另一方面，我们却不难看到同样具有极强针对性与渗透力的反逻辑行为，只不过后者针对的是前者。于是，当代普遍存在的社会生态悖论，无情地销蚀了中国教育的灵魂与良知。

采访时间：2014—2016 年。

采访地点：上海。

受访人：熊丙奇，知名教育学者，21 世纪教育研究院副院长。

采访人：本书作者。

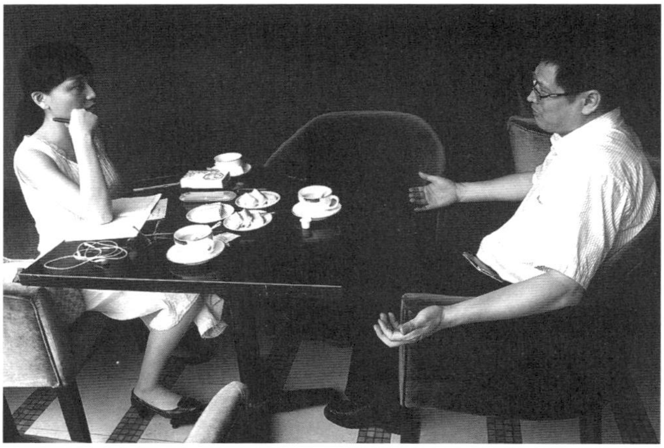

作者专访熊丙奇

记者：最近，一家智库的研究者提出中国教育改革有“十大悖论”，如一方面费了九牛二虎之力推动学生学习减负，另一方面依旧高举高考指挥棒不动摇；一方面强调培养学生的创新意识和创新能力，另一方面却总是用唯一答案和统一思想禁锢学生的独立性思考和审辨式思维。

熊丙奇：北京师范大学资深教授顾明远先生也有类似言论，指出中国教育八大悖论。如学校校长、老师口头上说提高教育质量，却把教育质量停留在考试分数上，增加学生负担，进行机械训练，极大妨碍了学生综合素质的提高；地方干部一方面高喊素质教育，另一方面给学校、教师施加压力，把升学率作为自己的政绩；一方面学校减少了学生的家庭作业，另一方面家长又送孩子上各种补习班；教育部门一方面规定减少学生的考试，另一方面又布置各种以考试分数为标准的测评；一方面要培养学生创新精神，另一方面又不重视学生批判性思维能力的培养，事事都设标准答案；家长一方面希望孩子过上幸福的生活，另一方面又在压抑孩子，让孩子埋在作业堆里……

记者：二者相加一十八条悖论，凡基础教育涉及的部门与个人——从学校、老师、学生家长到地方领导，几乎全部囊括其中，无一置身事外。值得深思的是，自20世纪90年代初至今，中共中央、国务院和教育部颁布过涉及纠正应试教育偏差的法规、文件，不下几十个，其中直接提出以“素质教育”取代“应试教育”的文件也很多，如1996年八届全国人大四次会议通过的《中华人民共和国国民经济和社会发展“九五”计划和2010年远景目标纲要》，就提出要“改革人才培养模式，由‘应试教育’向全面素质教育转变”；1997年10月，国家教育委员会制定了《关于当前积极推进中小学实施素质教育的若干意见》；1999年中共中央、国务院发布的《关于深化教育改革，全面推进素质教育的决定》；2005年教育部发布的《关于进一步推进义务教育均衡发展的若干意见》，等等。

素质教育从提出到现在已有二十余年，为什么中国的“应试教育”还是“我自岿然不动”呢？

熊丙奇：从文本上来看，这些文件凝聚了目前所能达成的教改共识，直面存在问题，提出解决方案，有诸多突破、创新和亮点。但时隔数年，改革依然没有落实，大部分内容依然停留在纸上。为什么？不是没有意识到教育有问题，也不是不知道什么样的教育是好教育，是因为教育口号和教育实践言行不一，行政逻辑和利益逻辑自相矛盾。在各种教育悖论的背后，教育改革被各种利益因素绑架，变为伪改革和反改革。所以过去二十多年，一直都是“素质教育轰轰烈烈，应试教育踏踏实实”。

记者：有一种现象很多人难理解，自从1999年扩大高校招生后，中国高等教育资源日益丰富，换句话说，大学的门坎相对低了，只要你愿意上，一年不行两年，两年不行三年，一定可以进大学。但是尽管如此，社会上的“高考焦虑症”却似乎有增无减。什么原因？

熊丙奇：这种情况除去高考制度之外，还有一个重要原因是高等教育严重等级化。按目前的高等教育资源配置，高校大致被分为“985”、“211”、一般公办本科、民办院校、独立院校、公办高职高专、民办高职高专等层次，学校在招生录取时被分别列为一本、二本、三本、高职高专批次，这给受教育者和整个社会传递的信息是，学校是被分为三六九等的，要成才、要好就业，就必须考上最高层次的高校。就这样，中国教育形成这种等式——高分=好学校=国家优质资源=就业竞争中的学历优势。

记者：在我们采访过程中，也有不少人把“应试教育”中出现的一些悲剧事件、过激行为，都归罪于家长的不理性、学校老师的功利性。您对此怎么看？

熊丙奇：主要是基本教育生态被破坏。高等教育等级化、层次化，带动了基础教育领域形成超级中学、重点高中、重点初中、重点小学、名幼儿园这一生态链。

记者：虽然我国的《义务教育法》明确规定义务教育阶段不得设置重点学校、重点班，但各地还是不肯收手，各式“重点”仍旧红红火火，而且生源越来越广、收费越来越高。作为地方政府和公立学校，怎么就敢明目张胆地违法违规办事呢？

熊丙奇：办重点中学，在校生人数少则五六千，多则上万，网罗、垄断了所在城市，甚至全省的尖子生。当优质资源集中在一所高中，这也就制造权力寻租空间，给教育部门、学校巧立名目变相收取高额择校费、借读费提供了机会。学校规模大、创收多、高考成绩相对较好，还常常被地方政府当成政绩。近年来“超级中学”异军突起，严重地破坏了当地的教育生态，与推进义务教育均衡背道而驰。

记者：我们在一些重点中学、“超级高中”采访时，听到不少校长和老师的质疑，“不让我们搞重点中学，可是在国家层面上，不也有重点大学、‘超级大学’吗？”

熊丙奇：所以，中国社会很多矛盾的教育观念，都是在根本制度出了问题，又找不到出口的情况下出现的。人们质疑基础教育的“超级中学”现象，却赞扬创建“一流大学”。国家集中经费办少数几所重点大学，唯北大、清华是尊，这不更是对教育生态的破坏吗？从某种角度讲，“超级中学”不就是高等教育等级化的产物吗？

记者：在这方面，社会舆论往往也存在一些偏见与自相矛盾。高考前，从形式上批“超级中学”者居多，录取放榜后，媒体、社会公众对学校的超高录取率大唱赞歌颂词，特别是考进清华的多少多少，考进北大的多少多少，将前置的批判化为乌有，指引更多家长削尖脑袋、不计成本让子女来年挤进“超级中学”。

熊丙奇：这样混乱的逻辑，在今天的教育领域比比皆是。曾以辽宁文科状元身份被港大录取的刘 ××，复读一年之后，再次参加高考重夺状元，圆了自己的“北大梦”。很多网友赞刘××“彪悍”，“让学渣们颤抖”，并对其选择复读实现自己的梦想表示高度认同。可同样也是这些网友，却对专门让复读生有更好成绩表现、实现高考梦想的“毛坦厂中学”大加讽刺，讥讽其是“高考加工厂”。其实问题都一样，却因人（或机构）的身份不同而得到不同的评价。似乎“状元”复读并实现“北大梦”是美谈，而那些被普通大学录取的普通复读学生就是“扭曲”。

记者：所以说教育生态的恶化，与整个社会生态环境不无干系。如根深蒂固的“状元情结”、“吃得苦中苦，方为人上人”的劝学经典。对于什么是现代教育，什么是现代社会所需要的知识结构，这些关键问题从学校、老师到学生、家长，少有问津者。一句话，急功近利构建起当代中国教育生态的主旋律。

熊丙奇：如果国家的政策导向不变，还是考出高分才能进入国家重点投入的“一流大学”，获得更多教育资源、有更好的前途，光是去责怪家长为何不理性，学校为何搞应试教育，能多大程度改变现实？只有彻底取消各类行政性计划、工程，从政府层面消除教育等级，不再搞什么“985 工程”、“211 工程”，才能给治理基础教育生态带来良好的环境。

记者：我们注意到有一种比较奇怪的现象，中国的基础教育在国内受到的批评比表扬多，但在国外似乎与此相反，赞扬声远远大过批评声。特别是在近年连两届 PISA 国际学生评估项目中，上海中学生蝉联全球第一，更引起欧美一些发达国家表现出对中国基础教育的浓厚兴趣。瑞典社会民主党领导人斯蒂凡·洛芬称此次 PISA 结果为一场“全国危机”。英国教育大臣率团到中国考察，准备引进中国教学模式改造英国中小学数学、科学教学，提高英国的教学质量。就连美国总统奥巴马也发表专门讲话，对中国学生的表现大加赞赏，敦促美国基础教育要跟上……这些可以说明国际舆论对我国基础教育的肯定吗？

熊丙奇：在 PISA 测试中取得好成绩，不应成为中国教育体制自豪的理由。各国学生面对完全不同的教育模式，学习时间也完全不同，比较他们的成绩其实没有任何意义。就算外国人起初可能被上海学生在 PISA 考试中的优异表现所震惊，进一步考察后，他们对上海的教育模式可能就没那么感兴趣了。我们自己人不喜欢这种模式，是因为我们最清楚本国教育体制存在的种种缺陷。

记者：这么说有点妄自菲薄吧？

熊丙奇：中国实行的是应试教育，只要是书面测试，学生都很优秀，如托福、GRE等。我们学生早上至少七点钟到教室，晚上十一点才“下火线”，估计双休日还在学习，而且学习的东西就是科学、数学、阅读；而美国的学生一年平均才学170天至180天，并且学很多与科学、数学不相关的知识与技能，如美术、音乐、厨艺等。

记者：站在我们中国人的传统观念上评判，“头悬梁锥刺股”，哪有不吃苦就能读好书、能成才的？

熊丙奇：在我国内地，如果一地决定参加测试，从教育局到学校必定高度重视，会将其作为十分重要的工作。这在国外官员看来就郁闷了，即便他们希望学校重视科学、数学教学，重视测试成绩，可教师们会质疑：“学习成绩对学生真那么重要吗？”至于要让学校老师牺牲学生的自由时间，如社团活动时间、体育锻炼时间来提高数学、科学课的成绩，更是一片反对声，执行不下去。

还有就是在美国和英国大学的招生体系中，非常强调“个性教育”。在考核总分中，知识考核只占20%，更多是考虑学生的综合表现、特长表现、教授的推荐、社区服务与公益等。因此，西方教育鼓励学生根据自己的兴趣发展自己，无论偏才、怪才，都是人才！

记者：可不可以说，在基础教育阶段，中国学生的水准的确高于欧美国家的学生？

熊丙奇：20世纪80年代，中国教育代表团到美国考察，看到课堂上学生跑来跑去，老师也不管，便断言“美国很快就会被中国打趴下”。而美国教育代表团到中国后，看到学生都坐得笔直，纪律性特别好，他们也很吃惊，在报告中称，“不久之后美国肯定远远落后于中国！”30年过去后，美国几乎每年都有几位科学家获得诺贝尔奖，而且都是相关领域的领先者，原因何在？

因为竞技教育是标准化评估法，全部学生用一个标准进行衡量，而忽视了学生的个性。应试教育让中国学生成了世界上最会考试的学生。但是这种教育存在很多问题：学生用100%的时间关注有限学科的学习，而且是机械的衡量标准，势必导致缺乏想象力、好奇心、求知欲、自信心。而促成一个人成功的，并不只是知识，而是独立性、自信心、领导力、协作能力。

记者：当然，就那两次比赛，我这里也搜集了一些西方媒体的负面报道。

如美国《新共和》周刊指出，“在创意和想象力方面，中国学生的排名仅为倒数第五”；英国《独立报》认为，“国际学生评估的排名通常忽略了学生学习的文化背景，没有把公民意识、艺术修养和道德发展考虑在内。死记硬背可以让一个国家和学校在排名榜上的位置上升，但并不一定让学生接受到了好的教育”；另一家英国报纸《泰晤士报》则引用了一位英国学者的调查报告，认为“三分之一的中国儿童在学校和家庭的双重压力下患有心理问题”。

熊丙奇：一个形象的说法是，中国教育和欧美教育分别在两个极端上，中国过分强调学生的分数，而欧美教育则过分关注学生的个性，这两者都有各自的问题。怎样关注学生的个性发展，同时又提高整体教育质量，这是每个国家的教育都必须面临的问题。至于学校采取怎样的教育模式，这应该由学校自主决定。只有真正实现学校自主办学，才会有多元教育和个性教育出现，而不是像现在这种同质化教育，千校一面、千人一面。

对于我国教育来说，必须清醒地认识到这一点，如果看见几个国外教育当局来借鉴我国的教育、学术计划，便以此论证我国目前行政管理、治校的合理性，忽视学习国外教育管理、办学制度，势必会影响我国的教改进程。

潘际銮：西南联大的传奇无法复制

“你诞生在痛苦中，但那时
我们抱有希望，正义填满了胸膛。
你辞去在疯狂的欢呼里，自那时
开始了更多的苦恼与不祥……
终于像种子，在成熟时必须脱离母体，
我们被轻轻弹入四周的泥土。
当每一个嫩芽在黑暗中挣扎着生长，
你是那唯一放射在我们记忆里的太阳。”

——摘自西南联大毕业生、“九叶派”诗人郑敏《西南联大颂》

采访时间：2015 年 5 月

采访地点：北京清华大学教工宿舍、潘际銮寓所

受访人：潘际銮，中国科学院院士，清华大学教授、博士生导师；西南联合大学北京校友会会长；国际焊接学会副主席，中国焊接科学的奠基人，多次获得国家科技进步奖项；曾任国务院学位委员会委员、南昌大学校长；历任德国亚琛工业大学、汉诺威工业大学、美国俄亥俄州立大学客座教授。

采访人：本书作者。

记者：近些年，西南联合大学的名字就像一样弥足珍贵的出土文物，经常被国人，尤其是关心教育的人士提及，成为当代教育语境下的一种参照系数，用做与我国大学教育现状的比较。听说潘教授也是那所“神校”的毕业生？

潘际銮：抗日战争时期，我随父母亲由老家江西瑞昌一路逃荒到云南，1944 年于昆明高中毕业，以云南省会考第一的成绩考进西南联大机械系。

记者：那就是云南省的“高考状元”了？

潘际銮：按照现在的说法，那就是当时的“高考状元”了。可是入学第一年，西南联大就给了我两次“下马威”。一次是“普通物理”课，由著名物理学家霍秉权教授讲授，他是我国首批研究宇宙射线和核物理的学者之一。霍教授风度儒雅，讲课深入浅出，一边和同学探讨着自然现象，一边给大家讲解它背后蕴含的科学、哲学原理。我非常认真，把老师课堂上讲的问题都弄明白了，但第一次期中考试，居然考了个不及格！

作者专访潘际銮

记者：为什么？

潘际銮：是啊，我在中学时一直是物理尖子，不及格太不可思议。后来总结原因，我发现考试的题目不限于课堂上讲过的内容，也不限于平时做过的习题，内容非常广泛。这次挫折逼着我改变学习方式，老师讲一个问题，得融会贯通。除了教科书，我还从图书馆借、从高年级同学手上买来各种相关的参考书，对同一个问题反复研究。

记者：第二次下马威呢？

潘际銮：栽在物理实验上。按照学校要求，我先用英文写了实验的预备报告，通过之后就进实验室操作。但反反复复几次下来，实验结果仍与标准相差甚远。匆忙之下就抄了一套数据，递交了正式报告。但这没瞒过老师的眼睛，我受到了严肃的批评，被要求重新实验。这件事也给我很大的触动，令我养成了认真细致、一丝不苟的严谨学风。一年以后，我的成绩越来越好。

记者：像您这样“状元级”奇才搁现在，应付考试应该不是问题呀？

潘际銮：西南联大教学要求很严格，除了教师上课讲到的内容，学生必须有很强的自学能力。以我所在的学科为例，当时除了需要弄懂物理课上所学的内容之外，还得把美国物理、中国物理教材共十几本一起拿过来自学，分析研究各种教材中不同的观点和内容，归纳总结，把这个领域搞得融会贯通，这就养成了认真治学的精神。考试题目也很灵活，考学生掌握知识的真正能力和水平。在我的印象中，当时数学、物理不及格的学生每年有三分之一。

记者：这就是所谓的“宽进严出”吧？

潘际銮：是的。但也有弹性，比较灵活。不及格可以重修，一年不行两年，顺延，五年毕业的、六年毕业的、八年毕

历史照片：西南联大

业的都有，但没有一个人能在联大随随便便混到毕业文凭。八年当中，西南联大共招收8000名学生，毕业时只剩3800多人。

记者：淘汰率超过一半？

潘际銮：不全是。中途参军者千余人，其中不乏为国捐躯、牺牲在抗日战场上的同学。有一部分人没毕业就直接找工作了，还有的觉得学不下来，主动放弃了，自动淘汰。

记者：从1938年到1946年，西南联大在漫长的中国教育史中，只存在了短短8年时间，仅有区区3343名毕业生，其中除开您所讲的部分为建立新中国抛头颅、洒热血的仁人志士外，也有不少人后来成为新中国不可或缺的建设人才吧？

潘际銮：在我们的老师和同学当中，先后有168人当选国家“两院”院士，有2人获得诺贝尔奖（杨振宁、李政道），5个科学进步奖。23名两弹一星功勋专家中，有十几个是西南联大的（邓稼先、朱光亚等）。成为国学大师、文学大家的就更多了，如陈寅恪、朱自清、冯友兰、汪曾祺等等。

记者：在当代青年人看来，西南联大更像中国教育史上的一段传奇，我们很想知道，这个传奇是如何产生的？

潘际銮：首先，有特殊的历史背景。那时候国家处在生存死亡的时刻，要救国、救亡，日本人能不能打败事关国家、民族的前途命运，至于你个人的前途是次要的。我们求学不是为了求文凭，文凭没用，而是为了求学问、学好真本领，知识救国。老师、学生都是这样想的。

历史照片：“两弹一星”元勋邓稼先的西南联大学生证

记者：既是“逃亡大学”，办学条件

一定很差吧？

潘际銮：当时我们的教室是土墙，屋顶仅盖一层铁皮，夏天像蒸笼，冬天寒风穿堂入室。下雨的时候，雨点打在屋顶上叮叮当当作响，老师得提高嗓门大声喊叫，才能压得过风声和雨声。学生宿舍是土坯墙茅草顶，冬天四面透风。教授宿舍也是茅草屋，几家住在一起，用布帘子隔开。最好的房子是图书馆，这是联大唯一的一幢瓦顶房子。

记者：难怪当时在昆明，联大有“难民大学”之称。但是，主持校务的梅贻琦校长有句名言，最近几年在大学坊间流传：“所谓大学者，非谓有大楼之谓也，有大师之谓也。”

潘际銮：是的，当时办学条件艰苦，但教育理念是先进的。校长梅贻琦反复强调“师资为大学第一要素”。西南联大是在清华、北大、南开三所大学的基础上建立的，在延聘原先三校教授的基础上，还不断吸引海内外优秀人才，形成了杰出的教学和科研队伍。

记者：我翻阅过西南联大的资料，教师队伍简直强大无比，用今天的话形容，个个都是“大咖”。如：陈寅恪、梁思成、陈省身、华罗庚、许宝騄、王力、朱自清、冯友兰、沈从文、闻一多、钱锺书，等等。在艰难时世，他们收入微薄，甚至还得搞点“外快”补贴家用。有学生回忆，亲眼看见闻一多教授于街边摆摊与人刻章。

历史照片：1938年，（左起）周培源、梁思成、陈岱岳、林徽因、金岳霖、吴有训、梁再冰及梁从诫（两小孩）合影

潘际銮：这种事不稀奇。西南联大很成功，就是因为引进

的人都是高水平的。除去清华、北大、南开三校的老师，其他全是引进美国回来的教授、博士呀，像陈寅恪他们，到联大任教绝不是冲着收入或优越工作条件，都是有信仰的人。

记者：现在很多人都想从当年的西南联大教育体系中，总结出一些可供借鉴的经验为我所用，在您看来，西南联大成功的办学经验主要得益于哪几点？

潘际銮：宽严并济、自由创新的精神，是西南联大的魂，也同样适用于今天的中国大学。我认为西南联大成功的首要因素，是学校的大政方针由教授会和教授常委会、校长共同决定。这样的好处在于，大学能按照教育规律办学，不受过多的行政干扰。校务委员会职能部门的领导人，全部都是知名教授，其中包括常设的校务委员会秘书长、教务长、总务长、训导长、建设长等，全部由教授担任，由教授会民主推荐，校务委员会讨论通过，报校长批准任命。

记者：那时候的校长有行政级别吗？比方说，正部级或副部级？

潘际銮：西南联大校长不是什么部长、总理，但是他说的话社会上都非常尊重。比如那个时代，国民党有时候进学校抓共产党、地下党，校长说，“我们学校不允许任何军警入内！”军警就真的不能进去。学校的社会地位很高，不是行政地位很高。

记者：国民党时期不也有教育部吗？学校能不听教育部的？

潘际銮：教育部有时候让西南联大怎么干，学校说我们不干，我们有我们的特点。举个例子，1940 年，教育部给西南联大发了课程设置诸问题的训令，对大学应设课程与学生成绩考核办法都有详细规定，并要求各科课程必须呈给教育部请示核准。针对此事，西南联大经研究写了回呈，对教育部的做法提出以下观点：“教育部重视高等教育，指示不厌其详，但准此以往，则大学将直等于教育部高等教育司中的一个科，同仁不敏，窃有未喻。”

记者：我看过资料，还有一层意思，如果大学内部直至某一课程的兴废都要听从教育部的命令，必然会受到当局者进退的影响，朝令夕改，何以策研究之进行，肃学生之视听，怎能让学生们坚守其心志呢？

潘际銮：对。

记者：如果上面强制执行呢？

潘际銮：再举个例子，1941 年，国民政府教育部规定，强制要求西南联大开设三民主义课，遭到联大师生强烈抵制，梅贻琦（校长）也不听。（国民党政府）教育部说每门课你们都要上交你们的课程内容，要西南联大上报教学内容。西南联大也说不行，我们有我们的特点，我们每个老师有每个老师的特点，现在效果也挺好的，所以没必要按你们规定的去做。就这么回复，结果硬是没上报教学内容。

历史照片：时任北京大学校长的胡适，原西南联大训导长、昆明师范学院院长查良钊，原西南联大校务委员会主席、清华大学校长梅贻琦，原南开大学秘书长黄钰生的合影

记者：像这种情形，现在无论哪所大学都很难做到吧？

潘际銮：官僚化去不掉，就算（校长）是副部级也办不到。

记者：不听“上级指示”，学校依据什么办学？

潘际銮：根据教育规律和自己的经验自主办学，这是西南联大成功的第二个重要原因。

记者：那时候的自主办学具体表现在哪些方面？

潘际銮：一是学术自由。学校名师荟萃，教师可以讲自己的观点，讲不同的学派，而且我讲我的，你讲你的。如政治课，教师既可以讲三民主义，又可以讲马列主义。学生可以根据自己的兴趣，自由选择不同的学习方向。

记者：那么说，对于学习者一方也有相应的自由空间？

潘际銮：有自由、民主、宽松的学习环境，这是西南联大取得成功的第三个重要原因。前面我说过在学习问题上的严，但对同学们来说，还有很多宽松。进校后实行选修制和学分制，选什么课、一个星期选多少学分，都由你自己定。一周最少只要上 16 个学分，按每天 4 小时算，学 4 天就够了，最多可以选择

32个学分。我如果成绩很有把握就多选，没有就少选。

记者：那各个班级上课的人数就无法固定？

潘际銮：没有固定的班级，选什么课就上什么班。这些都选好了还可以选老师，比如说物理课有四个老师讲，老师按照自己的心得讲课，风格内容都不完全一样，你喜欢哪个就去听哪个老师的课。有时会形成鲜明的对比：有的教室根本坐不下，学生站在教室外面听课，有的课只有一个学生选，但只要有人选课，教师就得开课。我的物理课有四个老师上，周培源、霍秉权等，课本是同一本书——《达夫物理学》，但实际上四位老师都是按自己的治学风格来讲授，我们学到的知识远远超出课本。

记者：如果学生后悔了，或爱好有变化，想换专业转系，行吗？

潘际銮：转系很方便，有些人兴趣改变，或者物理总是不及格，没法修下去，就可以转系，系主任就可以批准。你文科不行，可以学理科，理科不行，可以转文科，转两三次系不足为怪，最多的转过四次系。中途遇到学习困难或者生活困难的，还可以选择休学，出去赚钱打零工。

记者：如此看来，西南联大毕业生的成材率高，与他们宽松自由的受教育环境密不可分？

潘际銮：我始终认为，人的智商不一样、兴趣不一样、身体状况不一样，都要给他一个宽松的环境，让他自由成长为各类人。西南联大那时候，曹禺学生时代写《雷雨》，现在写得出来吗？中文系的汪曾祺，也是从昆明茶馆里“泡”出来的文学家嘛。(像现在这样)一考定终身，华罗庚也出不来啊，他因为小儿麻痹腿不好，在家里给爸爸记账，后来写了两篇文章，清华看到不错，没经过高考就把他弄到清华来当图书管理员，不这样他能出来吗？现在的教育给人的路太少了。

记者：现在的体制基本上是从高中开始，文理分科，报考什么录取什么，然后学什么直至毕业。简而言之，就是一考定终身。

潘际銮：我们那个时代，学生自由高考，学校自由招生。我的老伴，两年考上了四所大学，北洋大学是地质系，她说女孩子爬不了山，不去。清华大学录取银行专科，但那个时代认为银行是个没出息的事，也没去，最后她选择了北大；我当时也是被两个学校录取——云南大学和西南联大。云南大学开学早，我入学还上了几节课，后来西南联大说要我了，我就跑去西南联大了。

记者：现在这样可就不行了吧？

潘际銮：现在高考有档案，录取了不能不去，不去你就不能再考了。

记者：这些年西南联大不仅仅成为一种热门话题，同时还出现一些专题研究者。有人提出，既然联大的办学模式好，可不可以克隆一些？

潘际銮：作为西南联大校友会的会长，我经常听有些校友说，要不要重新组建一个西南联大？比如，从清华、北大、南开再挑选一批高水平的教师，再到昆明去办新西南联大。但我觉得，即使是这样，培养优秀人才的目标未必能达到。

记者：为什么？

潘际銮：因为时代背景不一样、根本体制不一样。再说，西南联大优秀人才辈出，不是单一因素的结果，而是许多综合因素在起作用，光有再好的老师也没用。

记者：那些负面因素主要体现在哪些方面？

潘际銮：第一，把政治体制搞到教育体制里去了，一个教育部就可以行政化地把所有大学都管得死死的。我的说法也许有点狂，现在有多少领导真正懂教育？哪怕是学者出身的校长，弄个局级干部、副部级，也行政化了，有什么必要？弄到后来很多老师都想当官，教授希望当处长，处长希望当校长，校长希望当厅长，厅长要当省级干部、部级干部……教授本来就是做学问的，为什么非要当官？

第二，现在整个教育制度还深陷在计划经济的窠臼里。比如，高考、招生是统一的，每年招多少学生、毕业多少人都在计划之中。就这样一届一届“齐步走”，学生进了大学就像进了保险箱，最后大家都能及格、毕业，很难淘汰，也无法调整。

记者：教育成了某种用程序化控制的机床，学生成为按照程序生产出来的计划产品？

潘际銮：差不多。为什么西南联大在那样短的时间内、那么恶劣的条件下，能够培养那么多大师级人才，我们现在的大学办了那么长的时间，又有那么好的条件，反而出不了拔尖人才？人的兴趣、能力不一样，教育的责任是创造有个性的好环境，让不同的人都能够自由成长，就像游泳，管你蛙泳、仰泳还是狗爬式，能游到对岸就行。西南联大做到了，我们现在做不到。

记者：为什么？

潘际銮：这就涉及第三个重要方面，就是国家对高校人才的评价体系出了偏差。现在年轻教师每年评估一次，主要看三条，第一拿了多少钱，第二拿了多少项目，第三发表了几篇论文。有了论文就提职、加薪，什么都可以。没发表论文、没论文获奖，你再有本领出多少工作成果也不行。这就将大家的积极性全部导向写论文、找关系评奖，甚至弄虚作假。评估体系影响价值观，很多浮躁情绪是给评估制度逼出来的。

记者：这样做对教师也不公平，年复一年应付论文评奖，哪还顾得上教学质量？

潘际銮：是的。比方说我在搞核电，我可以不要求团队里的老师、研究生写论文，因为他们很多成果是保密的，不能公开，但他们的论文还是要写。学生说："老师，我不写论文毕不了业呀！"那就改头换面（绕开保密原则）来写吧。当老师的也很苦，论文出不来就提不了职呀，有什么办法？

记者：这种现象应当是显而易见的，我们的评估制度怎么就不能有所变化呢？

潘际銮：是啊，袁隆平从1964年开始培育杂交水稻，6年没有出成果，更没有写几篇论文，还不是一样养活了几亿人？国家走到现在，很多东西都固化了。我再给你们举个例子哈，若干年以前，中国还不知道有SCI（作者注：美国《科学引文索引》）这个事，南京大学统计了一个SCI，就开始吹我在全国第一。这样一来，另外一些名校不就着急了吗？马上跟着出来一个政策，每人都要出两篇论文，每一篇奖励8000元。

记者：（笑）当仁不让啊！

潘际銮：很快出了几千个，排名一下子就上来了。现在我们的报纸都在宣传这个，我们国家的SCI论文已经成为世界第一，超过德国。但是技术上，我们好多技术都是从德国买回来的。我们论文超了德国有什么用呢？真正的还是需要看你的创新能力和实力。我喊了10年，没用，现在还是SCI称王，所以我说，我过时了。

记者：难道我们的大学校长都不懂这个道理吗？

潘际銮：整个社会都在追求这个东西，本身就有行政头衔的大学校长能脱俗？所有学校都在争一流，国内一流、国际一流，最后都不入流。在这种情形下，我们老师能安安心心研究学问、搞一个大成果？不容易啊！所以才有了“钱学森之问”：为什么这么多年培养的学生，还没有哪一个的学术成就能够跟民国时期培养的大师相比？为什么我们的学校总是培养不出杰出的人才？

记者：近十几年，也有人试图通过自己的教育实践，来回答钱学森先生的此番“世纪之问”，像刘道玉、朱清时、杨福家等大学校长。20 世纪末，您去南昌大学担任了两届校长，尝试过把西南联大的办学经验复制过去，结果怎样？

潘际銮：我是在南昌大学做过校长，的确希望把西南联大一些好的经验搞到那里去。比方说，针对大学生当中普遍存在的入学后不求上进混日子的现象，我仿照西南联大搞“三制”——学分制、滚动竞争制、淘汰制，马上见成效，学生学习紧张起来，去图书馆抢座位的、用功读书的都多起来，但实际上行不通。你跟别的学校不一样，家长不干了，有的去教育部告状、有的去省委告状。第一学期下来，有 21 个人不及格，有的学生拿不到毕业证闹自杀。好在当时的省委领导很支持，他说：“学校的事听潘校长的，出了问题我负责。”

记者：这在地方领导中可不多见。刘道玉在武大搞改革、朱清时在南科大搞改革，可没有这种待遇啊！

潘际銮：最后还是行不通，教育体制把我们限死了。从招生到分配，包括学校管理方式，比如，高考是规定的，四年毕业是规定的，分配是规定的，没有办法。

记者：我听江西的同事讲，南昌大学在您的治下，还是有很大变化的。

潘：总的说来是有些变化，学生学风变了，老师开始注重学术了，有些类似联大的制度也推行了，南昌大学也被评为国家“211”高校，这就完成任务了。但是，即便这些，没有省委领导的支持也办不到。当时的吴官正书记说：“我不懂教育，一切问题听潘校长的。”说到底，这也还是行政化最大的干预。所以，你叫我搞一个学校完全去行政化、学术自由，我不敢讲，也做不到。

记者：卸任时，您觉得在“南大”复制西南联大的梦想实现了多少？

潘际銮：西南联大无法复制……现在受计划体制的影响太严重，不是教育部能改得过来的，整个社会价值观有改变才能彻底改变教育制度。

我们采访潘际銮院士的次日，西南联大建校76周年纪念大会在北大举行，百来位在世的老人们在家属或助手的陪同下聚集一堂。

开会前一个小时，作为校友会会长的潘际銮院士站在会议室门口，迎接师兄师弟、师姐师妹。每年一次的校友会，他都要暂停其他工作专门忙这个事，电子邮件、QQ、微信……见面后的寒暄、拍肩、大笑、握手、拥抱……

“这位是北京大学著名心理学教授姜德珍，在联大读完两年物理后转读心理学……这位是名誉会长王希季，‘两弹一星’功勋专家……”潘际銮向我们介绍每一位参会校友的名字，前情后事如数家珍。“耄耋之年”的定义，似乎跟他毫无关联。

我们采访时得知，这位“两弹一星”的功勋专家，当年在联大因拉计算尺弄错了一位数，被机械系的刘仙洲老师判为零分。提及此事，王老谦言：“后来我从事航天事业，兢兢业业，很得益于刘仙洲先生。”

会议进入程序后，潘际銮院士看着满屋子老人，不无感伤地向我们吐露：“人越来越少了，以前是大会议室，现在变成小会议室。很多都90多岁了，我算年轻的。”

会上有人提出，西南联大校友会不能后继无人，建议还健在的校友每人捐1万元钱，用这1000多万元钱建立联大基金会，奖励优秀大学生，即便将来校友们不在了，西南联大的精神也可以在年轻人身上传承下去。

“我同意！”潘际銮高举双手。在座的老人们鼓掌通过。

后记：在会场上，记者强烈感受到一种坚定的西南联大情结。这种情结将超越眼前这些白发老者的生命、超越仅于历史长河中存在八年的联大岁月，成为今人向前辈的致敬、今天向明天的展望。

朱永新：让教育回归本质

是人皆出生于母体，脱胎于教育。但此后能将教育作为一种信仰去用心观照、毕生供奉的人，在当代中国已属凤毛麟角。朱永新是其中之一。因为爱教育，他身居高位而不骄，甘当田野教育的苦行僧。因为爱教育，他生性谦谦而不让，常为铲除业界顽疾直言戳弊。因为爱教育，他发起了新教育实验为未来探路。

采访时间：2015 年 5 月。

采访地点：苏州，朱永新寓所。

受访人：朱永新，中国民主促进会中央委员会副主席，第十二届全国政协常委、副秘书长；中国教育学会副会长，苏州大学博士生导师，改革开放 30 年“中国教育风云人物”；中国“新教育实验”发起人与实践者，自 2000 年至 2015 年，有 60 个实验区 2900 余所学校、250 余万师生参加此项实验，区域覆盖中国内地所有省市自治区。2014 年，朱永新开创的“新教育实验”成为入围 WISE 世界教育创新奖的唯一一个中国教育改革案例，2015 年入选第四届中国教育创新典型案例。

采访人：本书作者。

记者：现在只要一提教育，似乎全国人民都憋了一肚子话要吐槽，不满、求变是公众情绪的主流。尤其是 2005 年钱学森著名的“世纪之问”——“为什么我们的学校总是培养不出杰出的人才？”公开发表后，更引发了国人对高教，乃至对整个中国教育体制的质疑甚至是恐慌，您认为出什么问题了？

朱永新：目前，中国教育出现了很多问题，全社会对于教育似乎出现了“集体失望”。一方面，大家对教育很不满意，批评、抨击、抱怨；另一方面，大家对教育又茫然、不知所措。这种对教育失去信心的情形，是非常可怕的现象。其实，尽管我们的教育还有许多不尽人意之处，但这些年来中国教育的成

本书作者专访朱永新教授

就是举世瞩目的。我们教育的问题，主要有两个方面：一个是公平，一个是质量。

记者：我理解所谓“公平”主要指教育资源的配置是否合理。所谓教育质量问题，一言以蔽之，还是钱老所忧心的“杰出人才”培养问题。客观地讲，这三十多年，中国政府对教育的重视程度、人力物力的投入可谓前所未有，全社会对教育的关注度也不可谓不高，为什么结果却是怨声载道、事倍功半？

朱永新：中国人历来有不患寡而患不均的传统，整个中国教育最关键的难点，我认为是公平。80年代开始，我们走的教育发展的道路是在“效率优先”的思想支配下的，无论是中小学的重点学校建设、示范学校建设，还是大学的“211”工程和“985”计划，几乎所有的教育政策、资源配置都是往好学校里配，都是做锦上添花工程，而忽略了给最需要的地区配置资源，造成了地区与地区之间、学校和学校之间的差距越来越大。这种差距的扩大，也就造成了优质教育资源稀缺的恐慌，从而导致大家对教育的不满意。

（质量问题）表面上是一个人才培养模式的问题，即如何教、如何学？背后其实是一个体制问题，即如何让教育家办学。要真正实现教育家办学，首先应给予高校应有的自主权。这才是解决“钱学森之问”的关键所在，舍此别无他途。在一个封闭、垄断，缺乏竞争与活力，高度行政化、官本位的教育管理体制下，学校没有办学自主权，真正的教育家很难脱颖而出。

记者：高校自主权，似乎是一个老生常谈的难题。改革开放之初，农村包产到户，一个文件下去就把土地种植权交到了农民手里，农民由温饱逐步走向脱贫致富，农村问题基本解决；工业实行责任承包制、股份制，将大部分工厂自主权交给了经营者，克服了传统“大锅饭”弊病，解放了生产力，换得中国工业经济的大幅提升；唯独高校乃至整个教育界，虽然“自主办学”喊声雷动，至今却连未雨绸缪的迹象都没有，似乎成为中国体制改革中的一块荒岛，瓶颈究竟在哪?

朱永新：谈这方面的问题，我们不妨先回顾一下有关高校管理体制改革的几个阶段。

早在 1985 年，《中共中央关于教育体制改革的决定》就明确提出高校领导体制改革的目标模式——“学校逐步实行校长负责制，有条件的学校要设立由校长主持的、人数不多的、有威信的校务委员会，作为审议机构。”到 1989 年初，全国已有 100 多所高等学校实行了校长负责制。

1998 年通过的《中华人民共和国高等教育法》，用立法的方式规定：“国家举办的高等学校实行中国共产党高等学校基层委员会领导下的校长负责制”。时至今日，大学实行的都是“党委领导下的校长负责制”。

记者：这次立法实际上喊停了高校体制改革的试验，进一步强化了各级党组织对高校的领导权。1996 年，时任中央领导同志明确提出，“高校的党委书记、校长应该努力使自己成为社会主义政治家、教育家。”此后，大学校长不再像 20 世纪 80 年代那样遴选学术权威，而是直接委派党政干部。

朱永新：更具有制度意义的是，原来本科院校的党委书记与校长是正局（厅）级，近十年来，位列“985”高校的大学成了“副部级大学”，其党委书记和校长成为中央直接管理的副部级干部。由此，教育部开始频繁地向直属大学“空投”书记和校长，这些人大都是政府部门的司局长，“空投”以后晋升为副部级干部。

记者：有人做过统计，全国现有“副部级”大学领导超过 80 位。以此为金字塔尖，依次往下是厅级、副厅级以及局级高校。序列化的行政分层结构，使得中国大学的管理机制彻底行政化。

朱永新：更准确地说应是“官僚化”或“官本位”。“行政化”在字面上一般是指一个组织中行政权力以及行政管理部门不适当的膨胀，以致影响组织的正常运转，大致相当于“科层化”或“过度科层化”。世界各高等教育发达国家的大学都有以科层制为基础的行政管理，这是大学规模增大后的结果。但当前我国大学的行政化的真正所指，根本不是科层化或过度科层化，而是严重的官本位或官僚化。

记者：我们对这方面的情况做过一些调查，结果表明，在这几年反腐风暴中，高校官员频频落马，学术腐败层出不穷，涉案者当中，校长、副校长、党委书记、以及其他有行政级别的人居多。

朱永新：随着国家对教育的投入越来越大，（学校）行政权力也变相扩大，一些原本专心教学的教授、学者变得不安分了，想方设法谋个官位坐坐，以至出现某所大学一个处长职位，竟有40个教授来争。造成这个现象的原因，是因为在许多高校，行政权力凌驾于学术权力之上，行政权力可以瓜分学术权力，行政资源可以垄断学术资源。在这样的体制下，不当官就无法取得学术资源，所以，做官成了瘾，学术腐败、基建贪污、高校负债、科研造假、抄袭之风、虚假之风就会随之而来。近几年被频繁曝光的各类教育界丑闻或争议，均源于此。

记者：在采访欧美名校教授时，他们对中国大学的行政化管理机制都觉得不可理解，共同的问题是："为什么大学校长一定是政府部长？"

朱永新：大学走行政序列在国外是没有的。在国外，学者与官员之间有非常方便的"旋转门"，但是在我国，由于受行政级别的限制，很多教授根本没有进入行政序列的机会。一些（"空投"）大学书记、校长则受行政任期的限制，上下频繁，就像玩走马灯一样。在换届高峰年份，教育部一名分管的副部长，几乎每个月都要到各大学去宣布换届名单，做内容雷同的讲话，几乎成了其工作内容的全部。另一方面，地方政府为了满足干部安置、提职提级的需要，也纷纷向高校派出党政干部。有教授曾写文章抱怨说："教授家中坐，校长天上来！"

记者：武汉大学老校长刘道玉先生曾做过一项统计，美国大学校长平均任期12.2年，而中国大学校长平均任期为5.2年。由于大学管理体制走的是行政化套路，所以那些"走马灯"校官的行事风格也就无可避免地官僚化，他们的工作重心放在如何迎合上司意图搞政绩、提升学校级别，千方百计挤进"211"、"985"系列。因为学校进去了，校长、书记的级别也跟着晋升"副部"。如此一来，有多少人的心思放在提升学校管理水平、提高教学质量上？

朱永新：强化高校行政级别的出发点本来是好意，为了加强一流大学建设，但事实上却导致了高校贪大求全及不平等竞争。“985工程”建设项目正式启动后，最初只有北大和清华确认为要建设“世界一流大学”，两校分别获得教育部18亿元的拨款额度。后来又有七所大学加入，这九所高校简称“C9”。到了2009年，“985工程”高校共计39所。“建设世界一流大学”的热潮推动了国内高校建立“综合性大学”的冲动，政府也积极推动集中教育资源，打造教育“航空母舰”，似乎“综合性大学”是“建设世界一流大学”的必要条件。

记者：这正是近年来中国大学一窝蜂搞“大跃进”，争办大而全院校的原因吧？按照一般教育规律，最好的大学应该产生于成千上万所大学不拘一格的激烈竞争中，由政府集中教育资源给予扶持，而“钦点”一流大学的做法，是否还逗留在计划经济的框架内？

朱永新：那些进入“211工程”、“985工程”的大学，的确都是教育部确定的，而且一旦被贴上了“211”、“985”标签，就高人一等，享有各种优惠政策，连毕业生也享受了特别的待遇。而未能进入的则只能“望项目而兴叹”，这种缺乏公平的竞争显然不利于高校的发展。

记者：从实际效果来看，那些列入国家重点建设项目的大学，被称为“重中之重”的高教几大“工程”，投入产出效率如何？达到预定目标了吗？

朱永新：（虽然）这些工程缺乏明确的评价标准，但（可以说）远没有达到培养“世界第一流水平的科学技术专家”的目标。“七五”期间重点建设的高校至今已经过去近三十年了，“211工程”提出到现在也有二十多年了，中国高校有多少真正进入了“世界一流大学”行列？又培养了多少钱学森先生所说的“杰出人才”？2014年英国《泰晤士报》发布的世界大学排名，前20名都是欧美大学，进入前50名的只有北京大学（第45名）和清华大学（第50名），而且都排在相当靠后的位置。这显然和已经跃居世界第二位的中国经济总量非常不匹配。

记者：这些年要求取消“重点工程大学”的呼声很高，但并未得到教育行政部门的认可，在这种情形之下，您认为那些非重点大学面对生源竞争日渐激烈，又该如何生存发展？

朱永新：创建世界一流大学的问题，我们喊了二十年了。我总觉得，真正瞄准世界一流学科的建设，比建设一流大学要靠谱。盲目追求一流大学，强调学校的整体建设，大量的经费被浪费了，不如好好把优势学科真正做好，学科强了，学校就会强。离开学科建设的学校，一定没有出路。所以，研发卓越课程，提升教育品质和教学效率，将成为大学的核心竞争力。如果你的大学不能够提供给学生们丰富而高品质的课程，就完全可能被时代的浪潮所淘汰。

记者：我们在调查中发现这样一种情况，一方面大学校长抱怨缺少办学自主权，可另一方面，很多教授向我们抱怨，在大学内部行政管理、学术管理等利益相关的环节上，校长拥有至高无上的生杀大权。我还看过一位西方大学校长的言论，他也说在全世界高校当中，中国校长拥有最大的权力。这种现象如何解释？

朱永新：目前学校行政化的特征主要表现在两个方面。一是从政府和学校的关系来讲，政府对学校的管理和控制太多、太强，专业设置、课程开设、经费划拨、教育评价、校长任命等都由政府说了算；二是从学校内部来讲，大学更像“一级政府”，由于缺乏基层民主、学术民主的制度和文化，行政资源控制了学术资源，行政权力瓜分了学术权力。评奖都是官员去评，要晋升教授，官员优先，要拿课题，官员先得利。有一年高校优秀教学奖评选，90% 以上都是带“官衔”的，这无疑影响了学术发展和创造性活力。

记者：对待高校体制改革，尽管近年来中央领导多有意愿，如温家宝总理在任时就多次提及要“改变（大学）行政化，按照教育规律办学”。但业界持悲观主义或纯粹批判主义态度者居多，而您似乎更愿意做一名行动主义者，先后以全国人大常委、政协常委的身份写过不少这方面的“提案”，并且公开发表过很多文章。我们很想请您对此做一个简单梳理，在现阶段，高校体制改革应当重点解决哪些问题？

朱永新：首先，教育行政部门要交出两项权力。第一是举办权，就是把公立学校的举办权交给政府，由政府直接举办公立学校。教育行政部门作为一个管理者，不应有自己直接举办的部属大学。举办方可以是民办，可以是社会办，甚至可以是私人，也可以是政府的，但是管理者的主体必须只能是一家。今后的高校就是国立大学、省立大学、市立大学和民办大学。

第二是监督权和评价权。教育行政部门必须把监督、评价权交给社会和相关机构，把过程管理的权力交给学校。同时应该取消全国统一的文凭颁发制度，取消教育行政部门直接颁发毕业证书和学位证书，由学校直接颁发自己的证书，对自己的办学质量负责任，并且接收教育行政部门的评估和监督。文凭由政府颁发，招生计划由政府审批，教学计划也要政府规定统一，学校很难办出个性。建议把教育督导部门放在人大，这样能够加强对教育行政部门的监督。

其次，在学校内部，行政权力应该更多让位于学术权力，建立法人治理结构，进一步斩断行政权力和学术权力之间的“脐带”。高等院校可以通过董事会、学术委员会、教授委员会等民主方式管理学校，强化学术权力。应该把大学行政职务做成一个荣誉性、服务性的职务，不由上级任命，由教授选举出来。大学校长、院长只有德高望重的教育家才可以担任。做了校长院长，就不应该再瓜分学术性资源，不得再去评奖和评职称，不得跟教授抢课题、抢评奖、抢经费。服务一个时期后，也可以再回去做学问。

记者：“放权”，对既得权力利益的部门和个人都是一件痛苦的事。教育改革长期滞后于经济改革，尤显其中包含更多、更大的利益因素。过去凡涉及这方面的问题，无论台面上如何信誓旦旦，但多半雷声大雨点小，最后风平浪静、“权”归原主。面对这种困局，有什么新招可以保证“权力”能真正放得下去呢？

朱永新：最近国务院下发了《关于推行地方各级政府工作部门权力清单制度的指导意见》，明确提出要分门别类地进行全面彻底的梳理行政职权，对于没有法定依据的职权全部取消。长期以来整个教育行政部门权力太大，几乎所有的事情都集中在教育行政部门，这样一种状况不能再继续下去了。开出权力清单并好好地梳理，少一点微观的管理，真正解放我们的学校，真正做到该放的彻底放开，该管的严格管好，这样才能为整个教育创造一种公平竞争的态势。

记者：因为过去的表面文章见得太多，人们对教育部门自身变革的期望值很难调高。记得您也说过这样一句话：“中国需要创造新型大学，但是这样的大学不大可能从现有体制内的大学中产生。”解读这句话似乎可以得出两方面的含义，一是对现有体制内大学的失望，二是对体制外某些新教育元素的期待？

朱永新：（体制内）在基础教育阶段是“教育局办学”，在高等教育阶段是

“教育部办学”，因为一切都被教育行政部门规定了，学校没有真正的办学自主权。一统天下的死板管理模式是不可能办成“磁铁”性大学的，必须要有体制上的新突破，必须要吸引各方面的力量。我一直在呼吁，要鼓励中国的民间资本进入高等教育。现在有几千所大学，能不能拿出一些好的大学出来交给那些有理想的民营企业家去办？或者建立一些新型的股份制大学？

记者：这倒是一条可行的路子，其实世界前沿名校很多都为私立大学。而据我所知，在我国要成立一所民办大学可不是那么一件容易的事，门槛很高，有不少企业家动过这方面的脑子，甚至有些人做过“试水”，但大部分尝试不是“胎死腹中”，就是半途而废。

朱永新：我国的大学从批准就很困难，必须先从大专开始，然后才能办本科大学，再到（被允许招收）硕士生、博士生，我算了一下至少要20年。我认为可以选择一批学校，甚至可以拿“985”、“211”学校进行试点，吸引上市公司和科技型企业，把大量的民间资本引入教育，激发民间办教育的活力。比如像华为这样的大公司，交给他一所大学，一开始就可以招博士生，一开始就可以办世界一流的研究所，把培养人才和科技研发紧密结合起来，提高重点大学参与市场竞争的能力。

流水不腐，户枢不蠹。如果没有真正的民办学校兴起，公办学校就缺乏真正的对手，没有竞争的中国教育就会缺乏活力。与此同时，政府也会因包袱沉重而步履蹒跚。没有竞争的教育必将失败。

记者：教育体制官僚化造成的教育品质异化，也不是我们一个国家的事，记得新加坡总理李显龙在就职演说中曾讲过一句话：“把教育还给教育。”他在那样一个特殊场合说这句话，显然是看到了本国教育受到诸多非教育的东西干扰。我们注意到您也常说一句话：“让教育回归本质”。按照您的理解，教育的本质是什么？

朱永新：教育的本质就是培养人的活动，把一个生物学意义上的人逐步变成社会学意义上的人，把一个相对无知、相对无能的人培养成有知识、有能力，能够适应社会的人。我觉得这就是教育要做的事，这也是教育的本质。我们现在的教育不是把人作为目标，而是把人作为一个工具。

记者：考试工具？

朱永新：现在的教育，围绕考一个好分数、有一个好成绩、上一个好学校、找一份好工作来展开，把有多少人能够考上名牌大学，让多少人能够就业，作为衡量教育质量的标准，这从根本上就错了。

记者：怎么才能让中国教育回归它的本质？

朱永新：让教育回归本质，要做的事情很多。首先，我觉得要解放思想，重新认识我们的教育，因为一个国家教育水准的高低，和这个国家的老百姓对教育的理解有很大的关系。什么是真正好的教育？教育要往何处去？至今全社会还没有形成共识。

其次，我一直说谁站在讲台前，谁就决定着教育的品质，谁就决定着学生的命运。因此，我们的大学应该成为一个吸纳社会精英、优秀人才的聚集地。而有了大师才会有思想，才会有不同思想、不同观点、不同学派的碰撞。因此，让社会精英、一流人才能到大学里面来工作，是保证大学品质的一个非常重要的基础。

不能说现在的大学老师素质不高，但是总体来说，我们和民国时代相比，那个时候社会最优秀的分子、最精英的人才在大学与师范里面比较多，包括鲁迅、胡适、弘一法师等。甚至于有一批大学者当时还在中学做老师。以江苏省苏州中学为例，晚清及民国时期的著名学者罗振玉、王国维、吴梅、钱穆、吕叔湘、吕思勉、颜文梁、胡焕庸、汪懋祖、邵鹤亭等人，就先后在此执教。

记者：我们的精英和一流人才都去了哪里？

朱永新：在国际上，优秀人才往往在大学，但现在我们的优秀人才很多是在社会上。跑到证券市场去了，跑到银行去了，跑到外资企业去了。所以考师范的这些孩子们，堪称社会最优秀人才的为数不多。去年“两会”我有一个提案，希望吸引社会精英分子进入教育领域。比如那些作家，作家都不在学校，都在作协，为什么不能让作协成为一个虚拟的机构，实体的作家们到大学成为驻校作家、驻校大师？我们有很多画院，各种各样的艺术家也都不在学校里，那这些人有没有可能到大学里来呢？如果能，那整个学校的氛围就不一样了。

记者：通过体制改革优化高校教育机制，吸引优秀人才进入高校优化教师队伍，只是完成了对高校人才孵化功能的前置性改造，最终我们的教育“机器”是否能够“生产”出如已故钱学森老所期待的、与国家经济基础相适应的杰出人才，还得着眼于这条生产线的终端——学生。如何改变“一考定终身”的中国传统教育制度，让具备不同天赋与潜能的青年人进入最适合他们的大学？大学如何由管理型组织结构转化为人才催化型结构？这些才是实现终极教育目标的关键问题。对此，您有何思考？

朱永新：首先，要加强高考的科学性，用科学的方法来甄选出优秀人才。应该给不同的学校、不同地区的学生平等参与自主招生的机会，再根据各自专业特色选择相匹配的学生。我们建议的考试制度是：第一，高中生决定高考时，可以选择参加学习型还是职业型（考试）；第二，一个学生可以拿到几个录取通知书，然后由他来选择进哪个学校，这样就也给招生学校打开灵活录取学生的通道；第三，为进入职业院校优秀的学生建立立交桥，可以提出申请，再经过一个认证的程序，去普通院校的相关专业或其他专业学习，这在国际上也是通用的。要随时在任何阶段都有口子可以开，都有桥可以过，这样社会就畅通了。

记者：这样做固然有助于教育机构与受教育者的科学“配型”，但势必会牵一发而动全身，比方说，高考试卷就很难延续使用“全国粮票”了？

朱永新：我们不主张全国用一张卷子高考，不同的学校可以有不同的考试方法、不同的考试科目和不同的考试标准。比如说对于像这种“985”的，或者作为冲击世界一流大学的学校，考试内容可以适当多一些，一般大学考试科目可以少一些，一些生源不够的职业型大学甚至可以不考试，凭注册录取。在高校自主招生成熟的时候，还可以逐步取消分数线，把录取人才的最终选择权交给学校。

记者：如果把选择权完全交给学校，站在民众的角度，您放心吗？

朱：我是放心的，没有问题。你越是交给他，他越是不敢乱来。

记者：但是人民大学招生办主任等人不是已经乱来了？（注：利用自主招生巨额受贿）

朱永新：所以要求学校建立一整套机制来适应新的考试方式，如何保证公开透明？特殊学生如何录取？都要有一个游戏规则的设定，而不是简单地交给某个人。如果把差的学生招进来，或者不公正，被揭露了以后你的学校声誉扫地。全世界大学都公开自主招生，为什么人家不腐败？

记者：即便您说的内容，从大学方面可以做到，但家长会满意吗？社会满意吗？在我们调查过程中，不少受访者反映，现有的高考制度千不好万不好，但基本做到了“在分数面前人人平等”，普通老百姓的子女一旦挤过高考“独木桥”，便有可能改变自己命运、搏个好前程。而一旦改革高考制度，在一个官本位的社会，他们子女的公正待遇与前途谁给保证？

朱永新：所以我想说的是，不要只寄望高考改革。高考和招生相比，高考只是“小改”，招生才是“大改”。招生和用人相比，招生只是“小改”，用人才是“大改”。招生考试改革能否成功，还有赖于用工、用人制度改革。高考竞争的问题，跟我们的劳动人事制度和社会的收入分配制度实际上是紧密联系在一起的。用工、用人如果不改变以往重学历、轻学力，重智育、轻德育，重学分、轻学能的倾向，如果不消除城乡、行业、身份、性别等影响平等就业的制度障碍和就业歧视，那么，招生考试制度的改革，势必会受到牵制。这就是我此前常说的，很多教育问题的背后是深层社会问题。

记者：面对如此复杂的社会背景，高校乃至中国教育的整体环境的确很难独善其身。但教育对改造社会的能动性与先导性，似乎冥冥之中又赋予了教育工作者某种神圣的使命。您认为我们的教育应如何在积重难返的困境中尽快革除积弊，让一些先进理念与举措成为规范，并尽快落实到办学、教学过程中去？

朱永新：唯有加快教育立法，仅仅强调操作显然不够。纵观世界各国，都非常重视教育立法工作。如日本的教育法律有100余种，美国重要的联邦教育法约为100多部。从2003年以来，我国近十年没有通过一部教育法律，长期滞后于教育事业的发展。现有的一些法律法规，如《教育法》、《教师法》、《高等教育法》等，都已经实行了数十年，许多条文明显已经不能适应形势发展需要。（作者注：全国人大在2015年底一揽子通过了《教育法》、《义务教育法》、《教师法》、《高等教育法》等一揽子的修订）

记者：我们注意到，无论在全国人大还是在全国政协担任常委期间，您基本上每年都有这方面的提案，主要涉及哪些内容？

朱永新：内容很多，比如多次呼吁制定《学校法》，建立现代化的学校制度；建议修改《高等教育法》，建立大学职员制；制定《高校章程》，等等。

记者：落实情况怎样？

朱永新：大部分得到了有关部门的重视，其中许多已经得到采纳。如教育立法整体“打包”已经通过了国务院法制办的程序。

记者：制定法律或修改法律，是不是都会有一个相当漫长的过程？

朱永新：在新的法律出台之前，许多教育改革的探索，不妨按照“法无授权不可为，法无禁止皆可为”的原则，出台“一事一议”的办法，鼓励基层、学校与教师大胆创新。总而言之，我们应该用法制的思维、法制的理念、法制的意识来提升教育的自理能力，明确社会、政府、市场、学校之间的关系，让所有的权力都置于阳光之下受到制约。确立了法制精神，教育才会更健康，社会也会更健康。

我们正处在一个教育大变革的前夜，只要我们能够把握教育的方向，回归教育的本真，我们的教育就一定有着美好的未来。

跋

教育应该为幸福人生奠基

去年“五一期间”，作家吴树先生和记者蒋铮女士来苏州对我进行专访。记得那是一个烟雨蒙蒙的上午，我们就中国教育的变革与挑战、“新教育实验”的缘起与发展等话题，聊得甚为广泛与深入。

碰巧的是两个月之后，在盛夏的一天，我去北戴河看望一位老领导，无意之中又将与吴树先生他们讨论的话题继续聊了起来。老领导求学时有着教育专业的背景，工作后又带来超越教育的视野，对当下教育问题的点评鞭辟入里。他幽默地说，现在有两个“子”成为人们痛苦的重要来源——房子和孩子。从某种意义说，买房子也是为了孩子。“当年我们最直接的痛苦是饿肚子，现在人们最直接的痛苦就是孩子，特别是孩子的教育。”

教育为什么让人痛苦？他一针见血地指出，一个重要的原因就是我们没有“以人为本”。教育最基本的功能是帮助人的成长，让人成为一个幸福的人。人，应该是教育的出发点和归宿。但我们的教育方向错了。我们的教育是从社会出发的，我们的教育理念没有全面地以人为本，而是“以教为本”、“以分为本”。扪心自问，有多少教育局长、学校校长是把学生的健康、学生的幸福放在第一位？他强调，每个人的健康幸福是全社会美好进步的基础。离开了个人的健康幸福，就谈不上社会的和谐发展。

从教育的内容体系来看，主要是解决三个基本问题：如何认识自然，如何认识社会，如何认识自我。他指出，我们的教育对认识自我是不重视的，这也是没有“以人为本”的具体表现。《三字经》第一句就是“人之初，性本善。苟不教，性乃迁”。就是讲人，讲认识自我。正确的做法，是应该以人为中心来组织教材。但现在我们的课程、我们的教材，都不是从人开始。如我们的音乐课，一开始就是讲乐谱，讲技法，为什么不讲讲我们为什么要唱歌？为什么不讲讲音乐与我们每个人有什么关系？甚至我们的思想品德课程，这是一门离开人就不可能存在的课程，却也照样转来转去转不出社会的圈子，对于许多人生的问题避而不谈，如怎样谈恋爱？什么叫快乐？有了烦恼怎么办？这些问题很少登上我们学校的大雅之堂。我是谁？我要走向哪里？这些根本的人生哲学在学校里没有位置，导致学生们“讲社会头头是道，说自己全都不知道”。

一位作家、一位记者、一位老领导，他们对于教育问题所共同倾注的忧虑与反思，引起我极强的共鸣。

人，因教育而成为人，教育，因人而存在，双方彼此依存。因此，教育毫无疑问首先应该教会学生如何认识自己，如何珍惜生命，如何热爱生活。所以，关于生命的教育，应该成为教育最重要最基础的课程。这也正是我发起的“新教育实验”正全力投入新生命教育板块研究的出发点。

人活着，为了幸福。教育的使命，就是帮助人们创造幸福。在“以教为本”、“以分为本”的教育中，胜利者似乎能够赢取所谓的幸福，但这种幸福与心灵相距甚远，是功利的，也是脆弱的。我们“新教育实验”始终以“过一种幸福完整的教育生活”为愿景，我们一直认为：教育应该为人生幸福奠基，如果不能让人们未来幸福，教育也就失去了存在的价值；与此同时，教育也应该是幸福人生的重要组成部分，如果不能让孩子当下幸福，教育也就失去了通往未来的可能性。

为此，“新教育实验”研发了自己的卓越课程体系，其中基础性的生命课程，就是把人的生命分为自然生命、社会生命和精神生命，将教育的目标定位于努力拓展自然生命的长度、社会生命的宽度和精神生命的高度，为人们赢得更有尊严、更加幸福完整的人生。

吴树先生的老朋友徐锋先生在2012年邂逅“新教育”之后，对“新教育”这种“以人为本”的理念高度评价。他深有感触地说：“新教育是在给一个病人——中国教育，作一次准确的基因修复。大家从事的，是一项注定要走进历史的、伟大的、关系中国教育成败的基因修复工程。”也正是基于这样的认识，他向吴树先生竭力推荐了我们的“新教育实验”。

“新教育实验”对于教育的思考与探索，我在和吴树先生交流时也反复提及，他颇为赞同。所以，在出版这两本书时，我不仅作为受访者出场，还应邀与著名作家理由先生分别为书作序写跋。

坦率地说，我喜欢这两本书，更理解作者的良苦用心。因为对于中国教育改革来说，的确需要有这样的忧患意识，需要有担当的全方位反思与审视。吴树先生告诉我，他们以文学的方式（而非评述）记载近三十年中国教育走过的路、发生的事，以及事件中的人物命运，是为了从那些真实的故事、鲜活的个体命运中，折射出中华民族在融入世界大家庭之际所经历的彳亍、彷徨与艰难奋进。其实，无论是文学还是评述，都是观察者自己眼中的中国教育，见仁见智，全是作家自己的眼光。

此外，我感觉书中的批评多了一些，忧虑重了一些，对于正在民间悄悄进行的教育改革关注少了一些。吴树先生说，希望今后有机会深入我们的“新教育实验”现场，全面了解中国民间的教育变革，届时争取能够完成一篇更加“正能量”的报告文学。为此，我们期待着。

朱永新

2016年2月20日

朱永新

作者简介：第十二届全国政协常委、副秘书长。中国民主促进会中央委员会副主席；中国教育学会副会长，苏州大学博士生导师，改革开放30年“中国教育风云人物”；中国“新教育实验”发起人与实践者，该项教育改革案例入围WISE世界教育创新奖；代表作：《朱永新教育作品》16卷。